園井恵子

原爆に散ったタカラジェンヌの夢

千和裕之

Senwa Hiroyuki

国書刊行会

園井恵子　原爆に散ったタカラジェンヌの夢

目次

凡例

一、雑誌、書籍などの引用は可能な限り出典を明示した。その他、参考文献は巻末にまとめた。一部、読みやすさを考慮して新仮名遣い・新字体に改めた。

二、公演作品名・役名は一部で表記の異同があるが、当時のプログラム、脚本集などからなるべく原文のまま引用した。

三、「園井恵子」の表記は、生前に使われていた旧字の「惠子」ではなく常用漢字の「恵子」で統一した。本文中の呼称は、舞台で「園井恵子」を名乗るまでを本名の「トミ」、以降は「恵子」を用いた。

プロローグ

園井恵子《そのいけいこ》をめぐる旅は全くの偶然から始まった。

平成二三年（二〇一一）一〇月三日、乗用車やトラックが連なる三車線の基幹道路から、ある車が脇道に入っていった。場所は名古屋市千種区東明町、私は助手席から一軒家が並ぶ景色を眺めていた。住人に聞くと、終戦後に越してきた時にはまだ家なんてほとんどなかったと話してくれた。戦後、人口が増えるにしたがって発展してきた住宅街なのだろう。路地も細くなり、車同士がすれ違うのもやっとになってきた時、駐車場に到着した。

朝から曇りがちで時々小雨も降る日だった。その家には「吉田」の表札が掲げられていた。

私は当時、理学療法士として訪問看護ステーションから家を訪問して、そこでリハビリを行う仕事をしていた。まだ入社したばかりで担当も少なく、この日は先輩に同行して研修するのが目的だった。

インターホンで挨拶して門から中に入っていく。吉田家は裏に二階に直通する階段があり、そこにも簡易の玄関がある。先輩と私が階段を上ると、そこで待っていたのが吉田晃子《てるこ》だった。先輩が「春子さんの調子はどうですか」と尋ねると「そんなに悪くないですが、あまり動きたがらないですね」と中に通してくれた。

吉田家の二階は六畳ほどの部屋がふたつあり、その片方にベッドが置いてある。もうひとつの部屋にはテレビや椅子、テーブルが置いてあった。

細身で小柄な女性がベッドで丸まって壁側を向いて寝ていた。「春子さん、春子さん」と先輩が声をかける。この女性は渡辺春子といい、この時すでに年齢は九八歳であった。表札の「吉田」は養女である晃子の夫側の姓である。

すっかり身体が衰えている様子で声をかけても返事がない。促されるままに検温や血圧測定、続いて身体の柔軟性を保つための関節運動やマッサージが行われた。最後にベッドから隣の部屋の椅子まで歩いてリハビリは終了となった。

「今日は歩けたからまだ調子は良かったかもしれないですね」と先輩が言った。春子は晃子からすすめられたお茶をぎこちなくすすっている。その手は骨の輪郭がはっきり見えて頬はすっかり痩せこけていた。自分から動くことがない。周りに促されるとしんどそうにゆっくり動く。その姿は人間から活力を吸い取った抜け殻のように感じられた。

晃子はもらした。

「今はすっかり衰えてしまいましたが、九〇歳を過ぎたくらいまでは一人で新幹線に乗るくらい元気だったんです。それに園井恵子という女優さんの名前を残すために一生懸命で――」

思ってもいない名前が聞かれたので、私は思わず聞き返した。

「園井恵子さんですか……」

「若い人はわからないですよね」

『無法松《むほうまつ》の一生』でヒロインだった……原爆で亡くなられた方ですよね」

「母は小学校の同級生……親友だったんです」

こちらも驚いたが、向こうも園井恵子を知っていると聞いて驚いた様子だった。園井恵子は戦前に宝塚少女歌劇や新劇、映画で活躍した女優である。園井が亡くなったのが終戦直後の昭和二〇年（一九四五）八月二一日なので、戦後生まれは直接知ることはないし、戦前に生きていても記憶に残している人は多くないだろう。

私は以前に映画『無法松の一生』（昭和一八年公開）について調べたことがあり、園井についても資料を探したことがあった。大学在籍中に映画文化に関する科目があって、そのレポートのためだったが、当時の公共図書館には園井に関する書籍はほとんどなく、調べようにも成果らしい成果は上げられなかった。そのような経緯で園井恵子の名前は記憶していたが、よもやその親友がこのような近くに暮らしているとは想像もできなかった。

その後、家にある書籍やアルバムなどを少し見せてもらった。次の訪問があるので長居はできなかったが、今まで見たことのない資料だった。

眼を輝かせる私を先輩が不思議そうな顔で見つめていた。

春子は椅子で浅い眠りにつきかけていた。その半身に仲秋の日差しが軽くあたっていた。「もう寝る？」と晃子が聞くと力なく頷いた。

「しっかりした人でした。自分がこうだと決めたことは必ずやる人で、もし、用事があれば総理大臣にだって電話したと思います」

晃子が寂しげに微笑んだ。結果的に渡辺春子に会ったのはこの時が最初で最後になってしまった。

この日の出会いに不思議な縁を感じていたものの、それ以上思うこともなく、そのまま日にちが流れていった。

それから半年ほどが過ぎた平成二四年（二〇一二）三月一五日、事務所にいると、応接室から所長に声をかけられた。顔を出すと吉田晃子が夫・勝正と並んで座っていた。

一回会っただけだったが、「園井恵子さんの件で」と言われるとすぐに思い出した。

先日、渡辺春子が亡くなり、その挨拶と生前のお礼に来たとのことだった。園井恵子のことを話した私を覚えていて、その時のお礼もしたかったと言う。

「名古屋に来て、園井さんのことを知っている人に初めて会いました。だから嬉しくって……」

晃子はそういうと、封筒に入ったテレホンカードを渡してくれた。山と緑に囲まれた少女のブロンズ像が写っていた。

「岩手には園井さんを記念して銅像が建っています。とてもきれいな場所にあります。機会があったら、ぜひ足を運んでみてください」

この時から私の心に園井恵子のことを書きたいという希望がふつふつと沸き始めた。以前からその人生に興味があったし、園井とは何のゆかりもない名古屋でその親友に会ったこともただの偶然には思えなかった。戦前とはいえこれだけ活躍した人物にも関わらず、その人生を伝える一般書が存在しない。それを書くことも意義があるように思えた。

園井恵子（本名・袴田《はかまだ》トミ）は大正二年（一九一三）八月六日、岩手県に生まれた。宝塚少女歌劇出身で、本名から「ハカマ」の愛称で親しまれた。宝塚退団後は新劇や映画で活動した。特に昭和一八年（一九四三）、稲垣浩監督、阪東妻三郎主演の映画『無法松の一生』が大ヒットして、ヒロイン吉岡未亡人役を演じた園井も一躍全国的なスターになった。しかし、皮肉にもこの作品が最初で最後の代表作となる。園井は各地の施設や人々を慰問する移動劇団「桜隊」に身を投じ、昭和二〇年八月六日、滞在先の広島で被爆、その時は奇跡的に無傷だったが、放射線の後遺症により八月二一日に三二歳の若さで亡くなった。

当時の知名度は相当だったようで、被爆後の避難時、園井は左右違う靴を履き、ボロボロの布きれをまとっているような状態だった。それにもかかわらず、生存者を探しに来た関係者は「無法松に出ていた女優が歩いていた」との目撃証言を聞いている。現在と違い、テレビも映像技術も普及していない時代に、非常時にも認識されるほど園井の顔は知れ渡っていたのである。

園井の名前が世間に出る時、そこに冠せられているのは「原爆」という言葉である。実際に園井のことを調べようとしても、一般の図書館では江津《えづ》萩枝《はぎえ》『櫻隊全滅』や新藤兼人『さくら隊散る』など原爆に関連したものがほとんどで、その他は映画・演劇関係者の回想録の中からわずかな部分を見つける程度である。その人生について知る資料がほとんど見当たらない。

園井と同時代を生きた人間はすでに多くが亡くなり、その人生を知るのが難しくなっている。園井は日記をほとんど残さなかったので、彼女を知るには生前関わった人が書き残した記述や、世代と人を渡って口承されてきた逸話に頼ることになる。資料がない空白の期間や、今となっては理由がわからない行動も多い。本人が雑誌に寄稿した内容でもそれぞれに矛盾している箇所がある。それらを正確に検証するのは、証人がいなくなった現在ではもはや困難になっている。

現在、岩手郡岩手町《いわてまち》の「働く婦人の家」には、六畳ほどの小さなものだが「園井恵子資料室」がある。八幡平《はちまんたい》市にある松尾ふれあい文化伝承館にも遺品、写真、手紙、資料などが保管されている。大阪府の池田文庫には宝塚歌劇団関係の資料が戦前から揃っている。他にも園井のことを書いたものが数は少ないが出てきて、中にはその人生を知る上で貴重なものもある。それら関連資料を丁寧に見直し、当時の社会背景や現地を見た感触を合わせると、その波乱に満ちた生涯があらためて伝わるとともに、年表の行間に隠されていた彼女の思いや生き方、心の動きが新たに浮かび上がってくる。


園井が生きた大正から昭和初期の時代は社会整備が進んでおらず、日本の各地で貧しい人間があふれていた。人々はどう生き抜くかを考え、商売や農業など思い思いに人生を開拓した。生きるのに厳しい時代だったが、反面、自分の人生を自ら作り出す余地がまだ大きかった時代ともいえる。

これは時代に果敢に挑み、三二年の人生を駆け抜けた女優・園井恵子の生涯をたどる物語である。

第一章　岩手　緑生まれる大地に

東京駅から岩手までは現在、東北新幹線で二時間と少しである。園井恵子が生きていた時代は、夜行（急行）で上野から盛岡まで一〇時間前後かかっていたので隔世の感がある。

平成二五年（二〇一三）四月、私は青森へ向から新幹線「はやぶさ」の車中にいた。渡辺春子が亡くなってからすでに一年以上が過ぎていた。取材をする前に下調べをしておこうと手間取るうちに、時間だけがすっかり過ぎてしまっていた。

新幹線の座席に腰を下ろすと、鞄からさっそく本を取り出した。桃色の表紙に桜の花びら模様が白くちりばめられたデザインで、着物姿の園井が写っている。『園井恵子・資料集』という名のその本は、一年前に吉田家で見せてもらった「見たことのない資料」だった。

資料集は平成三年（一九九一）に園井の生まれ故郷である松尾村（現岩手県八幡平市）から発行されたもので、本人ゆかりの手紙や生前に関係があった人々の証言を集めた形をとっている。巻末に詳細な年譜が付く、園井を知る上で唯一のまとまった資料であり、吉田宅訪問後に入手していた。

資料集が発刊された時点ですでに死後四〇年以上が経過している。終戦後、かつての同僚や知人が様々な雑誌に園井を追悼する寄稿をしたが、それも時間が経つにつれて見られなくなっていった。街から戦争の痕がなくなり、高度経済成長という国も民も一体となった時代のうねりの中、人々の記憶は移し替えられ、園井の記憶もまた世間から消えていった。

そんな中、人々に園井を思い出させるきっかけを作ったのが小学校高等科時代の友人、渡辺春子だった。昭和五八年（一九八三）、IBC岩手放送が公募した「ノンフィクション大賞・私の昭和史」に亡き親友への思いを投稿したのがきっかけで、世の中の記憶から再び園井恵子を呼び起こそうと気運が高まっていった。

昭和六〇年（一九八五）にIBC岩手放送が制作した「夏のレクイエム〜女優・園井恵子と『桜隊』の記録」は数多くの放送賞を受賞、昭和六三年（一九八八）には移動劇団・桜隊の記録映画『さくら隊散る』（新藤兼人監督・脚本）が公開された。園井をはじめ前途を嘱望された役者たちが原子爆弾の魔の手のもと、凄惨な死を迎える姿は戦争をもはや実感できなくなった人々に衝撃を与えた。

没後五〇年の平成六年（一九九四）、園井が幼少期を過ごした岩手町の有志を中心に「園井恵子を顕彰する会」が結成され、ブロンズ像もこの二年後に建てられた。顕彰する会は後にメンバーの高齢化などの理由で存続が難しくなり自然解散となったが、現在も「園井恵子を語り継ぐ会」が継承する形で情報発信やブロンズ像の管理などを行っている。

新幹線は盛岡駅を発車して、いわて沼宮内《ぬまくない》駅に到着した。新幹線の線路は山のふもとに沿う高架上にあり、駅ホームから周辺の街並みを一望できる。とはいっても、片側は山の樹木一色であり、反対側も周辺にバスターミナルや新しい建造物が見えるものの、あとは緑の合間に昔からの民家が点在するのどかな山間部の風景である。

新幹線の高架西側の地上にはＩＧＲいわて銀河鉄道のホームがある。東北新幹線の延伸にともない、かつてＪＲの東北本線だった路線のうち、盛岡駅から目時《めとき》駅がＩＧＲいわて銀河鉄道、目時駅から青森駅が青い森鉄道と、第三セクターの管轄になっている。

乗降客もまばらな階段を下りて改札口に向かうと、その向こうに五〇代中頃のスーツ姿の男性がこちらを見つめて立っていた。岩手町役場、企画商工課（当時）の佐々木光司である。公務員らしい整った身なりではあるが、誠実さと人当たりの良さの中にどこか気骨も感じさせる現代的な東北男児という雰囲気を持っている。

岩手町は園井が幼少期を過ごした場所であり、出生地の八幡平市とともに、園井の伝承を積極的に行っている。定期的にイベントも行っており、佐々木はそれに長年携わってきた。現在、「園井恵子を語り継ぐ会」の事務局も担当しており、岩手に向かうと聞いた吉田晃子が真っ先に紹介してくれた人物である。

バスターミナルとは反対側のひっそりした東出口の階段を下り、山陰《やまかげ》にある町営駐車場で車に乗り込む。駐車場から通りに出ると、山々のくぼみから四月の日差しが車中に差し込んだ。それは岩手に来訪したのを祝福してくれるような優しい太陽の光だった。

車は線路沿いの小道から国道四号線に出た。奥州街道と呼ばれ、江戸時代から東京と東北を結び、多くの旅人が歩いた道である。駅付近は商店が点在していたが、少し離れるとガソリンスタンドや飲食店がわずかにあるばかりで、山の裾野、畑、川、民家という喧騒と無縁の景色が続いていく。

　車中で佐々木に尋ねた。どのように園井恵子の人生について調べたら良いだろうか、現地で詳しい人物はいないのだろうか。

「園井恵子はご存じの通り、結婚しないまま死んでしまったので子孫はいないですし、妹弟たちも子供がいなかったので、園井のことを直接知る親族はいないんです。親戚は盛岡の方に少しはいるようなんですが、園井の父が借金の保証人になって失敗して、その後宝塚の方へ行ってしまったものですからね……迷惑もかけられたし、それから縁もなくなったから、つながりはほとんどなかったみたいです」

　後述するが園井の父は多額の借金を背負って岩手を去ることになった。この経済的苦境は園井にも大きな影を落とす。後年、女優として地位を確立し経済的に潤っても、大きな贅沢を望んだという話は園井からは出てこない。むしろ自分を律して慎ましさを守っていたように感じられる。それはこの苦い経験が背景にあるからではないかと佐々木は言う。

　親族については話を聞くのが難しいとして、かつての友人や知人たちはどうしているのだろうか。

「資料集が出た二〇年くらい前までは、同級生とか一緒に生きてきた人たちが元気で話もできたんですが、ここ一〇年くらいですっかりいなくなってしまいました。渡辺春子さんにしてもそうですし……小学校時代の同級生で、顕彰する会の会長だった方も存命なんですが、入院されてもう話ができる状態ではないそうです」

　この時点で園井の誕生からすでに百年近くが経過していた。郷里で園井を直接見たという人間はもはや証言ができる状態ではなかった。

園井恵子の人生はすっかり時代の積層に埋もれてしまっていた。シートにもたれながら、彼女をたどる旅の難しさを感じはじめていた。

山々の緑は変わらずに太陽の光のしぶきを振りまいていた。


車はやがて国道から県道一五七号線へと入っていった。昔ながらの民家や商店の軒並みを通り過ぎ、建物が寂しくなりはじめた頃、道路脇に「宝塚の華・未完の大女優　園井恵子の像」という看板が見えた。

看板を曲がると、駐車スペースと右側に公民館のような小さな建物が見える。車から下りて建物の前をさらに奥に進むと、数段の階段の先に袴姿の女性像が立っていた。

銅像は岩手の山々と田畑を背景に、ただ一人凜と前を見据えて立っている。口元には微かな笑みを浮かべていて、その姿からは清楚さや気高さが伝わるだけでなく、どこか孤独で、波乱に満ちた運命に立ち向かった強さも内包しているように思えた。

「東北出身の加藤豊という彫刻家が作ったものです。作った時は宝塚の若い方に実際に正装になってもらい細かくチェックしたそうです」

鮮やかな緑に囲まれたブロンズ像の周囲は時間がゆっくり流れているようで、自然と心を落ち着かせてくれた。案内している佐々木も、誇らしくもどこか優しく像に視線を注いでいた。

近くに立つと台座の片側が螺旋形に縁取られた形をしているのに気が付いた。

「台座の螺旋が途中で途切れた形になっているのは、志半ばで人生が終わったことを表現しているとのことです」

園井恵子像（岩手町 平成25年撮影）

佐々木の表情が一瞬険しいものになった。郷里にとって園井は悲劇の女優という存在ではなく、もっと肯定的に受け取られているように思う。それはこの後も何度か岩手に足を運び取材した経験から得られた感覚である。社会基盤も未発達で女性に自由が許されない時代に自ら運命を切り開き、夢を体現した人物として捉えられている。しかし、その郷里においても原子爆弾という呪縛は避けては通れないのだ。

銅像の後ろには色とりどりの花が咲き誇っていた。

「後ろの畑では、園井が好きだったトウモロコシが植えられることもあるそうです」

地元の人にとってもこの銅像はなにか心を打つものがあるに違いない。はるか昔の偉人という感覚でなく、もっと親しみやすい愛着のある存在なのではないだろうか。現在も岩手町には園井が生きていた時代の面影が残っている。銅像のままの園井が走っていてもそれほど違和感はないように思えるのだ。

園井が終戦直後、母に送った手紙には「これからこそ、日本国民文化の上というよりも、日本の立ち上がる気力を養うための、なんらかのお役に立たなければなりません」と書かれていた。避難直後で体調が十分でなかったにも関わらずである。

これだけ使命感が強い園井だったから、死後もなにか自分の役目を探していても不思議はない。今も故郷、岩手の地を見守っているように感じた。

銅像と同じ敷地内にある公民館のような建物は「岩手町働く婦人の家」という施設である。働いている女性や主婦を主な対象に集会所的な役割を担っている。「園井恵子資料室」はこの施設内の一角にある。六畳ほどの小さな部屋で、壁には生涯の年表、ショーケースには日記や映画撮影時に身に付けた半衿《はんえり》などが展示されている。

資料室の隣が事務室になっていて岩手町のパート職員が勤務している。対応してくれた女性も普段は地元の主婦とのことだった。町内のコーラスサークルに所属しているらしく、社交的に見えるが、押しつけがましいところはなく、さりげない所作が気持ちいい人物だった。

「そんなに頻繁ではないですが、時々訪れる人はいますよ。銅像を前にして泣いてしまう人もいました。昔、被爆したという人もいましたね。昔は今と違ってあんまり情報もなかったでしょう、いろいろ聞いた末にたどり着いたなんて話も聞きましたね。わたしも最初は園井さんのこと、よく知らなかったんですけど、いろいろな人から話を聞くうちにやっぱり興味が出てきますね」

テーブルの上のコーヒーが静かに湯気を立てている。ここの椅子にどのくらいの人が座り、思い思いの園井恵子を語ったのだろうか。

ドアの後ろで賑やかな声が聞こえてきて、「いらっしゃい」と女性はドアから出て行った。おそらく二階の集会スペースを使う近所の利用者の団体だろう。といっても、聞こえてくるのは管理人と利用者の会話ではなく、完全に近所付き合いのそれだった。

笑顔のまま、戻ってくると女性は思い出したように話した。

「私、ひとつわからないのは、園井さんはどうして急に宝塚に行こうと思ったかということなんです。なんでよりによってあんな時期に……そう思いませんか」

園井が宝塚に旅立ったのは昭和四年（一九二九）六月、前年に小樽高等女学校を中退し、一年ほど期間を空けた後だった。六月だったから当然、宝塚音楽歌劇学校の入学試験は終わっている。

資料を写真撮影させてもらい、私は働く婦人の家を後にした。

宝塚に旅立った時期については私も不思議に感じていた。このことに限らず、園井の人生には理由がわからないことが多い。戦前に亡くなった一人の女優が、今も盛んに語り継がれていることも不思議といえば不思議なのだ。

平成二五年にはファンが戦前の宝塚少女歌劇を撮影した一六ミリフィルムが発見され、その中に園井も映っていて「被爆死タカラジェンヌ　舞台映像発見」（平成二五年七月一六日　毎日新聞夕刊・大阪本社版）と話題になった。発見された映像は昭和一一年（一九三六）の『悲しき道化師』で、園井は葦原《あしはら》邦子に次ぐ重要な役を演じている。当時評価の高かった三枚目の役柄で、『無法松の一生』とは違った園井の姿を現在に甦らせる貴重な発見となった。

さらに同年、岩手町では生誕百周年の記念イベントが行われた。これは一ヵ月にわたって資料展や上映会、講演などが行われる盛大な催しで、クライマックスの記念ステージでは宝塚歌劇団の卒業生も参加して盛況を見せた。

その後も平成二六年（二〇一四）に宝塚文化創造館と宝塚市立中央図書館で資料展が開かれ、平成二八年（二〇一六）には詩森《しもり》ろば作・演出で園井恵子をモチーフにした舞台『残花―１９４５さくら隊 園井恵子―』が上演されている。詩森はこの舞台などが評価されて第五一回紀伊國屋演劇賞個人賞を受賞している。

園井は現在も世間に多くの話題を提供し、人々の記憶から消えずに何かを訴えようとしている。一番の不思議は死後七五年以上経過しているにも関わらず、人を惹きつけてやまない園井の魅力なのかもしれない。

空はすでに夕暮れで、夕陽の赤さが雲を伝わり広がっていた。帰りは宿のある盛岡駅まで車で送ってもらった。盛岡駅に着いた時はすでに薄暗く、昼間になかった風の冷たさを感じた。岩手の気候は日中は暖かくても日が落ちると急に寒くなる。その空気が岩手の人々の温かさと強さの両面を体現しているように思えた。きっと園井恵子もこの空気の中で育ったのだろう。空には星がまばらに見えはじめていた。

朝の盛岡駅――ＩＧＲいわて銀河鉄道線の改札口は多くの高校生や大学生らしき若者で賑わっている。

第三セクター鉄道というと、郊外の枝葉路線で、使い古された車両に客もまばらというイメージを持ちがちだが、ホームに待機している車両はメタリックシルバーにブルーのラインという洗練された出で立ちで、内装も清潔感に満ちている。二両編成ということもあり見た目はコンパクトであるが、若い息吹とあいまって寂れた感じはしない。いわて銀河鉄道の車両は約半数が開業時に新造されたものという。

路線には岩手県立大学と盛岡大学の最寄りである滝沢駅や、石川啄木の出身地である渋民駅《しぶたみ》（ただし当駅が開業したのは啄木の死後）などがあり、実用、観光の両面で人々の足として貢献している。岩手滞在時は園井にまつわる多くの場所を案内してもらったが、最終日は一人、それらの場所をゆっくり歩こうと考えていた。

鉄道は盛岡を出発して北に向かう。まもなく市街地を抜け、厨川《くりやがわ》駅を過ぎたあたりから風景に緑が多くなる。滝沢駅で多くの学生が降りて電車は空席が目立つようになる。鉄道はさらに進み、周囲は畑や田んぼばかりとなり、林、ビニールハウス、ひびが入った昔ながらの土蔵、農具や家畜のための小屋、中には朽ちかけたものも見える。都心では見えない景色が次々に流れていって、それを眺めているだけでも楽しい。

袴田トミ（後の園井恵子）は大正二年（一九一三）八月六日、岩手県松尾村で、父・袴田清吉《せいきち》、母・カメの第一子として生を受けた。清吉が二六歳、カメが二四歳の時の子供だった。

大正二年という年は、中央では明治時代から続いた元勲《げんくん》政治に対する反発が強まり、群衆の暴動が当時の桂太郎内閣を総辞職に追いやる事態を招いていた。大正デモクラシーと呼ばれた民主政治を求める風潮、運動がマグマのように大きく噴き出し、日本を近代への、大きな時代のうねりの中に押し込んでいた。

トミが生まれたのはそんな喧騒とは無縁ののどかな山里だった。

住所の記録がある松尾村字野駄第一二地割五番地は、現在のJR花輪線・北森駅から歩いて二〇分ほどの距離である。後に硫黄採掘で「東洋一」とうたわれた松尾鉱山も本格的な採掘が始まるのは大正三年からである。花輪線が開通したのも大正後期で、当時の松尾村は町から離れた静かな農村だった。

祖父・袴田政緒《まさお》は明治二二年（一八八九）から三一年（一八九八）にかけて松尾村の初代村長を務めた人物だった。明治二二年に市制町村制が施行されて松尾村が誕生すると、当時の松尾村一帯には村長となる人材がおらず、盛岡市加賀野の士族の出で金田一《きんだいち》村戸長などを務めた政緒に白羽の矢を立てた。当時の役場は第一一地割にあり、政緒は近所に住居を構えると村長を辞した後もそこで暮らしていた。

当時の袴田家は祖父母である政緒とウメ、トミの両親、叔父（カメの弟）の多助、商助《しょうすけ》、剛助とその家族が一緒に暮らす大所帯だった。

政緒は六男四女をもうけたが、トミの母・カメは四女にあたる。カメは田村家の五男で養蚕《ようさん》の指導に当たっていた田村清吉を婿養子に迎えた。

トミの父・清吉の養蚕の技量は「繭《まゆ》博士」と言われるほどだったが、政緒は清吉やカメの弟たちのために菓子職人を雇い、修行をさせて菓子屋の道に進むようにした。政緒が菓子屋を選んだ理由ははっきりしない。養蚕業の将来に不安を感じたのかもしれないし、菓子産業の発展を予測していたのかもしれない。

トミには生まれ故郷の記憶はない。トミが満一歳を迎えたばかりの大正三年（一九一四）一一月九日、政緒が七〇歳で亡くなり、子供たちはそれぞれ松尾村から離れて独立した。トミの両親は川口村（現岩手町川口）に、カメの弟たちは多助が盛岡市、商助が平舘《たいらだて》村（現八幡平市）に分かれ、菓子の製造販売業を始めた。当時、一六歳だった六男・剛助の動向は不明だが、おそらく兄のいずれかに同行したのだろう。

好摩《こうま》駅を過ぎて東側の窓から外を眺めていると、遠くに働く婦人の家と背を向けた園井恵子像が見える。それからまもなくして列車は岩手川口駅に到着した。

岩手川口駅の平均乗降客は一日三百人ほどで、いわて銀河鉄道の駅でも少ない部類に入る。西側の線路の向こう、草むらの中には煉瓦造りの遺構がある。昔、冬に降った雪や氷を貯めて夏に活用していたもので、今もノスタルジックな雰囲気が残っている。岩手川口という名前は昭和九年（一九三四）からで、それまでは川口駅といった。当時、同じ東北本線内に川口駅（埼玉県川口市）がもうひとつできるための措置だった。

平屋建ての古い木造駅舎（現在は改築されている）を出ると、駅前には整地された広い空間がある。昭和四〇年代半ばまでは国鉄が貨物取扱をしていて、その荷下ろし場の名残だろう。古くからの地形がそのまま残っている。

駅の出口から真っ直ぐ前方に細い道があり郵便局や民家が並んでいる。さらに先に行くと県道一五七号線に突き当たり、右に進むと働く婦人の家にたどり着く。

この岩手川口駅前の細い路地にかつてトミの両親が営む菓子屋があった。住所は川口村第九地割一八番地で、旧家の圓子《まるこ》氏に土地と建物を借りての移住だった。圓子家は土地の名士で、昭和一六年（一九四一）に編纂《へんさん》された『岩手郡誌』は当時の当主、百治を「性格勤で義気あり、夙《つと》に殖産興業に志し、煉瓦製材等の工場を起して大に産業の進展に寄與するところ尠《すくな》くなかった」「私財を投じて公共事業に盡力《じんりょく》する廉《かど》を以て賞勲局より褒賞を受くる等、事績の大なるものがあった」などと紹介している。百治は川口郵便局長や村会議員など村の要職を歴任し、その息子の伊三郎は後に村長を務め、孫の善一郎も郵便局長となるなど地域と深い関わりを持っていた。

トミが暮らしていた通りは現在も昔の面影を残している。はじめに過ごした家は残っていないが、二軒目として向かいに新築、移転した店舗兼住宅の建物は今も残っている。青いトタン屋根の木造二階建ての作りで、壁の部分は木やトタン、しっくいなどが見える。大正年間のものにしては保存状態が良いのか、現在も所有者が倉庫として使っているという。

川口村は、奥州街道の宿場町として栄えた沼宮内町の南に位置する。当時、戸数五百、人口四千ほどの村だった。産業の中心は農業で、林業、馬産、養蚕も盛んだった。この地域一帯は山林が多く平地は一部に限られ、水源近くで水量も豊富でないこともあって稲作より畑作が多かった。農作物は大豆、粟《あわ》、稗《ひえ》が中心で、じゃがいも、キャベツなどの野菜が大正六年頃から導入された。農家は例えば畑作を本業、養蚕を副業とするなどして生計を立てていた。

菓子屋の朝は早い。

山々から太陽が顔を出す頃には朝の仕込みが始まり、トミは父母が話す声や木箱を運ぶ音を聞き

上：最初の住居兼店舗。取り壊されて現存しない（八幡平市所蔵）
下：現存する当時新築した二軒目の住居兼店舗

ながら眠たい眼をこすった。

トミが起きると、調理場の鍋では飴や小豆が煮られていて甘い香りは居間までただよってきた。煮詰められた飴の固まりを父が折り畳み延ばすのを繰り返すと、次第に半透明の飴色だったものが白く光沢のある色に変わっていった。空気が飴の中に混じるためなのだが、幼いトミにはそれが魔法のように思えた。

菓子が完成すると木箱に詰めて、父はトミと一緒に注文先に納めに回った。

家を出ると、前の道を荷馬車が通っていった。今は閑散としている岩手川口駅だが、当時は木炭、枕木、樹皮などが県外に送られていて、駅前には荷馬車が集まり馬夫《ばふ》の威勢のいい声が聞こえてきた。それを横目に見ながらトミは荷馬車を引く父の後ろをついて歩いた。

トミの家は隣町の沼宮内にも菓子を卸していて、鉄道や荷車で菓子を運んでいた。沼宮内で当時を知る人は、父親に連れられてきた「眼のクリッとしたかわいい女の子」を記憶している。

大正九年（一九二〇）、トミは川口村立尋常高等小学校に入学した。場所は現在の川口地区社会体育館のあたりで、家から北へ歩いて五分ほどの距離だった。

幼少期のトミは、よく頭痛や発熱を起こしては両親を心配させた。外から帰ってきたかと思うと「頭が痛い」と言い、たちまち熱が上がって寝込んでしまう。濡れた布を頭にのせて、心配そうな両親の顔を薄目に見たのが、トミの幼い記憶のひとつだった。

小学一年の時にも欠席は一三を数えて病気がちなのは変わらなかったが、それにも増して周囲を心配させたのは小学二年の時だった。

最初は眼がかゆいというだけだったのが、次第に本を読む眼がかすみ、両眼のまぶたの裏が腫れたのを見て、両親はあわてて医者に連れて行った。「トラホーム」という診断だった。

左から３歳頃のトミ、父・清吉、妹・キミ。大正５年撮影（八幡平市所蔵）

トラホーム（トラコーマ）は感染・伝染性の眼の結膜炎である。衛生管理の進んだ現在の日本ではあまり見られなくなったが、アフリカやアジア全体で見るとまだ発生が多く、日本においても戦前や終戦直後は患う人が多かった。子供にも多く、人が集まる学校は感染源の一つだった。初期に適切な治療を行えば多くが完治するが、慢性化や重篤化すると視力障害や失明につながることもあった。

洗眼と点眼を続けると、まもなく腫れは引き何の不自由も感じなくなった。記録がないのでトミの症状がこの後どう推移したのかはわからないが、園井恵子が強い近眼だったことは宝塚時代の雑誌に多く書かれている。この時の発症との関連は不明だが、トミの視力は徐々に低下し、後に宝塚の舞台で活躍する頃には重度の近眼となっていた。

何かと病気がちなトミだったが、小学三年ころになると、それまでの病弱ぶりは落ち着いて寝込むことは少なくなった。小学三年以降の欠席は、三年が二日、五年が八日となっている。ただし、頭痛や発熱は大人になった後年もよく見られた。

熱が下がり、元気を取り戻したトミが向かうのは、緑の息吹があふれる山や、せせらぎを謳う小川や、一帯に広がる畑だった。

仲よしのお友達とよく出かけた盛岡の岩手公園、北上川の流れから見上げた岩手山、それから、父や妹と岩手登山したときのことなど、ときにふれ折にふれて思い出します。

（園井恵子「ふるさと」『宝塚グラフ』昭和一五年三月号）

友人や家族と出かけるのが大好きなトミだったが、それだけでは飽き足らず一人で気ままに歩きまわることも少なくなかった。

荘厳な山々とその裾野に広がる緑の生命の数々が、小さなトミに語りかけてくるようでその度にトミは足を止めた。あぜ道では蕗《ふき》の薹《とう》を見つけ、小川では流れに抗《あらが》う川魚をじっと見つめていた。健気に生きる小さな存在を見ると、生命の意味や神秘さを考えさせられた。気がつくと日が暮れていることも珍しくなかった。友人と騒ぐのが楽しい他の同級生は、そんな物思いにふけるトミを見ると不思議で仕方なかった。

丘や小さな山に登るのもトミのごくありふれた日常の一つだった。そこから小さくなった田畑や民家、さらに向こうにそびえる山々をいつまでも眺めているのがトミのお気に入りだった。田畑を横断する一本の線は東北本線で、煙を立てながら汽車が走っていく。白煙を見上げると青い空が広がっていて、ゆっくりと雲が流れている。

雲は鳥のように自由であるがどこか孤独も感じさせた。雲の流れる先にある東京はどんな場所なのだろうか、さらにその先にはどんな世界があるのだろうか……子供ながらにトミは思いを馳せずにはいられなかった。

この頃のトミがなにより楽しみにしていたのは祭りだった。トミは、祭りの記憶を次のように書いている（「幼き日の日記より」『歌劇』昭和一三年三月号）。

低い雲と深い雪に閉ざされた北国の町には、三月も終わるころになると、思い出したように一時に春が甦ってきます。そして、私たちの周囲は目醒めるような若草の色と、輝かしい太陽の光に満ち溢れるのです。そして歓喜の春が夢のように過ぎると、続いて一年じゅうでいちばん楽しい行事である夏祭りと盆踊りとが近づいてきます。

祭りの日は町じゅう大騒ぎで、氏神様の境内には松明《たいまつ》を焚き、大きな額や、いくつもの山車《だし》が、若い衆の肩に担がれて、町筋を神社へ神社へと練って行きます。私はそうした額に描かれた天ノ岩戸の絵や、楠木正成のハリボテの像に気を惹かれて、知らず知らずのうちに、ついお宮参りをしていたこともしばしばありました。

こうした夏祭りもさることながら、町じゅうの人々のいちばんの楽しみといえば、旧暦八月一五日に行われる盆踊りでした。私たちの町では、特定の場所で踊るというのではなく、初め少数の人が道筋で円を作って踊り始めると、見物をしていた人々が次第にそれに加わり、円形が楕円形になり、それがまた長く長く四町にも五町にも延びて、ぐるぐる踊り続けるのです。老若男女の別なく、みんな楽しげに、同じ歌を歌い、同じ手振りを繰り返して、何時果てるとも思われません。私は子供心にも、夏、涼しい星空の下に展開される、この地方色豊かな盆踊りが無性に好きで、よく見物に出掛けました。

祭りは夜遅くまで続き、山車や踊りに夢中になったトミが最終列車を逃すのもよくあることだった。祭りが行われていたのは主に沼宮内駅の近くだったが、当時、川口駅に止まる沼宮内発の鉄道は二〇時二八分が最終だった。

そんな時、祭りで人が集まっていた沼宮内から川口までの道を子供だけで帰ることも珍しくなかった。川口小学校時代の同級生で、後に「園井恵子を顕彰する会」の会長も務めた工藤剛嗣《たけつぐ》の回想が残っている。平成一五年（二〇〇三）二月一五日、生誕九〇周年を記念して岩手町で行われた「園井恵子さんを偲ぶ会」での証言である。

このあたりでは盆踊りが盛んで、みんな三百メートルか四百メートルの長い楕円形を作って、とにかく踊っていました。さらにその頃は、沼宮内の青少年ホールの場所あたりに馬検場があって、そこでは明け方まで踊っていたものだから、川口の盆踊りがすんでもまた沼宮内にきて盆踊りをしていました。帰りは一〇時、一一時になって電車もないわけで、そこから川口まで八キロか九キロあると思います。そこを歩いて帰ってくるという、そのくらい盆踊りは好きだったようです。

トミたちが川口に向かって歩いた道はおそらく国道四号（奥州街道）だろう。その道は今でも街灯は多くない。ましてや大正年間の話である。

祭りの日は人通りも少しはあり、途中の民家などところどころに明かりは灯《とも》っていただろうが、田畑や山に囲まれた帰り道は、多くが月や星の光を頼りにする暗い道だったことが想像される。しかし、トミの手記や工藤の証言からは帰り道の心細さは少しも出てこない。沼宮内から川口をつなぐ奥州街道はトミにとって父親と荷車を引いて歩き慣れた道だった。なにより心が昂《たか》ぶって足取りも軽かったのではないか。普段は静かで落ち着いた町が、祭りの時は皆日常を忘れて一心不乱に声を上げ、笑い、手をたたいている……そのどこか幻想的な空間にいた感覚がいまだに醒めずに、トミはなかば恍惚としながら帰り道を歩いたのではないだろうか。

川口小学校時代のことをトミは次のようにも語っている。昭和一二年（一九三七）に発刊された平井房人『青い袴30人』は、宝塚少女歌劇のスターそれぞれの生い立ちを本人の語り調子でまとめたもので、「鈴蘭の咲く丘を越えて　園井恵子」という項でトミについても書かれている。本書は一般の読者向けに脚色や創作が加えられた感が強くあるが、それを念頭に置きつつも、他の書籍にはない出来事が多く書かれていて興味深い。


男女共学の川口尋常高等小学校。

「皆さんは大きくなったら何になる？」

という先生の質問に、私は即座に答えました。「学校の教師になります」

学校に行くのは好きでしたが勉強をするのは嫌いでした。

教科書を読まないで雑誌ばかり読んでいました。少女ものから少年ものまで五、六冊読破すると、足りないでお父さんの分まで、手当たり次第に読んでいました。

その癖、私より成績のいい生徒はありませんでした、自分で言うのは変ですけど、変わり者の級長さんで通っていた様ですわ。


トミは親からも「お前は教師になるのが似合いだよ」と言われてきた。子供好きなだけでなく、老若男女問わず世話を焼くのが好きだったトミは、祝賀でパンをもらえば自分より小さな子供に分け、村に病気の老人がいればすすんで家に行って声をかけた。それは老人にとって手助けというより気晴らしにしかならなかったし、なぜそのようなことをするのか首をかしげたが、トミにはそんな理由を考えさせない自然さがあり、溶け込むことができた。小さな子供たちからも「トミ姉ちゃん」と慕われる存在だった。

そのようなトミには、本人も親も教師が合っていると思っていた。しかしトミの心の奥底には教師としての将来の他にもうひとつ、小さな未来が育っていた。きっかけは友達と見る少女雑誌だった。

少女雑誌で見る宝塚というものへ、私が憧れを抱き始めたのも、ちょうどそのころ（小学校三年）からで、よくはわからないながらも、同じく宝塚好きのお友達と本を前にしては、おぼろげな幻を描いて語り合ったものでした。
（「幼き日の日記より」）

この頃、トミが読んでいた少女雑誌とはどのようなものだったのか。

トミの川口小学校時代、大正九年から一五年にかけては複数の少女雑誌が出版されていた。明治から続く『少女世界』『少女の友』『少女画報』に、大正一〇年（一九二一）には『少女界』、大正一二年（一九二三）には『少女倶楽部』が創刊され、加わった。

これら資料は東京都目黒区の日本近代文学館で、完全ではないがいくらか見ることができる。大正時代の雑誌がきれいに保管されているのを目の当たりにすると、時代を大きく遡《さかのぼ》り、トミの生きていた時代を体験しているような不思議な感覚にとらわれる。今の雑誌とは時代の差を感じる部分もあり、例えば関東大震災（大正一二年九月一日）の翌月には被災した少女を題材にした小説が掲載されている。現在であれば大問題になるだろう。

大正中期くらいまでの少女雑誌は特に教育色が強く、優しく親思いの少女が不遇に耐えつつも最後は悲劇に見舞われるような、感傷的な内容の小説が多く並んでいた。それが大正後期になると本の厚さが増して内容も多岐に渡るようになった。従来の少女小説や詩、教養読み物、童話に加えて、探偵小説、歴史小説、ホラー、喜劇小説、映画や舞台の紹介など娯楽色が加えられていった。

宝塚少女歌劇については時々、巻頭に写真が掲載されていた。西洋や東洋の舞台衣装をまとった少女たちの姿で、現地で売られていたブロマイドを転用したものだった。

大正一一年から一三年にかけては『少女界』『少女画報』に宝塚関係の読み物が多く掲載されている。

高砂《たかさご》松子、瀧川《たきがわ》末子といった初期からのスターに加え、秋田露子《つゆこ》、春日花子、住江《すみのえ》岸子、雪野富士子、天津《あまつ》乙女、初瀬音羽子《おとわこ》ら主演クラスの生徒が月を変えて紹介されていた。それら記事には舞台の紹介、活躍ぶり、日常のエピソード、生い立ちなどが書かれている。後に男役として人気を集める奈良美也子《ならみやこ》もこの時期は期待の新進として巻頭写真や記事に登場していた。宝塚の戦前における黄金時代を築いた小夜《さよ》福子も奈良の二期後輩で、この頃にはすでに初舞台を踏んでいた。

他にも、例えば『少女画報』大正一二年四月号には「愛らしい宝塚少女のお正月」と題して宝塚の生徒たちが新春の買い物に出かける様子が描かれている。「大阪の銀座通りともいふべき心斎橋の雑踏の中で、今日三人は揃ってお正月の晴着を求めに出たのであります」という文を読んで、街といえば盛岡しか知らないトミは、遠く離れた東京や大阪を想像したのではないか。――少女三人で楽しくおしゃべりしながら街を巡り、呉服店では店員が次々にきれいな着物を持ってきて、少女たちはそれ手に取りながらまた楽しくあれこれ話す――その華やかな様子は自分の暮らす今の場所とは全く別世界に思えただろう。

少女雑誌に見た宝塚少女歌劇の世界はトミの心をゆさぶった。トミだけでなく、日本の各地で宝塚にあこがれる少女が続出していた。さらに宝塚の成功に刺激を受けて、大正後期から昭和初期にかけて日本全国で多くの少女歌劇団が誕生した（それら割拠した少女歌劇については倉橋滋樹・辻則彦『少女歌劇の光芒』に詳しい。そこには二〇余りの大小の歌劇団が紹介されているが、記録に残っていない地方の小さなものも考えると、さらに多くの活動があったと推測される）。

いつしかトミの心には教師としての将来とは別に小さな夢が住み着くようになった。それは岩手で育ち、そこから出たこともない少女にとってはあまりに未知で、夢や将来と呼べるものなのか、それすらもわからなかった。だが、トミが自分の未来を考える時、その希望は必ず脳裏に浮かんできた。胸の底からまるで突かれるように、トミを催促するように思い起こされた。

「私も宝塚の舞台に立ちたい」

今の自分からあまりに遠く離れた望みと知りつつも、その思いは次第に抑えきれなくなっていった。

いつしか演劇は見るものから演じるものへと、トミの中で変化が起こっていた。学芸会の配役で、皆が出たくない一心で目を伏せている時、すすんで手を上げるのはトミで、そのうち教師の方から声をかけるようになった。トミの演劇熱はもはや教室で当然のものと認識されていた。

学芸会だけでは熱はおさまらなかった。八幡平市の松尾ふれあい文化伝承館に保管されている川口小学校元准訓導・多田氏の手紙によれば、授業中も自分の顔で表情の研究をしていて、担任を呆れさせたという。

小学校を終えるころには、宝塚へやらせてくれなくてはと、母にせがむほどになっていました。

（「幼き日の日記より」）

一方で、願望はあったものの、宝塚を進路とするにはあまりに現実離れしているとトミもよくわかっていた。周囲に伝手《つて》もなかったし、何より雑誌で見て想像はしていたものの、トミ自身、宝塚少女歌劇というのがどのようなものかよくわからないでいた。当時の岩手から宝塚はあまりにも遠い場所だった。

小学校尋常科の卒業にさしかかったトミが次の進路に考えたのが、県立盛岡高等女学校だった。校章が白い梅の花びらだったことから白梅《はくばい》校と呼ばれ、岩手県下の公立では最も歴史のある女学校だった。当時、盛岡市天神町（現在の県立盛岡第二高等学校の場所）に校舎があった。

トミの小学校六年間の成績は、四年生の裁縫が乙だった以外は全て甲で、成績は優秀といえた。にも関わらず、トミは盛岡高等女学校の入試に失敗し、岩手県女子師範附属小学校の高等科に入学している。

当時の教育制度は小学校の尋常科六年が義務教育で、その後は中学校、高等女学校、実業学校といった旧制中等教育機関と、小学校の高等科などが進学先だった。中等教育が主に五年制だったのに対して、小学校の高等科は二年（一部三年制の学校もあった）で、経済面や学力の事情などで中等教育機関への進学が厳しい子供が多く進学していた。また、後にトミもそのような形になるが、中等教育機関の受験に失敗して再度受験するまで在籍する生徒もいた。

この時期に出会ったのが、後々まで友情をはぐくみ、園井恵子の名を後世に残すのに大きく貢献した渡辺春子（旧姓・市村）だった。

トミと春子がはじめて出会ったのは、岩手県女子師範附属小学校の追入試の場だった。他にも伊藤京子（旧姓・砂子田）が追入試で入学していて、この三人は入学後も仲が良かった。

岩手町教育委員会の編集による『生誕九十周年 原爆が奪った未完の大女優 園井恵子展』というビデオの中に、当時の様子を語った春子の証言が残っている。前述の平成一五年に行われた「園井恵子さんを偲ぶ会」を主に記録したものだが、その他にも取材した様子がいくつか収録されている。

春子の回想――

白梅校（盛岡高等女学校）を落ちたもんですからね。後から附属にこそこそと入った形だから、他の人から見たら、なんかこう引け目があったんですね。なんとなく落ちこぼれていますから仲が良かったんですね、もう一人の方と三人で。それから、あの方はその頃から学校の……あの、言っちゃ悪いんですけれど、勉強の本よりもお芝居の本を読んでいることの方が多かったと思うんです。

宝塚の本は見ていたようですね、それでやっぱり刺激されたんじゃないでしょうか。

養女である吉田晃子によると、春子自身は家族に病人がおり、盛岡高等女学校を受験するにあたり介護でほとんど勉強できなかったという。

三人の仲の良さがうかがえる写真がある。春子の遺品のアルバムには、おそらく小学校を出てからだいぶ経っているだろう、トミ、春子、伊藤京子の三人で写した写真が残されていた。広い公園

「落ちこぼれ三人組」と書かれた小学校高等科の同級生三人の写真。左から伊藤京子、トミ、渡辺春子

らしき場所で三人並んで写した写真である。晃子は言う。「ものを残すことに執着しない人でしたからね。引っ越しした際にほとんど処分していました。残っているものは珍しいと思います」

写真の裏には春子の字で「落ちこぼれ三人組」と書かれていた。

岩手県女子師範附属小学校は盛岡市内丸の、現在の盛岡地方検察庁のあたりにあった。盛岡駅から歩いて二〇分ほどで、川口駅前の実家から通えなくもなかったが、すぐ近くの紺屋町では叔父の多助が菓子屋「千秋堂」を開いていて、トミはそこから学校に通うことになった。

トミの故郷である岩手だが、出生地である松尾村、幼少期を育った川口村とならんで、この盛岡もトミに大きな関わりがあった場所である。

叔父の家には祖母・袴田ウメも暮らしていた。祖母はトミをたいへん可愛がっていて、懐いていたトミは小学校に入る前から頻繁に盛岡に泊まりに来ていた。

叔父の家の向かいには藤澤座という芝居小屋があり、明治時代から寄席や芝居を興行していて、大正初期からは活動写真も上映していた。他にも盛岡には歌舞伎、新国劇、歌劇など多くの興行を催していた盛岡劇場や、内丸座、紀念館、第二紀念館といった活動写真館があり娯楽色豊かな土地だった。

当時、花巻農学校の教師だった宮沢賢治も、藤澤座や盛岡劇場を訪れた一人である。昔からの寄席や芝居だけでなく、チャップリンの映画や少女歌劇などを観るため花巻から幾度となく通いつめたという。

トミは幼い頃から祖母に連れられて芝居小屋や劇場に出入りしており、そのような体験が後の園井恵子の土壌を作ったのは間違いないだろう。

叔父の家の隣は平安《ひらやす》商店といって、蒟蒻《こんにゃく》製造、食油、豆腐原材料の卸売業をしている店で、平野安太郎・スエ夫妻が営んでいた。平野家と袴田家とは、祖父が亡くなった後、多助とその家族が盛岡に引っ越して以来の付き合いだった。

トミは叔父の家に頻繁に遊びに来ていたので、平野家とも自然と顔なじみになっていった。スエは世話好きで「トミちゃん、トミちゃん」と言ってよく可愛がった。トミもスエに懐き、枕だけ抱えて平野家によく泊まったという。

後の昭和二年、平安商店は市内の油町《あぶらちょう》（現在の盛岡市本町通一丁目）に引っ越すが、その後もトミはスエのことを「油町のおばさん」と呼んで慕い、平野家の娘・ヤスも含めて交流はトミが死ぬまで続いた。

盛岡には祖母・ウメに平野スエと可愛がってくれる人がいて、好きな芝居や活動写真もたくさん見ることができる、幼い時からトミにとって居心地が良い場所だった。

トミの晩年は両親が川口村の家を引き払い、親戚付き合いも疎遠になったので、トミが帰る先は盛岡になった。後に親と妹、弟を宝塚から岩手に戻す時、選んだ場所が盛岡だった。そこで昔から付き合いのある人たちと会うのがトミの休息となった。

附属小学校時代のトミの様子はどうだったのか。後年に女優として名を轟《とどろ》かせる片鱗はあったのだろうか。

同級生の渡辺春子は当時のトミの印象を次のように語っている。「とてもニキビが多くてね、本当、特別多かったですね。で、とても女優さんになるとは思いませんでしたね。ですが、とても眼がきれいな人でした」

川口小学校時代や後の小樽時代は、その美しい容貌を伝える証言があるが、この時期はそれほど目立つ生徒でもなかったらしい。休みの日など川口の自宅で過ごし、休みが明けるとそこから盛岡に向かったようだが、その時に汽車でトミを見たという地元の人も「それほどきれいとは思わなかった」と回想している。

宝塚への熱は上がる一方だったが、周りから見ると当時のトミは、地方にいる一人の夢見る少女に過ぎなかった。沸き立つ気持ちがありつつも、それを口に出すことも憚《はばか》られた。言葉に出せばたしなめられるのが目に見えていたからだ。

その時の様子が書かれた文章もある。


「お前は教師になるのが一番似合いだよ」

今日まで何度も耳にしてきた父母の言葉が、何となくそのまま受け入れられないような気がしてきました。

「私、宝塚に入りたい」

と、それとなく両親に打ち明けると、

「宝塚が、どんなところだかよくは知らんが、どこへ行くにしても、女学校だけは上げておかねば……」

と、反対の色を見せるのでした。

（『青い袴30人』）


時代を考えれば、宝塚から遠く離れた岩手の人たちのこの反応はごく自然なものだった。河原乞食などと呼ばれ、役者に対してまだ蔑《さげす》む考えも多く残っていた時代である。岩手のような地方都市では特にそのような考えは強かっただろう。

トミにもその考えを覆すほどの力はなかった。宝塚に行きたいと思っても、一三歳の少女にとって親の庇護《ひご》を離れて生きることは現実離れしていた。思いを抑圧して毎日を過ごすしかなかったのである。

誰もトミの夢を現実として受け止めていなかった。想像できなかったという方が正しいかもしれない。もしかしたらトミ自身も疑っていたのかもしれない。しかし、ただ一人、その後押しをする人間がいた。岩崎コヨである。

場所は附属小学校の校庭。整列した袴姿の生徒たちが旗を上下に振っている。それを見つめる猫のような眼をした教師、まだ一七歳ほどで少女のあどけなさを残している。その細い眼の先には、ふっくらしたニキビ顔の女の子がいた。

猫のような眼の女性は岩崎コヨといい、師範学校から教育実習生として派遣されていた。後に地域の教育者として大きな足跡を残すコヨだが、この時は体育の授業を受け持つ一人の教育実習生に過ぎなかった。

ふっくらしたニキビ顔の女の子——袴田トミがコヨの眼に最初に留まったのは授業を見学している時だった。窓を見つめて自分の顔を動かしているトミを見て、最初、コヨは何をしているのかわからなかった。職員室で教員に聞くと笑いながら答えてくれた。芝居が大好きで、ああやって演技の勉強をしているらしい……コヨは授業そっちのけのトミに呆れつつもどこか興味を覚えていた。

それからコヨはトミを注意して見るようになった。休み時間中、友達と少女雑誌を見る時のトミは周りの生徒と同じ幼い少女そのものなのだが、ひとたび教室に諍《いさか》いや論議が起こると、トミの顔は瞬時に大人びたものになって、誰に言われたわけでもないのにリーダーとなって場をまとめ上げてしまう。その言葉は力強く、しかもどこか人格者が子供を諭すようで、一二、三歳になったばかりの周りの少年少女たちは、全く手も足も出ないとばかりにトミの言葉に従ってしまうのだった。

周囲の子供とは全く話が合わなかったが、トミはどう生きるべきかといった哲学的な話にも興味を持っていた。子供の背伸びといえばそれまでだが、ココはトミに他の子供にはない何かを感じとっていた。未来といえば家業を継ぐことや進学、結婚くらいしか頭に浮かばない同世代の子供たちの中で、トミの眼はどこか遠くを見つめているようで、それはあきらかに異彩を放っていた。

校庭で旗体操を指図しながらココはトミを見ていた。

普段からトミはしっかり者であるべくそのように努めていた。授業中、演技のことに夢中になることはあったが、それも懸命なるがゆえとココは考えていた。

しかし、その真面目さが時々、思いがけないハプニングを生んだ。旗を周りと合わせて振ることに夢中なばかりに、旗を隣の子供にぶつけたり、自分から顔を旗にぶつけたり、その姿がなんともユーモラスで、思わずココは噴いてしまった。

生真面目さとその裏をなす喜劇性もまた、この子の才能なのかもしれない。ココはそう思った。

ココはトミに関心を持っていたが、教育実習生の立場では一人の生徒とゆっくり話をする時間はなかった。二人が交流と呼べる接点を持ったのは、意外にも学校ではなくトミの実家がある川口村の寺だった。

岩崎さんと知り合ったのは、村のお寺で、仏教子供の会をやった時、童話劇で私が石童丸《いしどう》になった時からでした。

（『青い袴30人』）

仏教子供の会とは、寺を使用した村の会合のひとつで、子供たちは朝から仏参、読経、掃除など寺の勤めを体験した後、大人も混じった餅つきが行われた。コヨは川口村の出身で、子供たちの引率役として参加していた。

餅つきが終わった後は、年長者の児童たちが演じる童話劇だった。小さな子供たちにとって会で一番の楽しみはこの観劇だった。

トミが述懐している石童丸とは『苅萱《かるかや》』の登場人物である。『苅萱』とは、もとは室町時代の、仏教の教えを伝える高野山由来の物語だったが、江戸から明治、大正と時を経るにつれて大衆的な浄瑠璃、歌舞伎、小説などに派生していた。

健気に父を求める石童丸と、名乗れない苅萱の切ない物語は当時、親子の情を伝えるものとして庶民にまでよく知られていた。

この仏教子供の会で、石童丸を演じたのがトミだった。

コヨはトミをじっと見つめていた。ふっくらした丸顔が幼き石童丸のイメージとぴったり重なっていた。だがコヨは外見よりもその演技に心を動かされていた。周りの子供たちが照れを隠しきれない学芸会の延長程度の演技なのに対して、トミは悲しい時は目を潤ませて、まだ見ぬ父を慕って空に思いを叫ぶなど一心不乱に石童丸を演じていた。演技自体は未熟そのものだったが、トミの眼は石童丸にすっかり取り憑かれていた。

コヨは劇が終わるとトミに声をかけた。コヨからするとトミは少し話したことがある生徒に過ぎなかったが、トミにはそうではなかった。コヨは次席で師範学校に合格した村の秀才で、教師を目指していたトミからすると、昔から模範にするよう周りから言われていた存在だった。二人は人々から離れて並んで座った。

「ずっと教師になりたかったんです。でも、本当は宝塚に行きたいんです」

トミは思い切って本音をコヨに打ち明けてみた。少女雑誌を見て宝塚少女歌劇に憧れを抱いたこと、その思いが抑えきれなくなってきたこと、親に相談しても相手にされなかったこと……一度意を決して出てきた言葉は止まることを知らず、気が付くとトミは一人で話し続けていた。

コヨはただ黙って聞いていた。当時、岩手で生きてきた大人たちにとって、自分の希望が常軌を逸したものであることはトミにもよくわかっていた。遠い宝塚が想像できないだけではない。大切な娘を役者にすることに二の足を踏む親の気持ちもわかっていた。

コヨも宝塚少女歌劇についてほとんど知識はなかった。だが、この頃にはすでに宝塚に影響されて各地で大小様々な少女歌劇が生まれていて、盛岡でも少女歌劇と呼ばれる公演がかかることもあった。また、宝塚少女歌劇が東京の帝国劇場で公演するほど人気を博していることも少女雑誌から知っていた。

トミはうつむいていた。その眼は先ほど石童丸を演じた時と違い、生気のない暗いものだった。

その姿を見てコヨは自分自身を思い出した。コヨも教師を夢見て師範学校を目指したが、父親は、女は嫁に行くからと反対だった。盛岡で試験を受ける時も、周りは親が付き添いでいるのにコヨは一人でろくに知らない街に出てきた。前夜、宿に泊まる時、入口で「泊まります、泊まります」と叫んだが、旅館の女将は少女一人を客だとは思わずそのままにしていた。それでもコヨは「泊まります」と言い続け、ようやく女将も客とわかり中に入れたという。

こんな苦い経験をしていたから、コヨは夢に向かって真っ直ぐに進めないトミの気持ちを感じることができた。トミにとって幸運だったのは、コヨが若く先進的な考えを持った人間だったことである。

この頃、少女雑誌では高等女学校での演劇が盛んに取り上げられていた。劇を演じることも見ることも情操に良い影響を及ぼすといわれ、生徒による劇が行われ始めた時期だった。コヨはこの教育の流れを知っていた。それに何よりコヨはトミの一心不乱に道を突き進もうとする一途さに自分と通じるものを感じていた。

コヨは力強く言った。

「田舎の人達は、ともすると舞台に立ったりすることを、何かいやしい仕事のように考えていますが、私はそうは思いません。百姓でも商人でも芸術家でもいい、何かはっきりしたものをつかんでそれに向かって全力で突進すればいい、必ず成功すると思います」

トミの顔が上がった。コヨを見つめるその眼はさっきまでと違い、輝きのかけらを含んでいた。

「本当にそう思いますか」

「ええ」

トミはたちまち笑顔になった。眼には力強さが戻った。

「ありがとうございます」

トミは立ち上がると人々の中に走っていった。コヨはその姿を微かな笑みを浮かべながら見つめていた。

昭和一一年（一九三六）五月二九日、岩手日報に「宝塚星組に輝く我らがスター 純南部娘園井恵子」という記事が掲載された。そこにはトミの「私が宝塚に行こうといった時、たった一人の味方は岩崎先生でした」という言葉があった。知らされてそれを見たコヨは、ただ「本人がよく頑張りました」と言い、それ以上は語らなかったという。

岩崎コヨはその後、地元の小学校校長や県厚生部・児童婦人課の初代課長を務めた後、「私立みどりヶ丘幼稚園」や知的障害者のための社会福祉法人「カナンの園」の設立に尽力した。自ら借金をした上での開園だった。幼稚園の庭には築山《つきやま》を作り、小動物を飼い、近くに畑を借りて野菜作りをするなど幼児の情操教育に情熱を注いだ。「盛岡市内で、リュックサックを背に道ばたにしゃがんでいる老婦人をみかけたら、幼稚園のうさぎやにわとりのために、草摘みをしていらっしゃる岩崎先生と思って間違いない」といわれるほど、労をいとわず、生涯その姿勢からひたむきさは失われなかった。昭和五五年（一九八〇）、勲五等宝冠章を受章している。

コヨは昭和五年（一九三〇）に洗礼を受け、一生をクリスチャンとして終えている。体調を崩したのも、キリストの足跡を辿るイスラエルへの旅と西ドイツでの受難劇の鑑賞を組み合わせたツアーの時だった。すでに病気がちだった身体は旅行の厳しい日程の中で悪化して、帰国後入院するとそのまま帰らぬ人となった。昭和五九年（一九八四）九月二〇日、享年七六だった。

第二章　小樽　女学校時代

生前だけでなく死後も友情が続いた渡辺春子や、将来の夢への後押しをした岩崎コヨとの出会いがあった岩手県女子師範附属小学校高等科時代だが、その期間は短く、トミは入学から一年後の昭和二年（一九二七）四月には北海道に渡り、北海道庁立小樽高等女学校に入学している。世話になっていた叔父・多助が小樽に引っ越したためで、叔父、祖母と一緒に付いていった形である。

多助一家が小樽に移住した理由については当時の状況を知る必要がある。

小樽は札幌の西北に位置し現在は観光を主にする街だが、当時は周囲に適した港がないこともあり、道内の生産物を集め、本州や外国と交易をする拠点となっていた。また、運搬船や漁船の避難港、中継港としても重宝されていた。

もともと小樽は明治二二年（一八八九）頃から外国船との交易があり、明治三二年（一八九九）には外国貿易港として認められて輸出入を行っていた。さらに明治後半から大正にかけて鉄道が順次延長されて集荷量が多くなると、外国から小樽を経由して道内に輸送する品物も増えていった。大正一四年（一九二五）まで函館と青森をつなぐ青函連絡船が貨車航送（貨車をそのまま船に搭載して海上を輸送すること。積み替える手間がなく商品を傷つけることも少なくなる）を行っていなかったことと、もうひとつの貿易都市である函館より地理的に北海道の中心部に近かったこともあり、北海道と本州の貨物輸送も主に小樽で取引されていた。

さらに日露戦争で南樺太が日本領になると距離の近い小樽がその資源も扱うようになり、第一次世界大戦ではヨーロッパの農地の戦場化や徴兵による人手不足が食糧自給率を下げたことで、それらの国々からの需要も高まった。豆類の価格は三倍以上に跳ね上がり、市内に二六もあった工場では六千人もの女工が豆を選別しながら袋詰めにして輸出していた。

このように北海道の開発と二回の戦争により小樽はこの上ない発展と好景気に賑わっていた。街に活気があふれるにつれて移住者が増えてきて、明治三二年には約六万二千人だった人口が、大正一四年の国勢調査時には一三万人で倍以上に増えている。同じ時期の函館の人口が一六万、札幌が一四万だったたから、その規模は拮抗していた。

人口だけでなく、明治三〇年以降貿易高でも函館を凌駕し、第一次世界大戦を経た大正一〇年には銀行数、預金高、貸金高とも札幌、函館を上回り、小樽は当時、道内一といえる活況を呈していた。

小樽は北海道では函館と並んで「菓子の町」と呼ばれ、道内の内陸部、炭鉱関係、樺太、北の海域で需要するものの大半は当時、小樽で卸売りしていた。明治三〇年にはすでに菓子商組合も結成されており、業界は盛んだった。

多助の弟である商助も当時小樽に住んでおり、多助一家の小樽移住は、弟から聞いた景気の良さと菓子業界の活気に魅力を感じたゆえの行動であろう。

さて、宝塚少女歌劇への思いを募らせていたトミが、なぜ叔父たちと一緒に小樽に渡ったのか、『青い袴30人』には次のような記述がある。

丁度その頃、北海道に行った祖母さんが、祖父さんの一三回忌でお墓詣りに盛岡に帰ってきました。

「トミや、お前北海道に遊びに来ないかね。私、一人で帰るのは寂しいから、送って来て欲しいんだよ。そしたら、宝塚入学も私から父さん母さんに話してあげよう」

これが計略であるとも知らず、私は、宝塚の一語に引きずられて、北海道へ同行することを約束しました。

盛岡から二四時間、一二月の末のことです。小樽の町へ降りると雪は家並を真白に埋めていました。珍しい馬橇《うまぞり》に乗って、シンと静まった見知らぬ港街を、いくつか曲がりくねって、やがて祖母さんの家へ着きました。

「お前、宝塚なんか思い止まるがいい。そしてここの女学校にお入りなさい」

見ると、全部手続きが出来ているではありませんか。私は計画的なこの仕打ちが口惜しくて涙をボロボロ出して泣きました。

「どうともするがいい」

身を捨てたような気で、教科書一頁もめくらないで試験を受けてみると、皮肉にも合格です。

そしてその翌日から、道庁立小樽女学校の生徒ということになりました。

この内容から見ると、叔父の多助や祖母が小樽に行った後もトミは岩手に残っていたが、祖母に付き添って小樽に行ったのを機に、そのまま移住したということになる。

祖父・政緒が亡くなったのが大正三年（一九一四）一一月九日なので、一三回忌（満一二年）の時期とは一致する。

ただし、ここには翌日から小樽高女の生徒になったと書かれている。小学校高等科から高等女学校に年度途中に転校できるのかという疑問もあり、内容についてはそのまま鵜呑みにすることはできない。トミが転校した庁立小樽高等女学校は現在の北海道小樽桜陽高校であるが、その後中退してしまったトミの記録は全く残っていないので、現在では真偽を確かめる手段はない。

騙《だま》されて小樽に連れていかれたという記述も他にはなく、移住時期や入学時期とともに詳細の決め手はないが、いずれにしても、遅くても昭和二年四月には小樽に移住し、小樽高女に入学していたようである。

トミとしても、宝塚への夢は抱いてはいたが、それを現実化する手段を持たなかったため、未練を残しつつもう一つの夢だった教師への道を歩んでいたのではないだろうか。当時、教師になるには師範学校を出るのが基本だったが、高等女学校を卒業すれば代用教員として小学校の教壇に立てたし、女学校卒業後に師範学校に進学することも可能だった。

現在の感覚からすれば、トミは岩手に残り、親元でもう一度県立盛岡高等女学校を受験するのが自然に思えるが、農村部では教育費の負担も大きな問題になっていた。もし、叔父・多助の家が実家に比べて経済的に恵まれていたとすれば、これから好況の小樽で暮らすそちらに娘を預け、親戚全体でトミの面倒を見ようとしても不思議ではない。

当時、岩手から小樽へ行くには、青森まで鉄道で移動して、そこから青森―函館間の青函連絡船に乗り、函館から再び鉄道に乗る必要があった。

青函連絡船は明治六年（一八七三）に開拓使が青函航路を定期化して以来、明治四一年（一九〇八）の国営化を経て、明治、大正、昭和と三時代にわたり本州と北海道の架け橋として活躍した。明治から大正にかけては多くの移民団が夢を持って北海道に渡っていった。

青森では大正一二年（一九二三）まで（函館では明治四三年まで）港の設備の関係で、連絡船を直接横付けすることができず、乗客は五百メートルほど沖合に停泊している連絡船まで小蒸気船やそれに引かれた艀《はしけ》で移動し、そこから乗り移った。本船も艀も揺れているため、船員は時にはしがみつく婦人の尻を押して乗船を手伝った。船員は乗客にしがみつかれた時の青痣《あおあざ》が絶えなかったという。

トミと祖母が小樽に向かった時期にはそのような問題も解消されて、乗客は桟橋《さんばし》から直接乗船することができた。船舶も国営化時に注文されて以来、長年青函航路を牽引してきた比羅夫《ひらふ》丸、田村丸ではなく、大正一三年に就航された翔鳳《しょうほう》丸、津軽丸、松前丸、飛鸞《ひらん》丸といった新型船だった。これらの船は貨物を車両ごと搭載し、乗客も比羅夫丸の三倍近い九百人を収容できるもので、青函連絡船の豪華客船というイメージはここから始まっている。これら四隻は後の昭和二〇年七月一四日、空襲で破壊されるまで活躍した。

青函連絡船は急行の時間に合わせて出航時刻が組まれており、盛岡―青森が約五時間、青函連絡船が四時間半、函館—小樽間が約八時間で、急行列車を利用すれば途中の乗り継ぎ時間を入れておよそ一九時間半、普通列車を利用すると、トミが『青い袴30人』で述べている通り、およそ二四時間の旅程になる。

初めて足を踏み入れた北の大地の印象を、トミは「幼き日の日記より」に書き残している。

雪の青森から雪の小樽へ、白の一色に塗りつぶされた冬の旅は、何の変化もないようですが、汽車の窓から見る二つの雪景色に、私はなんとなく異なったものを感じたのでした。……そして小樽駅で降りて、祖母とともに橇で家まで連れて行かれるときには、見知らぬ国に来て、またどこへ自分は連れて行かれるのだろうと、心細さに思わず祖母にシガミついた私でした……。

小樽ではこの頃すでにタクシーやバスが登場していたが、まだ数は十分でなく人力車や客馬車が多く活躍していた。客馬車は、夏は箱形の胴体に車輪付きで、冬はそれを橇に変えて走っていた。遠距離や急ぎの家族連れに重宝されたらしく、トミが乗ったのもおそらくこれであろう。スピードが出ると橇は時々ひっくり返ることもあったというから、慣れない土地に加えてそれも不安だったのではないだろうか。

トミがたどり着いた先は入船町八丁目で、聖ヶ丘という小山のふもとだった。入船町は入船川（現在はコンクリートで覆われている）に沿って北東から南西に長く広がった区域で、今も入船という地名で残っている。八丁目は現在の入船四丁目一帯にあたる。入船町は、港近くは繁華街としてたいへん栄えていたが、八丁目付近になると街の外れに当たり、店もまばらだった。

叔父・多助の家は八丁目六九番地で、現在の入船四丁目一一～一二番地あたりである。北東の繁華街と南西の京町、柳町、仲ノ町、弁天町、羽衣町といった遊郭とをつなぐ道の脇だった。

＊　叔父・多助の家があった場所については文献により違いがある。『園井恵子・資料集』の年表では多助の家を入船町八の六としている（誤植で八丹町八の六となっている）が、郷土の歴史に詳しい岩坂桂二（元市立小樽文学館・美術館長）が記した『小樽市史軟解』（第五一回）には「当時、入船町八―六十九で千歳屋という菓子屋を営んでいた」とある。
どちらが正しいか決定的な証明はできないが、資料集には当時、小樽に住んでいたトミの従妹・袴田綾子の次のような証言がある。

「小樽のイクセの坂を上って、アカシアのある近道から、道のない急な坂を下りて、入船町の伯父さんの店のある家に行く私でした」

イクセの坂とは、現在の奥沢中央団地の場所にあった育成院という施設の前の坂のことである。坂を上って入船方向に向かう時、地理上、八の六であれば道なりに進むことが自然で、近道をする必要があるとすれば八の六九が有力と考えられる。

この推論から本書では多助宅を八丁目六九番地としている。

なお、八丁目六番地だと現在の入船四丁目一番地、三四番地一帯に当たる。

小樽は景気が良く港町で人の出入りも多かったので、明治時代から遊興面も発達していた。入船町の南奥には遊郭があり、そこは北の梅ヶ枝町にある手宮遊郭が北郭と呼ばれたのに対して南郭とも呼ばれていた。

この北郭、南郭ができる前であるが、西郷従道も明治一五年の開拓長官兼任時代に小樽に数日滞在し、名妓・勝子の接待を受けて相好を崩し、「小樽似大酒」という揮毫《きごう》を残している。

繁華街にはカフェがたくさんあり、そこも賑わっていた。カフェは現在のような喫茶店ではなく酒を提供し、そこで勤める女給はウエイトレスというよりホステスの役割だった。トミも小樽在住中は、家の前の道を人力車で移動する美妓や繁華街の女給を見かけていたことだろう。

通学先である庁立小樽高等女学校は、現在の小樽市立菁園《せいえん》中学校の場所で、トミの家から歩いて一〇分もかからない場所にあった。校舎前の坂は現在もトミが登校した当時の面影を色濃く残している。

「教科書一頁もめくらないで試験を受けてみると、皮肉にも合格です」と書かれた小樽高女だが、北海道では札幌、函館に次ぐ三番目の歴史を誇る女学校で、紺サージの制服は当時、小樽の少女たちの憧れだった。

トミは女学校や小樽の思い出を「幼き日の日記より」に書いている。

庁立小樽高等女学校の試験に合格した私は、その後、毎日カク巻に長靴といった扮装で学校に

庁立小樽高等女学校（昭和６年頃）

通いました。上級生に連れられて、家の裏山にあたっている聖ヶ丘のスキー場へ行き、下手ながら冬のスポーツの爽快感を満喫したのも、そのころのことでした。

小樽にはわずか二年余りしかおりませんでしたが、雪の小樽、懐かしい小樽の街は、いつ思い出しても楽しい印象を残しています。私が小樽に来て第一に驚いたのは、男はもちろんのこと、女の顔までが妙に黒ずんでいることでした。あとでわかったのですが、その原因は雪焼けと、もう一つは各戸で焚くストーブの油煙が街じゅうに漂っていて、道行く人々の顔を黒く彩るんだということでした。

それから第二に驚かされたのは、小樽では鮭、鱈《たら》、鰊《にしん》、鰯が無数に穫れるということでした。そのため私は、鮭がすっかり好きになり、鮭といえば煮たのでも、焼いたのでも、生でも塩でも、はては缶詰までが大の好物で、鮭とさえ名がつけばもううれしいんです。それから、シャコにガサ蝦《エビ》も好きになりました。でも、あちらでは一〇銭も買えばバケツに一杯あるんですから、とうてい食べきれたものではありません。

話が少し食べ物専門になりかけましたが、とにかくよく運動をし、よく食べた女学校のころは、私にとってこのうえもなく懐かしく楽しいのです。こうして目を閉じると、丘の上に建てられたあの二階建ての校舎、そして坂道を上りつめたところにある大きな校門、門を過ぎると広い花壇があり、その花壇から小ぢんまりと纒《まと》った美しい港街を幾度か見下ろした自分の姿が、目の前に浮かんでくるようです。

『歌劇』昭和九年五月号には「思い出の小樽」という詩も寄稿している。

五月雨の音を聞きながら／静かに、あのころのことを思う／水天宮の丘にのぼって
小樽の夜の街をながめるのが／私は、たまらなく好きだった
遠く灯台の灯が明滅する／微風が、かすかに頬をなでていく／だらだら坂の街の灯は
いつまでもだまって、うすにぶく／私の眼下に横たわる／花園町の公園通の
家店がならぶ／花屋の前に立ちどまる／鈴蘭はまだ咲いてないのかしら
「どうしたの？」／肩をつかれて、ふっとわれにかえる
ほほえんで立っているのは／お姉さま！／だまって一緒に歩き出す……
いつの間にか、お姉さまの家の前／二人は何も言わずにまわり右前
何度も何度も行っては帰る二人を／夜店の人たちは不思議そうにながめる
もう人通りはないのだ／二人の家の真ん中に来たとき／「サヨナラ」と一言
後ろも見ずに帰る……／ああ、あんなこともあったっけ
もう一度行ってみたい小樽の街

小樽については「岩手県は第一のふるさと、北海道は第二のふるさと、そして宝塚はいま住んで

いながら、心のふるさとなのです」（前掲「ふるさと」）とも書いているように、在住した期間は短いが、トミにとって一〇代中頃の多感な時期を過ごした思い出に満ちた場所のように感じられる。そして、文章がどこか感傷的に聞こえるのは、この安穏な日々が小樽時代を最後に、もはや戻ってこないことをトミ自身が感じていたからではないだろうか。

この小樽時代を境にトミの人生は大きく動いていく。

トミの小樽時代を調べていくうちに、私も彼女が過ごした小樽を一度見てみたくなった。

小樽には「小樽史談会」という団体がある。小樽の歴史を調査し語り継ぐ趣旨のもと、昭和四五年（一九七〇）に設立されて、毎月ほぼ一度のペースで例会を重ねている。会員が独自に小樽について調べて、それを他の会員などに発表する形である。

この会で園井恵子について調べて発表した人物がおり、その人が小樽を案内してくれることになった。インターネットで検索しているうちに、偶然にその人が園井について調べたことにたどり着き、そこから話が進んだ。細い糸をたどるような縁である。

新千歳空港からはエアポートという快速列車があり、一時間二〇分ほどで乗り換えなく小樽に着く。いよいよ小樽という頃、銭函《ぜにばこ》駅から小樽築港《ちっこう》駅にかけて石狩湾の海岸沿いをぴたりと走っていく。海岸の岩礁もはっきりと見える距離である。その日は曇りで今にも雨が降り出しそうな雲行きだった。暗い北の海はどこか荒々しさと厳しさを感じさせる。

トミが小樽にはじめて来た時、周囲は一面雪景色だったという。内陸育ちで海をほとんど見たことがないトミにとって、雪が舞う海は心細さをさらに増したのではないだろうか。

小樽駅の改札口に向かうと、ある男性が待っていてくれた。六〇代半ばほどで、温和そうに見えるが、自分で郷里の歴史を調べて発表するというだけあって、その顔つきの中に強い意志を感じさせる。小樽史談会の大橋孝之である。

「なかなか出てこないので、何かあったんじゃないかと思いました」

約束の鉄道が過ぎてもなかなか現れなかったので不安に思ったそうだ。見ず知らずの人間を案内するのだから、ただでさえ心配があっただろう。駅のホームの様子を写真におさめていたために少し遅れて出てきたことを詫びた。

「でも、良かったです。教授みたいなすごく偉そうな人が出てきたらどうしようかと思っていました」

園井のことを調べていると聞くと、ほとんどの人は年配者を想像する。それだけ彼女が生きていた時代が遠く離れたということだろう。私自身、関係者以外で園井について知っている人に会ったことがなかった。

案内してくれるのは、かつて叔父・多助の家があった場所である。

「私が園井恵子さんを調べて史談会で発表したのも、もとは岩坂さんの『小樽市史軟解』がきっかけなんです。そこに書いてあった住所を見て驚きました。私が住んでいた場所と一緒なんです」

途中、雨が降り出したのでタクシーに乗り現地に向かった。降りたのはバス停の入船三丁目の付近で、この道路は地図によると入船線と書かれている。この道から一本入った路地裏にかつて大橋は住んでいたという。大橋は鞄から書類を取り出して見せてくれた。戸籍抄本か住民票だった。そこには確かに入船町八―六九と書かれていた。

もし、大橋のいう八―六九に家があったとしたら、菓子店を構えるにはあまり適しているとは思えない。入船線にしても、もともと繁華街から離れた道であるから、当初から小売りの商売は考えず、商店や劇場など人が集まる場所にまとめ売りをしていたのかもしれない。

あるいは古い地図では、ものによって番地に微妙なバラつきがある。実際には住所が少しずれて、通りに面していた場所だった可能性もある。

その日は食事をした後、大橋と別れ、日が暮れるまで市立小樽図書館で郷土の資料に目を通していた。トミが在学していた小樽高女の記録や小樽の歴史、文化について興味深い資料が多くあった。いつも思うことだが、図書館が保管する郷土の資料がどれだけ、時間を経て人と人をつなぐことに貢献しているのか、この時も頭が下がる思いだった。


翌日、一人でトミにゆかりのある場所を歩いてみることにした。

前述のように、トミが通った庁立小樽高等女学校は現在の菁園中学校の場所にあたる。校舎の配置が小樽高女のそれとは変わっているが、校門前の急坂など地形は昔と変わらず、こちらも面影は色濃く残っている。坂をのぼったところには「庁立小樽高等女学校跡」という石碑が建っている。

坂の上から小樽の街を眺めてみると、民家や繁華街を一望することができる。昔は今ほど高い建物もなかったから、もっと見渡しが良かったのだろう。北の方向にひとつ小高い山が見えるのは、おそらくトミが「丘にのぼって、小樽の夜の街をながめるのが、私はたまらなく好きだった」と語った水天宮であろう。水天宮の横にははっきりと海まで見ることができる。遠い時間を経て、トミと同じ景色を見ていることに何とも言えぬ不思議な感慨が沸き起こった。

従妹の袴田綾子は、袴田政緒の五男・商助の娘で当時七歳だった。綾子は当時を次のように回想している。

少女時代ね、私たち小樽にいたんです。私たちが小樽にいたもんで、私の父の兄（多助）も小樽に来ました。園井さんも盛岡で附属の高等科に入っていたんですけど、そこを卒業しないうちに、お祖母さんもいますし、小樽高女に入りまして、そこで暮らしていました。それがちょうど丘をひとつ越えたところにありました。

私がたまに遊びに行くんですけど、行った時にね、園井さんが叔母さんの着物をタンスから引っぱり出してね、着て身振り素振り、品を作って、鏡の前でね。何かそれが私に焼きつくように覚えています。私、あぜんとして見ていました。

（「園井恵子さんを偲ぶ会」）

化粧も念入りに施した上でやっていたというから綾子も相当に驚いたことだろう。鏡に映る自分にすっかり夢中になっているようで、すぐ後ろに綾子が来ても気がつかない。何度か見るうちに綾子もすっかり慣れてしまった。たまりかねて綾子が呼びかけると、着物姿の背中が驚きで反り返った。

「綾ちゃん、いたの？」

毎回の同じ反応に綾子はなかば呆れつつもトミの袖を引いた。

トミは綾子を可愛がり、いろいろなところに連れて行った。小樽に来たのは綾子の方が早かったが、幼い綾子には知らない場所もたくさんあった。

トミが通う小樽高女の隅には逍遥園《しょうよう》という大きな花壇があり、そこからは小樽の街とその向こうの海が一望できた。海の方向にひとつ高い丘があり、そこは水天宮という神社が建っていた。その水天宮もトミのお気に入りの場所で、女学校から北に進み、公園通りを東に真っ直ぐ歩くと丘のふもとの鳥居に突き当たる。そこからさらに奥に進み石段を上ると境内で、そこから東側は港、西側は街がよく見えた。トミはそこからの街の夜景が好きで一人で見ていることもあった。

トミの芝居や映画好きは小樽でも変わらず、たまに綾子も一緒に出かけて行った。

小樽は距離的に道外の役者がなかなか巡業に来られず、そのため映画の導入が早かった。当時の地図にも松竹座、入船館、公園館、電氣館などの名前が見られる。これらは映画を専門とする館もあった一方で、芝居と映画を両方行う施設もあった。

トミが夢中で芝居を見ていた翌日は、鏡の前の仕草が前日の女優そっくりに変わっていた。それを見て綾子は、トミが鏡の前でポーズを取っている意味がようやくわかった。

トミが映画の思い出について書いた文章はほとんど見られないが、宝塚時代同期だった桜緋紗子《さくらひさこ》が「盛岡のころ、つまり女学生時分から、映画女優のヴァンプ役、その当時『あねご役』と言った伏見直江の大ファンだった」(『園井恵子・資料集』)と書いており、映画も見ていたことがうかがえる。

また、小樽はトミが歌劇を初めて見た場所だといわれている。

私が初めて歌劇らしいものを見たのは、小樽に宝塚少女歌劇の姉妹座とかいう歌劇団が訪れた時でした。
（「幼き日の日記より」）

この歌劇団については大正一四年三月に岩手の盛岡劇場で公演の記録がある（『盛岡劇場ものがたり』岩手日報社）。大阪宝塚姉妹座少女歌劇団という名前で、この劇団が小樽で公演した記録は見つからなかった。北海道でも公演していたのか、あるいはトミが岩手時代と勘違いしたのかはわからない。小樽ではないが、当時、札幌や函館ではいくつかの少女歌劇が活動していた記録はある。

他に、劇団「築地小劇場」の小樽公演がトミの在住期間と一致するのも興味深い。当時の築地小劇場には後に「新劇の団十郎」と呼ばれた丸山定夫も所属しており、もしトミがその公演を見ていたなら、後に新劇で共演し、移動劇団で殉難した名優二人がすでにここで最初の邂逅《かいこう》を遂げていたことになる。

水天宮から花園町方面を望む。夜の小樽の街を眺めるのがたまらなく好きだったと後に園井恵子は書いている（小樽市総合博物館所蔵）

小樽時代のトミの様子はほとんど記録に残っていな

いが、いくつかの証言がある。

袴田綾子——

現在は福祉もいきとどき、物ごいする人も見えませんが、昔はずいぶんいたものでした。女学生のトミちゃんは、そんな人を連れてきて、ご飯を食べさせ、お金まで恵んであげる人でした。ある時、年寄りがリヤカーを引いて通るのを見たお友達が、「こんなに年をとってるのにかわいそう」と言ったら、「あの人は幸せな人や。年寄りなのに元気で働けるんや」と変わったことを言われた、と聞いたことがあります。

（『園井恵子・資料集』）

岩坂桂二——

近所の人や、店に来る人、あるいは通学路で女学生の彼女を見た人々から「きれいな娘だ」と評判であった。同性の見る目も同様で「一年生にきれいな生徒がいる」と語られ、その清純な美しさは女学生の時から誉れ高かった。

（『小樽市史軟解』）

トミ自身、「私にとってこのうえもなく懐かしく楽しいのです」（「幼き日の日記より」）と語った小樽での生活だが、暮らしてから二年にも満たない昭和三年（一九二八）七月三一日に小樽高女を退学し岩手の親元に帰っている。女学校は二年生の一学期までの在籍だった。

岩手に帰った理由について、はっきりしたことはわからない。『青い袴30人』では、夏休みに帰省して、本人の意志が強くそのまま宝塚少女歌劇に行ったように書かれているが、宝塚に行ったのは昭和四年六月であるから、その間に一年近い期間があり、直接の動機としては不自然なように思える。

トミが世話になっていた多助一家は、トミが小樽を去って三年後、昭和六年（一九三一）一二月二四日、神戸港からブラジル移民船で出港している。この事実からは小樽でも経済的に恵まれていなかったことが推測される。

多助一家が小樽で成功しなかったとすれば、その理由は第一次世界大戦による好景気が次第に冷え込んだことと、昭和初めから一〇年ほど続いた恐慌の影響がまず挙げられる。だが、それにも増して特筆されるのは小樽の菓子製造業者の著しい増加である。大正一一年の工場数が一七だったのに対し、昭和三年が一八五、同一一年が二〇六となっている。それに加えて産業の近代化が進み、菓子も職人がひとつずつ作る形から工場で大量生産する方法に変わりつつあった。

大量生産される菓子に比べ、昔ながらの職人が作る商法では、どうしても値段的には苦しくなる。それに加えて競争相手が増えて、ますます生き残りが厳しくなっていったと考えられる。

『北海道庁立小樽高等女学校一覧表・校舎配置図』（昭和一〇年発行・市立小樽図書館所蔵）によれば、小樽高女の学費は一年四九円五〇銭、それに諸経費を含めると一年六五円から百円とある。一家の子供が五人いた多助家にとって、トミの支援が難しくなった可能性もある。

小樽から離れて約一年後、トミは単身宝塚に向かうことになる。

第三章　夢への旅立ち

小樽から岩手の両親の元に戻ったトミだったが、その後、昭和四年（一九二九）六月に宝塚音楽歌劇学校に入学するまでの一〇ヵ月間、何をして過ごしていたかわからず、空白の期間となっている。

その時期について本人が残した記録はない。わかっていることは、妹弟とともに盛岡の平安商店によく遊びに行っていたことと、川口小学校時代の同級生、府金宗一が『園井恵子・資料集』に寄せた証言の内容である。

あれは昭和三年の秋だったと思う。
送り仙《おくせん》（送仙山）に遊びに行った帰り、偶然、彼女に会った。いまも忘れないのであるが、そのとき「女学校をやめて、エンゲイのほうに行くつもり……」と言うので、自分は園芸と勘違いし、「いまの女学校を卒業し、それからにしたら。もったいない」と言った記憶がある。

彼女は、そのまま小樽には戻らず、翌年の春、親や周囲の反対を押し切って、宝塚の学校に行ったらしい。当時、東京に出ることすら大変だったのに、ひとり大阪の宝塚まで行く、その決意にびっくりしていた。

トミは宝塚への憧れは持ち続けていたものの、両親をはじめ周囲に理解者はなく、実際には行動に移せないでいた。それが翌年六月、突然、家出同然で宝塚に向かい、直談判の末、特別試験からとうとう入学を許可されることになった。宝塚には何の伝手もなく、向こう見ずな行動だったが、結果的にトミの夢への道は大きく開かれることになった。

トミの人生には不明な点が多いが、六月という時期に宝塚を訪ねたことも大きな疑問を抱《いだ》かせる。この頃、トミは古本屋で宝塚少女歌劇の機関誌『歌劇』を手に入れてよく読んでいた。宝塚音楽歌劇学校は大正一一年に四月と一〇月の年二回生徒を募集したのを最後に、例年入学試験は三月末から四月初めに行われていた。雑誌の新刊を手に入れられないにしても、おおよその入試時期はわかっていたはずである。六月に宝塚に行っても、すでに入学試験が終わっていることはトミにはわかっていただろう。

このことから推測できるのは、宝塚に向かったのは計画的なものではなく、状況が行き詰まった末の突発的な行動ということである。

昭和一三年（一九三八）六月一日発行の『講談倶楽部』に丸尾長顕「園井恵子物語」という読み物がある。こちらも『青い袴30人』と同様、創作や脚色の要素が多く見られるが、実際の出来事が基本にあることは間違いなく、トミの人生を知る上で助けになる。そこに次のような一節がある。

東北地方は年々ひどい冷害で村は疲弊し、女も子供もみな働いていた。英子も何か暗い運命を感じ、同じ働くなら、自分の一番好きなことで働き、出世したいと考えていたのだった。

「英子」とはトミのことである。トミは後年、本名の他に英子、真代という名前を使っていて、手紙にもその名前を見ることができる。

この文章からは、トミが宝塚に旅立った引き金の一因に、実家の経済的苦境があったことが感じ取れる。小樽での叔父一家の経済的厳しさはすでに書いたが、岩手の実家も同等かそれ以上に苦しい環境にあった。

昭和初期は、昭和二年（一九二七）の金融恐慌、同四年の世界大恐慌と大きな経済恐慌が続いた。川口村は前述したとおり、農業を本業に、林業、馬産、養蚕などを副業に生計を営む家が多かったが、商工業が不振になると、そちらから農業に転向する家も増えた。不況時は収入を増やすべく木材の伐採が進んだが、買い手の景気が悪い上に乱伐で供給量が増えすぎて価格の暴落を招いた。養蚕業は海外の不況と人工繊維の開発で輸出量が減少し、徐々に下火になっていった。馬産は林業や養蚕に比べると影響はゆっくりだったが、それでも売値が下がっていった。

もともと豊かでない農家が打撃を受けたので状況は深刻だった。そして全体の多くを占める農家の支出が削られると、生活必需品でない菓子業はその余波をまともに受けることになった。

後にトミの実家は破産するが、その直接のきっかけになったのは借金の保証人になっていたためだった。親族間では保証人にならないと決めていたようだが（『園井恵子・資料集』の村井みずほの証言より）、その判を押したのは、相手が商売の関係先だったためではないだろうか。保証人の判を押さざるを得ないほど、注文が欲しい状況だったのである。

さらに袴田家は前年（昭和三年）六月に弟・哲雄が生まれており、小樽から戻ってきたトミと妹のキミ、ミヨも含めて子供四人を育てる状況になっていた。

トミは雑誌で「幼いころから、人生という荒波に触れる機会の多かった」と書き、宝塚へ進んだ動機を「いろいろな事情から」とも言っている（「幼き日の日記より」）。この荒波や事情が何かは書いていない。しかしそこからは、トミの人生は純粋に夢を追ったというよりも、最後の望みとして夢にかけるしかなかったのだと感じさせる。

女学校を卒業すれば師範学校に進み教師になる道があったし、師範学校に行けなくても代用教員として生活していくことができた。しかし、中退したことで教師の夢は絶たれた。残っている夢は遠い宝塚しかなかったのである。

昭和四年六月初旬、詳しい日付はわからないが、トミは盛岡駅から単身、宝塚に向けて出発した。当時、盛岡から宝塚に行くには、急行、特急を使っても二四時間、普通列車なら接続次第で大きな差があるが三〇時間から四〇時間かかった。運賃は普通列車でも三等車で九円一四銭が必要だった。急行、特急を乗り継ぐとさらに三円必要になる。

トミは宝塚に旅立つ前に、平安商店の平野スエから一〇円を借りたといわれている（スエの娘、ヤスの口承より）。平安商店に寄ってから旅立ったなら、早朝は考えにくいので、出発は午前のそれほど早くない時間か午後であろう。普通列車を使ったとすれば、車中と駅で二晩を明かす負担の大きい長旅で、宝塚音楽歌劇学校に到着したのは三日目の午前中と考えられる。

盛岡駅は当時、大正六年に完成した新しい駅舎だった。といっても現在のように食事処や店が構内に並んでいるわけではなく、待合室や切符売り場があるだけの木造平屋のシンプルな造りだった（昭和二九年の平面図を見ると売店がひとつある。明治から村井松月堂が駅弁など構内営業をしていたので、その売店があったのかもしれない）。駅前広場も現在のバスターミナルのように区画が分けられておらず、広大な空間に車、乗り合いバス、馬車がポツンポツンと並んでいた。

駅舎に突き出た車寄せを通ると、広い待合室で正面が改札口である。改札口の上には時刻表と時計が取り付けられていた。左手にはベンチが並び、右手には「1」「2」「3」と窓に番号がふられた切符売り場が並んでいた。

切符売り場の駅員はトミから宝塚行きを告げられて、驚くと同時にあわてて運賃を計算したのではないだろうか。年端もいかない女の子が一人で宝塚に行くと聞いて、周りの乗客も怪訝に思ったかもしれない。

二晩かかる旅だったから、親に書き置きくらいしたのだろうか。あるいは話したが全く相手にされなかったのかもしれない。いずれにしても承諾を得た宝塚行きではなかった。『青い袴30人』には出発の様子が次のように記されている。

父母は私の熱心さに負けました。

「では、お前の好きなようになさい」とは口だけで、まさか私一人で出かけるはずはないとタカをくっていたのでしょう。「では行ってまいります」と、私は紺サージの服に、バスケット一つを持って、マリオネットのアンリーのような気持ちで家を出ました。

当然呼び返しに来るものと思ったのに、汽車に乗っても、誰一人来てはくれず、駅の売子のスズランばかりがヤケに白々しく眼につきました。

「さようなら、きっと成功して帰ります」

私は、幼い頃花巻温泉に行った日のことを思い出しながら、誰にとはなしに、ハンカチを振りました。涙を一杯ためながら。

駅の売子のスズランとは、当時、構内で駅弁を売っていた村井松月堂が毎年五月下旬から売りに出していたもので、洋装に白いエプロンをかけた女性が肩掛け箱を前にスズランの鉢植えや花束を売っていた。当時の新聞によると盛岡駅の風物詩で物珍しさに多くの乗客が買い求めたという。

前にも記述したように当時の宝塚の書籍には創作や脚色が多く見られ、この内容も全てが事実とは限らない。しかし、盛岡駅のスズラン売りなどは当時、地元の人間しか知り得ないことなので、やはりトミから何らかの取材をして『青い袴30人』が執筆されたと考えられる。

紺サージの服というと、かつて通学していた小樽高女の制服もそれであった。適当な服がなく制服で代用したのかもしれない。女学校の制服を着ていったとすれば、どのような気持ちでそれをタンスから出したのだろうか。もし、小樽で女学校を卒業していたらトミは教師になっていたかもしれない。小樽高女の制服は絶たれたもうひとつの夢の象徴だった。そして、トミは残されたもうひとつの夢に向かって、人生の大きな賭けに出ようとしていた。

かくしてトミが乗り込んだ列車は盛岡駅を出発した。一五歳の夏だった。

盛岡を出発してすぐに鉄道は北上川近くを走る。水面が見えるくらいの距離で、その上流には駅前の開運橋が見える。幼い時から遊んだ北上川だったから、次の仙北町駅に近づくにつれて川と離れていく時は心細かったであろう。

車窓から外を見ると、民家が徐々に少なくなり、田畑、林、小川、谷間、神社などが次々と流れていった。次々と景色が変わるがその先にそびえる山々は変わらず構えていて、それがトミには見守られているように感じた。そして山の上を流れる雲を見て、人生を流浪する自分と重なるものを感じていた。


この宝塚への道中でトミが何度も読んでいた本がある。それは『宝塚の内幕』という本で、『青い袴30人』にその存在が書かれている。

「(小樽の)二年目、街の古本屋から『宝塚の内幕』という本を探し出して、貪るように繰り返して読みました」「行くあては、ただ漠然と宝塚。バスケットの中から何度も何度も『宝塚の内幕』の本を取り出しては読み返しました」と、もともとは小樽時代から愛読していて、宝塚へ向かう時も旅の友として携行したらしい。

この『宝塚の内幕』という本は今のところ見つかっていない。しかし、実はこの本のことをさしているのではないかという書籍は存在する。大正一四年(一九二五)に松要書店から発行された河《かわ》原蓬《らよもぎ》『歌劇女優の内幕』という本である。

『歌劇女優の内幕』の中身は「星と燦めく人々」「初舞台の追憶」といったスター生徒を紹介するものに加えて、「現在生徒の本性、年齢、給金」「楽屋の十五分間」「歌劇少女とそのお化粧」「生徒へ来たる手紙と贈物」など、他の書物では見られない突っ込んだ内容も多く盛り込まれている。「歌劇少女とそのお化粧」については、生徒たちそれぞれがノウハウを伝える内容だった。トミの化粧は入学一年目から上手であったというから、あるいはこの本を読みながら小樽や岩手にいる時に練習していたのかもしれない。

他にも興味深いのは「以前はよく遠い田舎からバスケットや大きな風呂敷包みを抱えて来て『家を抜け出して参りましたから、どうでも入学させて下さい』と主事や生徒監に泣きつく少女が一月に二人や三人はあったもので――」と、まるでトミのことを描写したようなくだりが書かれていることである。当然、入学試験以外で来訪しても門は閉ざされていることが書かれているわけだが、これを読んでも単身宝塚に向かったわけであるから、トミの覚悟は相当なものだったと想像できる。

この『歌劇女優の内幕』は大正一一年に発行された『宝塚歌劇少女の生活』という本と作者、内容とも同じである。後者は阪急文化財団の池田文庫で閲覧することができる。

＊『青い袴30人』において、『歌劇女優の内幕』でなく『宝塚の内幕』と紹介されている理由は、おそらく宝塚少女歌劇の慣習に起因する。宝塚少女歌劇団では在学中はもとより舞台に上がった後も団員や女優とは呼ばず「生徒」と呼ぶ慣習がある。それは歌劇団設立当初、俳優や女優を蔑む風潮がまだ残っており、創立者の小林一三が学校や歌劇団にそのようなイメージがつくことを嫌ったためである。小林は学校と歌劇団は人間教育の場であり、学校卒業後も学ぶ存在であるとして生徒という呼称を用いることにした。この慣習は現在の宝塚

歌劇団でも続いている。宝塚から発行された『青い袴30人』において「女優」という言葉を使うのはタブーだったに違いない。そこで『宝塚の内幕』という名前に差し替えたのではないだろうか。

岩手より南はトミにとって未知の土地だったから、街が現れると、これが仙台か、これが福島かとその度に目を見張った。海や漁村を見ると小樽を思い出した。岩手の内陸で育ったトミにとって、海は小樽の思い出だった。女学校の思い出や盛岡の師範附属小学校時代、岩崎コヨに神社で励まされたことなど次々に思い起こされた。そして、幼いころ、岩手の丘に上がって東北本線や流れる雲を眺めては、その先にある東京や宝塚はどのような場所か想像したことを思い出した。

だが、トミの顔はあの頃と違って晴れることはなかった。家出同然の少女が何の伝手もなく宝塚に行き、学校に入学させてもらおうとする無謀さをトミ自身もよくわかっていたからである。

車中では、『宝塚の内幕』を何度も読み返した。そうして、自分は大丈夫だと、心を覆い尽くそうとする不安から、なんとか希望の明かりを灯し続けようとした。

眠りから目を覚ました時、夜が明けていないと、これからどうなるのか考え込みそうになった。すぐ目を閉じて何度も眠り直し、ようやく闇が白み始めると、なんだか少し心が軽くなる気がした。岩手で見守ってくれた山々ははるか遠くに見えなくなってしまったが、空を流れる雲は変わらずにトミに付いてきているように思えた。それは岩手からずっと寄り添う友人のように思えた。

そうして、二晩目が明けた時、トミは宝塚の地に降りたのである。

「うーん、困ったなぁ」

南部はうなると、椅子から立ち上がり室内をうろうろと歩き始めた。その脇にはバスケットを抱えて座るトミがいた。

場所は宝塚音楽歌劇学校、寄宿舎の生徒監室である。トミが学校で用件を告げるとここに案内されたのだった。対応してくれたのは南部半左衛門といい、歳は五〇代真ん中ほど、坊主頭で口ひげを蓄えた風貌の男性だった。南部は生徒監といって、生徒の身の回りの世話や体調や小遣いの管理、ファンレターや面会の取り付けなど、マネージャーと親代わりの両方を務めるような存在だった。彼は歌劇団の創立当初から関わり、後の昭和一〇年の定年退職時には理事も兼ねていて、いわば元勲的な存在でもあった。

「うーん」

南部はなかなか名案が浮かばずに立ち止まっては、うろうろするのを繰り返していた。その姿は動物が檻の中をのっそり歩いて回っているような、なんともユーモラスに見えた。少し眉間にしわを寄せていたが、その顔は温厚で、親が幼い子になんとか言い含めようとするような、そんな雰囲気があった。

「入学試験は終わったんだよ。来年また来てくれないかね」

「どうしても宝塚に入りたいんです」

「だから、来年受験すれば……」

詰まるところ、さっきから同じことの繰り返しだった。南部は優しく、規則だからと説得を続けたがトミは頑として後ろに引かなかった。その様子を生徒たちが廊下から興味深そうにのぞいていた。クスクスという笑い声が聞こえて、南部は早く学校に行きなさいと追い払った。

とうとう忍耐も辛くなり、南部は口調を厳しめに言った。

「ダメなものはダメなんだ。明るいうちに汽車に乗って家に帰りなさい」

「帰るお金はありません」

「え？」

「もう故郷には帰らないつもりです。宝塚には入れないのだったら、このまま大阪にでも残って女給になります」

脅しではなかった。小樽では女給や芸妓をたくさん見てきた。当時、女性が自立して収入を得る手段は現代と比べて格段に少なかった。嫁に行かないとすればそのような道しか残っていないとトミは考えていた。

以前から、家出のように訪ねてきて宝塚に入れてほしいと言う人間はたくさんいたが、そういう人間はたいていが近隣から来る者たちで、岩手のような遠方から単身来るのは初めてだった。それにトミは他の者と違って何を言ってもひるむところがなく、覚悟がひしひしと伝わってくるようだった。

なんとかあきらめてもらいたい一心で南部は名案を思いついた。

「そうだ君、飴だ。飴は赤や青の、実にきれいな色をしているだろう」

「はあ」

「宝塚もそうだよ。君は舞台の鮮やかなところばかりを見て、きっとここは楽しく華やかなところだと思っているんだろう。でも、実際には違う。きれいに見える飴でも、作られるところを見ると食べる気がしなくなるよ。菓子屋のおじさんがこう、両手にぺっぺっと唾を吐いてだね」

「……」

「だから、宝塚だって素晴らしいところに見えても、入れば苦しいことも悲しいことも、時には血の滲むような思いだって……」

「そんなことありません」

「えっ」

南部は突然のトミの言葉に思わず背中が張った。トミの南部を見つめる目は、何かを確信したかのように一途に澄んでいた。

「飴はそんなふうに作りません」

「そんなこと言ったって、君は見たことがないだろう」

「いいえ、私の家は飴を作るお菓子屋さんですから」

「ええ？」

「飴は衛生的に美しく清らかに作られます」

「うーん」

「宝塚もきっと飴と同じだろうと思います」

トミの目はますます力強さを増した。南部もさすがに二の句を継げなくなった。

トミは寄宿舎の二階に通された。説得が無理だと覚った南部は、郷里の親に電報を打つことにした。親が許可しなければさすがに入学させるわけにはいかない、それを告げた上で電報の返事が来るまで空き部屋で待たせることにしたのだ。

そこは八畳ほどの広さに、窓際に長机がひとつ置いてあるだけの部屋だった。窓には縦に鉄格子がはめてあった。この寄宿舎はかつて遊郭に使われていた建物をそのまま移転したもので、鉄格子はその時に遊妓の安全を守るために設置されたものだとトミは後に知った。

説得に一歩も引かなかったトミだが、広い部屋に一人きりになって、そのまま時間が過ぎていくと次第に不安になっていった。両親はずっと宝塚行きに反対していた。トミの意志がいくら強くても、それはどうしようもない壁だった。

窓の外から見える武庫川《むこがわ》が夕陽の朱色に染まると、学校から帰ってきた生徒たちの声が聞こえ始めた。それは友人同士がふざけ合うおしゃべりだったり、稽古の厳しさから解放された安堵の声だったりした。生徒たちにとって日常のなんでもない一齣《ひとこま》だったが、トミにとってはずっと夢見てきた羨望の光景だった。

今は同じ建物にいるが、すぐそこの少女たちと自分との間には、埋めようのない差がある——そう思うと、自分が取るに足らない存在のようで惨めな気持ちになった。

「やっぱり無理だったのかもしれない」

トミは目を閉じてうなだれた。涙がこぼれそうになった。

「大丈夫?」

思わずかけられた声にトミは顔を上げた。声の主を見て息をのんだ。

そこにいたのは小夜福子だった。

＊　小夜福子——明治四二年（一九〇九）静岡県沼津市出身、平成元年（一九八九）没。本名・東郷（旧姓・

飯田）富美子。宝塚での愛称は「イイダさん」。大正一一年（一九二二）宝塚少女歌劇初舞台。名男役として葦原邦子とともに代表的スターとなり戦前宝塚の黄金期を支えた。昭和一七年（一九四二）三月の公演を最後に宝塚歌劇団退団。その後も戦前、戦後にわたり舞台、映画で活躍した。

並み居る先輩が活躍する中、小夜はこの頃すでにスターの一人になっていた。雑誌の口絵や記事にも多く登場していて、トミもその姿をよく知っていた。

憧れの存在は声の出ないトミの前にちょこんと座った。

「話は聞いたわ。岩手から一人で出てくるなんてすごいわね」

小夜が自分のことを気にかけてくれている……トミにとって信じ難い出来事だった。

「でも、ダメかもしれないです」

小夜福子（昭和９年12月東京宝塚劇場月組公演『青春』より）

「どうして？」

「今、父の返事を待っているんです。宝塚に入るのを許してくれるか」

「そう」

「父は、ずっと宝塚に行くことに反対だったんです」

せっかく小夜が声をかけてくれたのに、それすらも無駄になるかもしれない、そう思うとトミはまた暗い気持ちになった。

「そんな顔をしないで。きっと許してくれるわ。許してくれなかったら、そこからまた頑張ればいいじゃない。大丈夫よ」

その言葉の力強さにトミは思わず小夜を見つめた。小夜もまたトミの顔をじっと見つめていた。

「ねえ、宝塚は見たことあるの？」

トミは首を振った。

「小学校の頃から雑誌とか『歌劇』で天津さんや奈良さんを見てました。それに桂さんや雲野さんや瀧川さんや春日さんや巽《たつみ》さんも……田舎でかかる芝居を見ては、宝塚の劇はどんなのだろうと、ずっと想像していました」

小夜は静かに耳を傾けていた。宝塚への思いが堰《せき》を切ったように次々と出てきた。今まで誰にも話せなかったことだ。言葉があふれて止まらなかった。

「それに、それに、小夜さんのことも知ってます。小夜さんのブロマイドがどうしても欲しくて、友達に市松人形と替えてもらったこともあります」

「なんか、照れるわぁ」

小夜がはにかんだ笑顔を見せた。照れを隠した優しい関西言葉だった。その笑顔を見たら、いつの間にかトミも自然と笑みを浮かべていた。

その時、ギシギシと階段のきしむ音が聞こえてきた。とうとう来た、トミの体が硬くなった。階段の音は南部生徒監が上がってくるものに違いない。父から返事が来たのだ。たまらず小夜もトミも立ち上がった。

「困ったなぁ」南部がぬっと顔を出した。小夜が近くに寄って聞いた。

「お父さん、許してくださらないんですか？」

「飯田君、なんでここに」

「それよりも電報の返事を」

「……許さないなら、困らんのだけど」

「？」

南部は電報を見て息をついた。

「本人の気のすむようにやらせてください、お願いします、とある」

小夜が手を叩いた。トミは声が出なかった。ただ、脱力して座り込んでしまった。

「それじゃあ、試験を受けてもらうから」

南部はやっぱり困ったように言った。


トミのように正規の試験を受けずに入学した例は他にもある。例えば、小夜福子も入試終了後の三月下旬に別に試験を受けたとある（小夜福子『おひたち記』）。しかし、このように授業が始まった四月以降に中途入学するのはあくまで特例だった。

『青い袴30人』など当時発行された書籍や雑誌でも、トミが単身岩手から出てきたことには触れられていても、あくまで正規の入学試験を受けたような描写をされている。

トミは親から許可を得た後、臨時に用意された入学試験を受けている。その内容については何も記録が残っていないが、『歌劇』昭和四年五月号には、この年の入試について特集が組まれている。

そこには「試験科目は、声楽、舞踊、ダンスの外にメンタルテストの筆記試験と、口頭試問とで、午後は体格検査でした」とある。メンタルテストの筆記試験と書かれているが、掲載されている内容を見る限りではほとんどが国語で、一部に算数や注意力のテストが含まれたものだった。トミが受けた試験もおそらくこれに近いものであろう。

試験は無事合格で、トミは昭和四年六月一〇日、晴れて宝塚音楽歌劇学校入学となった。

第四章　宝塚音楽歌劇学校時代

現在も続く宝塚歌劇団（昭和一五年に宝塚少女歌劇団から改称）だが、その発祥は大正二年（一九一三）にさかのぼる。トミの宝塚での足跡をたどる前に、宝塚少女歌劇のそれまでの背景を簡単に紐解いておこう。創立したのは、阪急電鉄の創始者であり、当時の宝塚音楽歌劇学校の校長でもあった小林一三《いちぞう》である。

＊　小林一三――明治六年（一八七三）山梨県北巨摩《きたこま》郡出身。昭和三二年（一九五七）没。阪急電鉄の創始者で、鉄道、百貨店、歌劇団、劇場など数多くの事業で成功を収めた。また、東京電燈の経営や、戦前の第二次近衛内閣の商工大臣、戦後の幣原《しではら》内閣の国務大臣兼復興院総裁に任命されるなど阪急グループ外でも財界の重鎮として活躍した。豊かな発想や仕事に対する哲学が評価されており、関連する様々な書籍が出版されている。

小林は山梨の裕福な家の生まれで最初は一介の勤め人として過ごしていた。就職先にも恵まれていたが、もともと作家希望で事業に熱心でなかったため、成功の機会がことごとく頓挫していた。三〇代半ばまでの小林は、人脈や実家の財力など恵まれた環境を持ちながら、うだつの上がらない人生を送っていた。

その小林が経営者としての才覚に目覚めたのが、梅田から箕面《みのお》や有馬を結ぶ鉄道事業「箕面有馬電軌《でんき》」（後の阪急電鉄、明治四三年運輸営業開始）だった。当時、鉄道事業の多くが都市と都市を結ぶもので、このような都市と郊外を結ぶ路線は儲からないというのが従来の考えだった。小林は大阪の増え続ける人口に目をつけ、いずれ郊外に住宅が必要になると考えた。そこで当時田園地帯だった沿線予定の土地を安く買って住宅地として販売した。不動産と鉄道業を両輪として経営する手法は、現在でこそ目新しさはないが当時は画期的だった。狙いは大当たりし、事業を請け負った小林は実業家としての第一歩を踏み出した。

小林は鉄道客をさらに増やすために、当時、日本では京都にしかなかった動物園を箕面に作り、豊中には多目的グラウンド（豊中球場）を建設した。ここでは第一回全国中等学校優勝野球大会も行われた。現在に続く甲子園の高校野球大会の前身である。

そして宝塚も開発が進められた。当初、箕面有馬電軌と名乗っていたように、この鉄道は最終的に箕面と有馬が終点の予定だったが、最初に開通できたのは箕面と宝塚までであった（後に有馬までの延長が認可されたが、経営的な事情で断念した）。

この終点の宝塚には、もともと小さな温泉街があり、周囲には自然豊かな景観地もあった。そこに従来とは違った宏壮華麗《こうそうかれい》な温泉施設を建てようというのが小林の発想だった。実行に移すと、もともとの温泉街とは足並みが揃わず、武庫川を隔てた北の対岸に施設を作り「宝塚新温泉」と名付けた。新温泉は大理石の浴槽や婦人用の化粧室や休憩室、子供も楽しめる娯楽室があり、毎日数千人の浴客を誘致して繁盛した。

小林は温泉だけでは満足せず、敷地に室内プールを作った。そこも最初は盛況を得たのだが、当時は男女が同時に入ることが許されず、競技を二階から見ることも「風俗を乱す」という理由から許されなかった。さらに、水中のパイプから蒸気を入れて水温を調節するという海外では導入されていた技術も知らなかった。そのため、水温は低く五分と入れなかったために利用客は急速に減って、この試みは失敗に終わった。

「空より俯瞰せる大劇場及び新温泉」（『宝塚少女歌劇二十年史』より）

このプールの再利用で生まれたのが、後の宝塚歌劇団だった。小林はプールの水槽だった部分に床をはり、二階の見物席とともに客席とした。プールの奥にあった更衣室の部分は舞台に変えた。

当時、少年音楽隊が三越呉服店で人気を博していて、小林はそれに対して宝塚の女子唱歌隊なら宣伝効果も抜群だと考えた。指導者を招き、アイデアを詰める段階で、日本では馴染みの薄かったオペラを取り入れることにした。

こうして一期生一六名、二期生四名が集められた。募集資格は東京音楽学校の規範を参考に、「小学校修業一五歳以下の少女に限る」とした。

一期生が揃ってから約九ヵ月後の大正三年（一九一四）四月一日、宝塚少女歌劇の初めての公演が行われた。記念すべき最初の公演は歌劇『ドンブラコ』、喜歌劇『浮れ達磨《だるま》』、ダンス『胡蝶の舞』だった。

公演は連日の大盛況で迎えられ、夏の間はプールに戻すつもりだった少女歌劇は、たちまち宝塚新温泉の目玉の娯楽となった。その後も大劇場の新設、機関誌の創刊、帝国劇場における東京公演など発展を続け、観客も生徒数も規模は年を重ねるごとに増えていった。また講師を海外に派遣して最先端の舞台芸術を取り入れることも大正後期から始めていて、設備、劇の内容とも洗練されていった。

宝塚少女歌劇は日本全国に名前を轟かせ、その成功に目を付けて各地で少女歌劇と名乗る劇団が派生した。娯楽施設の余興として始まった宝塚少女歌劇だったが（当初は宝塚新温泉の客であれば観覧無料だった）、他の娯楽を押しのけて独立しただけでなく、全国的な知名度を誇るコンテンツに成長した。

新温泉は宝塚ファミリーランドと名前を変えて後に閉鎖したが、歌劇団は今も続き、初公演から百周年（平成二六年）を過ぎた現在も根強い人気を誇っている。

少女歌劇が当時、これほどまでに人を惹きつけたのはなぜだろうか。昭和八年（一九三三）に発行された『宝塚少女歌劇二十年史』には次のような一節がある。

宝塚少女歌劇は決して立派な芸術ではない。それは実に未成品である。それにも拘わらず宝塚少女歌劇の愛好者達が、強い魅力と執着を感ずるのは一体何に依るのであろうか。少女歌劇のいかなる点をかくも深く愛するのだろうか。

宝塚少女歌劇を理解するとは、その絶対価値を認めることである。宝塚愛好者達は、少女歌劇のあの純潔さに、無邪気さに、清い美と率直な素人らしさに、限りなき愛着の念を抱く。これこそ少女歌劇の生命であり、このことを置いて少女歌劇に求むべき何物もなく、それは実に少女歌劇の絶対価値なのである。

一期生が採用されて歌劇団が胎動を始めたのが大正二年七月、くしくもトミが生まれる一ヵ月前のことだった。それから時は流れ、トミは宝塚に来たのである。

トミが入学したのが昭和四年六月一〇日、その翌日は学校の運動会だった。

この頃の『歌劇』誌は毎年、写真と生徒のリポート付きでこの運動会の様子を紹介している。在学生、すでに舞台に上がっている生徒、講師などが入り乱れて競争し、スターが模擬店で食べ物を振る舞う運動会は大いに盛り上がった。昭和四年七月号の『歌劇』にも運動会の特集があり、袴姿で競技に参加する生徒や芝生で和やかに休憩する姿、笑顔の講師など楽しそうな写真が多く掲載されている。

運動会は宝塚新温泉の敷地内にある運動場で行われた。生徒の家族やお友達（ファンのことを当時このように呼んでいた）だけでなく、結婚して宝塚を去った卒業生（宝塚歌劇団は結婚すると退団となる）も子供を連れてやってきて、かつての同級生と思い出を懐かしむなど、一年に一回のお祭りのようなものだった。

トミの一年先輩、葦原邦子もその日のグラウンドにいた一人だった。

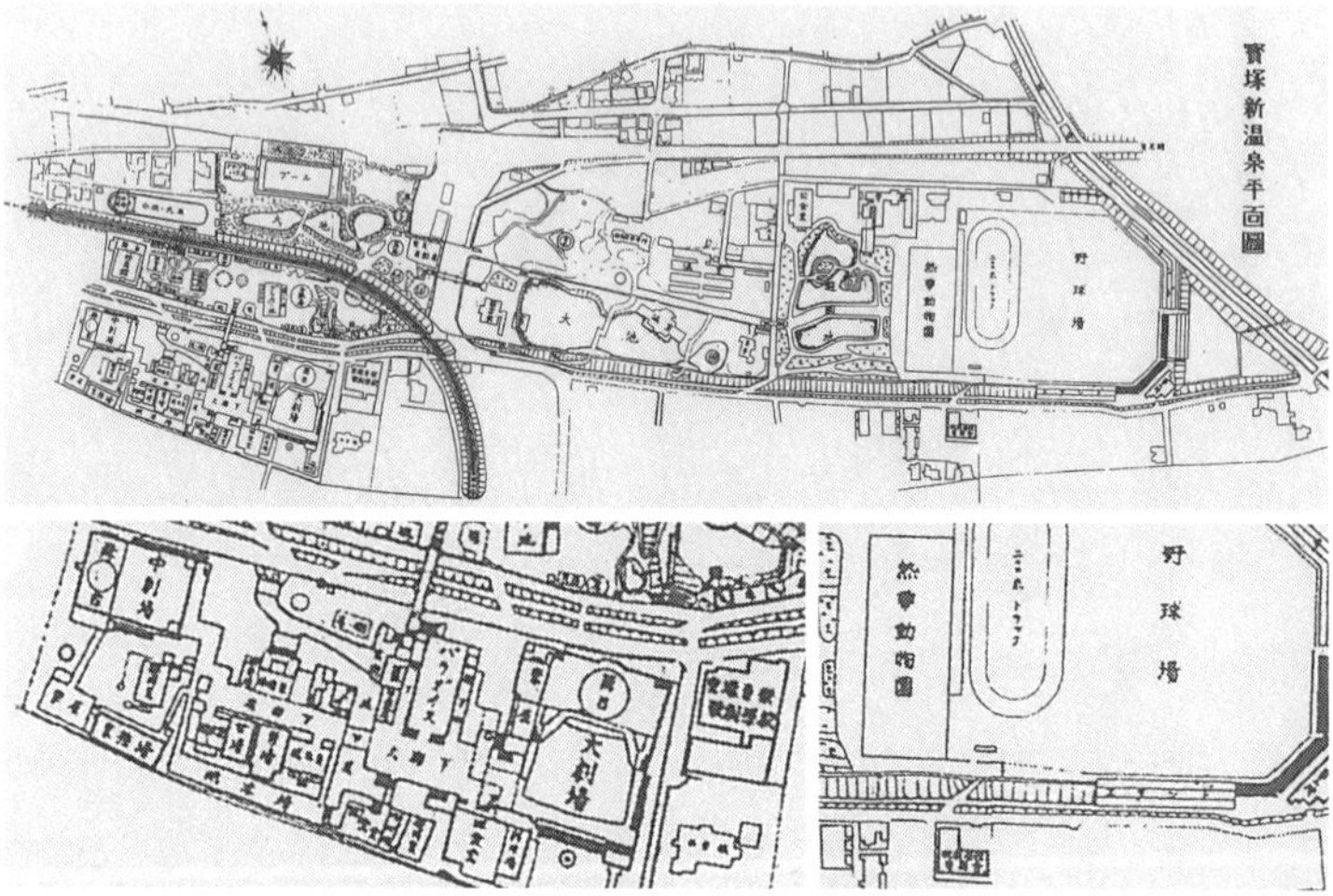

『宝塚新温泉平面図』（昭和10年頃）大劇場の横に宝塚音楽歌劇学校、野球場の向かいに歌劇学校寄宿舎が描かれている（宝塚市立中央図書館提供）

＊　葦原邦子——大正元年（一九一二）兵庫県神戸市出身。平成九年（一九九七）没。本名・中原（旧姓・岡本）英子。夫は画家の中原淳一。「アニキ」の愛称で、小夜福子と戦前宝塚の人気を分かつ名男役だった。多くの著書を残しており、それらは当時の宝塚を知る上で貴重な文献となっている。

この年の新入生には、宝塚初期のスター、高砂松子の妹もいた。後の神代錦《かみよにしき》である。神代は長身で手足が長く、イナゴが細長い手足で素早く飛ぶイメージと、本名の稲垣からもじって、イナゴとかイナちゃんとか呼ばれていた。

この神代と葦原が短距離走で一緒に走ることになった。一年先輩の葦原もその存在は知っていたが、実際に横に並ぶと「えらい高いなぁ」とあらためて背の高さを見上げた。脚力に自信のあった葦原だったが、わずかの差で勝ったのは神代だった。「えらい速いなぁ」一着の旗に並んで葦原はまた神代を見上げた。前述の『歌劇』にも一着の旗を持つ神代の写真が載っている。

神代錦はその均整のとれた体型と恵まれた運動神経を武器に、戦前はダンスの名手として活躍。戦後は重厚な演技派として舞台に立ち続ける一方、花組、星組の組長、歌劇団理事を務め、平成元年に亡くなるまで歌劇団に在籍した。

同期の神代が自然と注目を浴びる中、学校生活のスタートを切ったばかりのトミはどうしていたのか。葦原は自著『わが青春の宝塚』でこの日のことを次のように書き残している。

とに角、叫んだり走ったり、綱引きでありったけの力を出し切ったあとの汗や疲れは快く、三三五五それぞれの場所に引き上げる頃は、夕暮が少しずつゆったりとした気配を見せはじめます。家族と一緒に帰るひと、ファンの人に囲まれて余韻を楽しむひと、寄宿舎に寄って汗を流すひともいるし、仲好しの部屋で夕食を食べてから帰るひともあります。

私は、ダンスの出口先生に、「ちょっと寄って一休みしていらっしゃい」といわれて、裏口から食堂に入ってゆきました。ガランとした人気のない食堂のテーブルに、見慣れない予科生が一人坐っていて、私と目が合うと静かにお辞儀をしました。

「どうしたの？　運動会に出なかったの」というと、「はい、今日宝塚に来たんです……盛岡から。……おくれて入学しました」。頷いてからつぶやくように話すその子の顔は沈んでいて思案あり気でした。「でもどうして、あんた一人で？」というと「……うちの人にだまって来たので

「……」とますます小さく答えます。やや円い輪郭に目鼻立ちがしっかりとして品もあります。

「じゃ、しっかり勉強しなくちゃね。そんなにまでして出て来たのなら……ね」私は、妙に上級生ぶった自分に気がついてテレながら食堂を出ました。それは園井恵子さんだったのです。

入学したばかりのトミが同級生となじめるわけもなく、試験を受ける前に励ましてくれた小夜は、仲間やファンに囲まれていて近寄るのもはばかられた。

居場所のないトミは寄宿舎の食堂で時間が過ぎるのをずっと待っていた。

故郷から遠く離れた宝塚で一人、本当にやっていけるのだろうか……覚悟してきたこととはいえ、トミの胸中は不安と心細さでいっぱいだった。

運動会が終わると、宝塚にはまた普段の生活が戻ってきた。

入学後、トミは寄宿舎で生活することになった。当時の宝塚音楽歌劇学校は在学中から手当が出た。予科時代の手当は月一五円で、そこから舎費五円を出しても生活費は十分に足りた。

寄宿舎は宝塚球場（テニスコート、小運動場などと合わせて宝塚運動場と呼ばれた）の向かいに、武庫川を背にして建っていて、そこから学校へは五分少々の道のりだった。春には桜が咲き誇り、トミは宝塚の制服である緑の袴を着て歩いた。

校門を入り、まっすぐ進むと事務所があり、その部屋の向かいにはタイムレコーダーが置かれていた。生徒は自分のカードを通すと、下駄箱で靴を履き替えて教室に向かった。

当時の宝塚音楽歌劇学校は一年目が予科、二年目が本科、三年目以降は研究科といわれていた。昭和一四年に学校と歌劇団が分離するまでは、これら予科、本科、研究科の生徒、学校や裏方などの職員全てを合わせて宝塚少女歌劇団としていた。研究科については掲載された雑誌や書籍あるいは時期によって「専らその専修科目を研究せしむべく別に年数を制限せず」や「予科一年、本科一年、研究科三年」と説明に違いが見られる。学校と歌劇団の定義、関連については細かな変更を繰り返していたと考えられる。

宝塚音楽歌劇学校全景（『宝塚遊覧アルバム』より）

トミの一年先輩である葦原邦子、富士野高嶺《たかね》、春日野八千代、同期の桜緋紗子は著書の中で当時のことも書いているが、研究科という言葉はほとんどなく、実際には本科までの二年間が学校で、それ以降は舞台と稽古という認識だったようである。

一年目の予科は学校での勉強が中心で、二年目の本科では学科の授業とともに、舞台に出演する機会も与えられた。三年目以降は学校のカリキュラムから離れ、専門的なレッスンや公演のための稽古が中心となる。

学校には講義を受ける教室だけでなく、月組や花組といった一組をまるごと収容できるホールのような大教室もあった。ここは主に研究科に用いられ、コーラスや全体での振り付け、演技練習などが行われた。他にもダンス、舞踊、ピアノなど各教室に加え、雑誌の編集室もあった。朝、学校には予科、本科、研究科の生徒たちが一同に登校した。

予科は甲組と乙組に分けられて、トミは甲組に編入された。甲組が女学校卒業者、中退者など年長者のクラスで、乙組が小学校卒業者のクラスだった。甲組は桜緋紗子、社敬子《やしろけいこ》、藤花《ふじはな》ひさみ、瀧はやみ、泉川《いずみかわ》美香子、八重春代、立松英子《えいこ》などが、乙組は神代錦、大空ひろみ、千村《ちむら》克子、月影笙《しょ》子《うこ》、秋風多江子などが同期だった。

予科の授業は国語、数学、英語、歴史、風俗史、演劇講話、音楽理論、ピアノ、声楽、舞踊、ダンスなどだった。このうちダンスと舞踊はほぼ毎日授業があった。

小学校の頃から芝居が大好きで、少女雑誌を見ながらあれこれ想像し演技を考えていたトミにとって、宝塚の授業は高まる胸の鼓動を抑えられないほど魅力にあふれていた。

実技科目だけでなく、例えば風俗史では歌劇『玉虫祈願』『雪消《ゆきげ》の沢』など日本物の作品で「小野情緒」とうたわれた小野晴通が担当していた。日本古来からの衣装、髪型などを実際に黒板に絵を描きながら教えるのがスタイルで、再現された天平文化の女性の姿などトミにとって全く未知の世界だった。

一線で活躍している演劇人の講義は、何気ない一言にも生命を宿していた。演劇講話の授業中、引田一郎（後の宝塚音楽学校校長）は次のように話した。

「主役でも脇役でも、これはその人の持って生まれた柄であって、はじめから備わっている。主役で光る人でも脇に回るとちっとも良くないし、脇で良い味を出す人が主役を演じても成功はしない。例外もあるが、そういうものだから君たちも演技やセリフの勉強をしていくうちに、自分がどんなキャラクターを持っているかを、知るようにならなければいけない」

「舞台に立つ者は、実力だけでは不足だ。本当に魅力を感じさせる人は、その人独自の雰囲気や品を持っている。あの人の舞台には何ともいえない味があるなどと言うが、例をあげると、奈良美也子の芸風がそれである。噛めば噛むほど味がある」

哲学好きなトミにとって、演劇観や人生観は何より栄養を与えてくれるものだった。トミの生き方の中心にはどう演じるべきか、どう生きるべきかという哲学があり、それが水脈のように身体中を流れて、みなぎることで活力となっていた。人生と演劇を別に捉えることができなかった。

当時のトミは自分自身、まだわかっていなかったが、相手から発する人生や演劇の本質に強く惹かれていた。それは岩から清水が湧き出るような、自然と滲み出るものだったが、トミは無意識にそれを感じて取り込もうとしていた。

だから、音楽理論を教えていた安藤弘が、ずり落ちそうな袴の大きな懐に教科書や雑誌を何冊も入れて歩くユーモラスな姿や、小野晴通の渋い和服の着流しにも目を引かれた。

安藤は宝塚創立時に招聘されて、オペラを宝塚に進言し取り入れた人物である。授業は厳しく難しかったが、人柄では生徒たちから父のように慕われていた。

外見は時にその人の能力や性格を如実に表すが、小野のそれが見事に一致しているのに比べて、作曲家として有能な安藤と普段の姿はなんともアンバランスに思えた。そんなところが人間の不思議さを感じさせた。トミは授業の中身だけでなく、それを教える人間の雰囲気や人生観も自然と感じようとしていた。

ダンスはエレナ・オソフスカヤが担当していた。オソフスカヤはポーランド人で、かつてワルシャワ帝室劇場で活躍した名ダンサーだった。

生徒たちは木綿で白の練習着（ミニスカートでフレアの多い服だった）にトゥシューズではなく布製のバレエシューズや白足袋を履いて、大きな鏡とバーに囲まれたダンス教室に入った。初めて練習姿になった時、生徒たちはお互いの姿を見て腹を抱えて笑った。着物に慣れた一〇代の少女たちにとって、バレエのスタイルは全く着こなせておらず、なんとも貧相で珍妙に見えた。

笑いながらダンス教室に入った生徒たちを待ち構えていたのは、背丈ほどの長い棒を床にトントン、リズムをとりながら不敵な笑みを浮かべる小柄な欧州婦人、オソフスカヤだった。

生徒たちの顔からたちまち笑みが消えた。オソフスカヤは生徒たちにバーにつかまるよう指示すると、棒を床についてリズムをとりはじめた。アンドゥアンドゥと足を横へ出したり、上にあげたり、繰り返し同じことを練習した。一ヵ月ほどたつと、バーから離れて跳躍したり回ったり、手を振り上げてダンスらしい身振りになっていった。オソフスカヤは相変わらず棒をついて、アンドゥ、トロア、アン、ドゥ、トロアと今度は三拍子も入ってきた。

難易度が増すとバーにつかまっていた時のように上手くいかない。フラフラしたり、後ろに足を上げたまま、前方にトントン飛んでいったり、目に見えて動きが乱れてきた。そんな時、オソフスカヤは小柄な身体に似合わぬよく通った声で、「アナタ、頭キャベツ、足ダイコン」と叱って、棒で足をぴしゃりと叩く。生徒は痛いよりも驚いて、一層元気に動いた。

厳しく難しいダンスの授業だったが、生徒たちにとってダンスは嫌な時間ではなかった。オソフスカヤはその場その場で生徒に愛称を付けて呼んでいた。緑の練習着だった葦原邦子には「アオイサン」、背中がなかなかピンと伸びなかった春日野八千代は「猫背サン」、本名が神崎だった桜緋紗子は、阪急電鉄の神崎川駅にもじって「カンザキガワサン」などユーモアを持ち合わせていたし、本当にケガをしている生徒には無理はさせなかった。それになかなか上達しない生徒でも根気よく教えていた。生徒たちはオソフスカヤのそういうところが好きだったし、何より若いエネルギーを目一杯発散できるダンスの時間は楽しかった。

遅れて入学したトミも、最初ダンスの練習着は気恥ずかしく、その姿を同級生にからかわれたが、授業に入ればそれどころでなかった。二ヵ月先に経験を積んでいるだけで周りの動きはこなれていた。トミが岩手や小樽で見よう見まねで練習をしていたのは、着物をきての舞踊の真似ごとくらいで、ダンスは全く別物だった。助手の先生に指導してもらいながら、なんとか追いつこうとぎこちなくも身体を動かした。

オソフスカヤは「優美」という言葉が好きだった。授業が終わった時、両手でスカートを持って挨拶する格好に「もっとユービにサヨナラシテクダサイ。ニホンノヒト、みんなユービデス」とよく注文をつけた。トミは疲れてひきつった顔を懸命に笑顔にして、「さようなら」とスカートを軽く持つのだった。

遅れて入学したこともあり、トミが周囲に溶け込むのには少し時間がかかった。

もともと読書や物思いにふけることが多く、社交的でないのも一因だったが、普段が静かにも関わらず、一度話し出すと止まらない癖にも原因があった。

例えばトミは北原白秋やハイネの詩集を読んでいて、その詩についていかに素晴らしいかを話し、さらに人生や人間について発展させて語りたがったが、小学校を卒業したばかりの乙組はもとより、同年代の甲組の生徒たちもついていけない者が多かった。

同級生の桜緋紗子は次のように回想している（『園井恵子・資料集』）。

人の顔を見るとすぐ語りたくなるらしく、しまいには敬遠する人もいたが、私はいちばんよく彼女の聞き役になった。そんな話は好きなほうなので、ときにはこちらから話しかけることがある。すると、待ってましたとばかり語りだし、二時間余りも続くので閉口することもあったが……。

会話に限らず、何かに夢中になると周囲への注意が足りなくなったようで、後年も舞台からの帰宅途中、考えごとをしながら歩いて、鉄道が走る直前の線路を気付かずに横切ることもあったし、列車の中で老婆の仕草を見て演技の研究をしていたら、その老婆が降りるのに自然について行ってしまい、気が付くと知らない駅にいたこともあったという。没頭すると周りが見えなくなる傾向は少女時代からよく見られた。

そんな中、最初に仲良くなったのは、桜緋紗子や社敬子、瀧はやみだった。社や瀧も読書が趣味で、桜と同様にトミとの会話を楽しめたし、桜が広島、社が岡山、瀧が愛知と、トミを含めて皆が地方出身で話も自然と合った。

社敬子は大正二年（一九一三）八月一日生まれで誕生日はトミと五日違うだけだった。周りからは本名の妹尾《せのお》をもじって、セノチンと呼ばれていた。社は文学雑誌を乱読して、その点ではトミと似ていたが、性格は人懐っこく、少しそそっかしいところがあったがそういうところも含めて先輩からも可愛がられていた。

社の人柄を示すエピソードは、一年先輩の富士野高嶺が著書『宝塚日記』の中でいくつか書いている。

後年のことであるが、東宝寄宿舎近くの増上寺の蓮池がきれいだと、先輩の小夜福子、佐保美代子らとともに社も出かけていったことがあった。夜明け前だと蓮の開く音が聞こえるというので、眠たい目をこすっての出立だった。


帰ってきての皆さんの話。セノチンいうたらな、どんな音やろ、あの音か？　この音か？　そら咲いたっと、ひとりでやかましう言わはんのでな。佐保さんがそおっと後ろへ回って『ポオン』言いやったら『ほら、あの音や』言うて、セノチン大騒ぎ言わはるねん。笑うたわ。


これも後年の話になるが、稽古中に地震があった時、あわてて富士野の腕をつかみ教室の外に走り出したのも社だった。社と富士野は広い大教室に駆け込んだ。その教室は別の組が稽古中だったが、揺れもおさまっていたので、むしろ急に駆け込んできた二人に驚いた様子だった。ようやく落ち着いた二人は戻った教室で笑われた。社は「よう言わんわ。カッサン（富士野）の手ぇ引っぱったんは、あんなとっさの場合でもウチ友情が厚いねんしぃ」とすまして言った。

そんな社とトミはよく言い争いになった。ある日、社が「ハカマは喜劇の才能があると思うで」

と言うとトミが猛反発した。

かつて岩崎コヨも気が付いたことだが、一途で真面目なトミだけに、何かおかしいことがあると、その落差が周囲には何とも面白く感じられた。社もそれに何となく気付いていたのだが、当の本人は夢にも思っていないことだった。喜劇的な役割は三枚目といわれて、スター性のある二枚目よりむしろ演技力が必要とされた。しかし一〇代の少女があこがれたのは舞台で滑稽さを演じて笑われる三枚目より、観客の声援や涙を誘う二枚目だった。

ましてや普段の生活で喜劇的だったのはむしろ社で、それだけにトミも強く否定して、激しい言い争いになった。

そういう時、間に入るのは決まって瀧の役目だった。瀧は周りと年こそ変わらなかったが、落ち着きと理知的な雰囲気を持っていて、同級生の中でお姉さん的な役回りだった。瀧になだめられて熱が冷めると、二人はすぐ普段の仲に戻った。猛烈なケンカをしてはすぐ元に戻るのを繰り返していたので、そのうちに周りも慣れて、言い争いしていてもあまり気に止めなくなった。

トミから見ると、明るくわだかまりを残さない社は、安心して素直な気持ちを出せる友人だった。社からしても、そそっかしさをからかわれることが多かった中、トミは率直に正面から向き合ってくるように思え、それが何よりも新鮮だった。当時の雑誌には「一つの飴パンを半分ずつ食べるという親友ぶり」と書かれている（来部花彦「園井恵子」『エスエス』昭和一三年一一月号）。

当時の寄宿舎では、季節の節目に行事があった。夏の運動会が終わると、秋には月見会、一月には新年会といった具合である。トミが予科の年には、舞台に上がるようになると全員が集まる機会がなくなるからと、箕面への遠足が企画された。ごく近郊への行楽だったが、生徒たちにとっては楽しみだったようで、乙組の黒板には快晴を祈願してテルテル坊主の絵が描かれた。トミら年長の甲組の生徒たちはそれを見て、自然と笑顔になるのだった。

宝塚音楽歌劇学校寄宿舎（『歌劇』昭和４年12月号より）

桜緋紗子は著書『愚女一心』の中で「ハカマは眼と鼻の大きな、口の小さくしまった丸顔の、明朗な人だった。物事にこりやさんで、真面目で私にはよいお友達で、姉のように私をかばってくれた」と述懐している。周囲も寄宿舎での生活や授業を経るにしたがって、トミの内向的ながらまっすぐで、時に融通がきかないくらいの性格を理解するようになっていった。トミも周りのことが少しずつ見えはじめて、うまく付き合えるように変わっていった。

そしてこの予科の頃、トミの名前を学校中に知らしめる出来事があった。前述の著書から桜の回想である。

ある時、この女ばかりの寄宿舎へ泥棒が入った。一番端だったハカマの部屋へ、非常階段から入ったのだ。
その日はちょうどその部屋の人は全員東京公演で留守で、ハカマ一人が休んでいた。真夜中頃、何かごそごそと、変な物音がするのでハカマが、眼をさますと黒い人影が何やら捜している様子なのだ。気丈夫な彼女は、パッと飛び起きて、すぐそばの電灯をつけた。そして「あんた、何してるの」と、きめつけた。

驚いたのは泥棒で、すっかりハカマの気迫にのまれて、押入れの前でガタガタふるえている。ハカマは、「あんたどうして泥棒なんかするの、私が訴えれば牢屋行きでしょう、若いのだから仕事を見つけて働きなさい」と、諄々《じゅんじゅん》と話して聞かせた。

聞けば出来心で初めてとのこと、すまないすまないと涙を流して悔いたとのことで、ハカマの一存で、表沙汰にせずに、台所口を開けて帰してやった。ハカマらしいのは帰す時、薄着をして寒そうだったからと、黒い純毛のマフラーを彼にやり、何がしかのお金をやったというのだ。ところが運悪く送って行くところを、御不浄に起きた上級生に見つかったので、夜が明けてからパッと噂が広まって、大騒ぎになった。

その当時は説教強盗と言って、泥棒が家人に「もっと戸締まりをよくしておけ」とか、何とか説教して、お金をとって行くのがはやった時代だったが、反対に泥棒にお説教をして帰したというので、娘らしくないと呆れられたり、たいした度胸ねと感心されたりして、一躍ハカマの名は学校中で有名になった。

トミにとって宝塚での生活は、乾いた砂に水が染みいるようにどれもが栄養を与えてくれた。あらゆることが興味深く、楽しく、夢中のうちに毎日を過ごした。

そして思春期を過ぎたばかりの少女にとって忘れられない出来事もあった。

学校でも多くの時間を占めたピアノ・声楽の授業は、須藤五郎が担当していた。戦後、共産党から立候補し参議院議員を四期務め、政治家としても活動する須藤であるが、この時期は東京音楽学校（現東京藝大音楽学部）卒業後、別の音楽学校や小学校の教師を経て宝塚に入社していた。三〇を過ぎたばかりで激情家の須藤は、できない生徒には机を叩いて叱り、生徒たちを震えさせた一方で人気もあった。

桜の回想――

その先生が入ってらしたときね、たいへんな騒ぎだったんです、宝塚は女ばかりだから。みんながわあわあ騒ぐわけ。ハカマちゃんそのとき、わたしが素敵ねというと、なにがいいのあの人、なんてくさしてましたけど。

（『さくら隊散る』）

桜に見せた反応は本当の思いだったのだろうか。社は「あれが彼女にとっての初恋だったと思う」と後に述懐している。当時、休みの日に須藤の家の周りを散歩したとか、楽しそうに胸のうちを語っていたという（『園井恵子・資料集』）。

しかし、その淡い慕情は突然に終わりを告げた。須藤は昭和五年（一九三〇）二月二四日、治安維持法違反によって逮捕される。当時、非合法だった共産党員を家に匿っていたためで、早朝に私服警官が寝室に踏み込んでの逮捕劇だった。

須藤は当時、共産党員ではなかったが、学生時代から社会主義に共感し、軍国主義のもと統制を進める政府に批判的だった。その須藤に近い思想を持つ芸術家たちが集まって、社会学や共産主義について勉強会を開いていた。匿っていた党員たちはその人脈から頼まれた人たちで、直接関わりがあったわけではなかったし、逮捕される数日前には何も告げずに戻ってこなかった。事前に危険を察知して逃げたのだが、須藤は逮捕された後も党員たちがどこに逃げたのか警察に追及されることになる。
須藤が突然消えたことは、トミにとって衝撃だっただろう。「それ以後、先生の名はハカマの口から聞くことはなかった」と社は語っている。自身が思想犯でなくても、それに関わるだけで大きな問題となる時代だった。

ショックな出来事もあったが、トミは充実した毎日を送っていた。

実家や叔父の家では生活の影にいつも経済的な問題や将来への不安が潜んでいた。それは少女のトミの背中にも付きまとっていて、逃れることができないもののように感じられた。その不安から解放されて、好きな歌劇に励むことができる今の環境はまるで夢のようだった。

その楽しい日々に幸せを感じつつも、この毎日がいつか終わってしまうのではないか、ふとそんな気持ちが頭をよぎることもあった。トミの家は村長の家系でもともと裕福であった。それが大正から昭和の不景気などもあって、徐々に家計は苦しくなり、トミも小樽への移住や女学校の退学を経て、家出同然で単身宝塚に出てくるという博打も打った。

最近では須藤が突然逮捕されていなくなることも経験した。一六歳の少女だったが、未来には何が起こるかわからないことは身に染みていた。その感覚が宝塚にいても時々頭をもたげてきた。

そんなはずはない、宝塚に入れたのだからこれからは大丈夫、とトミは強く思うようにした。稽古に打ち込んだり、友人と話すことも気持ちを和らげてくれた。

昭和五年三月になり、トミは宝塚音楽歌劇学校の予科から本科への進級を迎えていた。

第五章　舞台デビューの頃

当時の宝塚音楽歌劇学校では、本科に上がる四月の公演で生徒たちに初舞台を踏ませていた。役柄としてはその他大勢の一角に過ぎなかったが、新人たちまとめてのお披露目の場であり、大劇場前に咲く桜とともに春という季節を観客に感じさせた。

昭和五年（一九三〇）四月号の『歌劇』には「座談会　初舞台を前にして」と題して、トミの同期たち数人が予科時代の思い出を語るとともに、その年の新人全員のプロフィールが写真入りで紹介されている。

プロフィールは氏名の他、①自分の属している組、②好きな学科、得意な学科、③尊敬している先輩、④なってみたい役柄、⑤趣味、その他と並んでいる。

トミはこの頃、園井恵子ではなく笠縫清乃《かさぬいきよの》、社は牧島勇子という芸名だった。

笠縫清乃

①月組　②声楽　③巽壽美子《すみこ》さん、桂よし子さん、住野さへ子さん

④老け役と可愛らしい朗らかな娘役がしたい　⑤手芸と読書

他の同期生も何人か紹介すると――

牧島勇子

①月組　②日本舞踊と歌と所作　③弥生蘭子《らんと》さん、天津乙女さん、巽壽美子さん

④「売家」ヴエルザックのような滑稽な役　⑤舞踊と読書

桜緋紗子

①声楽専科　②声楽とダンス　③天津乙女さん、巽壽美子さん、浦野まつほさん

④レヴューの声楽を中心とした女主人公　⑤旅行（飛行機で世界一周がしたいわ）

瀧はやみ

①声楽専科　②所作と声楽、日本舞踊　③瀧川末子さん、天津乙女さん、巽壽美子さん、桂よし子さん　④舊劇の娘役　⑤演劇と読書

神代錦

①舞踊専科　②ダンス　③夏木てふ子さん

④ソロダンサーになりたい　⑤旅行（日本一周がしたいわ）

――などとなっていた。トミが尊敬する先輩として挙げた三人は、巽が三枚目、桂が男役、住野が舞踊と活躍していた分野はそれぞれ違ったが、いずれも当時、雑誌の巻頭写真を多く飾ったスターだった。また、三人とも寄宿舎で生活していてトミにとって身近な先輩でもあった。

そこに小夜福子の名前が挙がっていないのが不思議に思えるが、まだこの頃の小夜はスターには違いなかったが、代表的な役もなく先輩の陰に隠れる存在だった。予科時代からトミが小夜を慕っていたのは本人が複数の文章で述べているが、この場では小夜より先輩の三人を挙げたのであろう。

学校の一階、事務所の横にある掲示板には、人事関係、行事の知らせなど様々な通知が貼られていた。公演の配役もここで発表される。昭和五年四月の花組公演『悟空は強い』『瓜盗人』『リナルドの幽霊』『春のをどり』の配役も冬のある日に発表された。

トミたち新本科生は、『春のをどり』の群衆役にまとめて名前を連ねていた。前年は複数の題目にまたがって出演したり、セリフのある生徒もいたりしたくらいなので、それに比べると地味な初舞台だったが、それでもトミたちの心は躍った。トミの役は『春のをどり』の第二場の土民役、第三場の村人役、第五場の獅子舞役だった。

昭和五年四月一日、公演初日。楽屋入りは一二時だった。トミと同じく初舞台の秋風多江子ははやる気持ちを抑えきれず、一〇時に楽屋口を入っていった。早過ぎたと思いつつ楽屋に入ると、すでに泉川美香子が鏡の前に座って化粧をしていた。

泉川が白粉を不器用に塗りたくった顔で振り向くと、秋風は思わず吹き出してしまった。

「うち、化粧に自信ないから早く来たんや」

泉川が照れたように笑うと、どやどやとトミ、社、神代、八重などが入ってきた。

「おっ、えらい早いな」「なんや、あんたもかいな?」

トミたちは思わず顔を合わせると一斉に笑った。

楽屋は新人たちの化粧合戦と化した。稽古に入る前の二月に上級生から化粧の指導を受ける機会はあったが、いざ公演前にやってみるとなかなか上手くいかなかった。化粧しては塗りつぶしを繰り返して、タヌキだ、弁慶だとまた笑った。そのうち「誰か、私の顔を作って」と泣き声が上がり、「よし、私がやったる」と引き受け手が出たものの、ますますひどくなって、また笑いが起こった。上級生が到着して手伝ってもらいながらようやく騒動はおさまった。


『春のをどり』(文献によっては『琉球の為朝』の副題あり)は源為朝が琉球に流れ着いた伝説を題材にしたレビューで、主人公の為朝は奈良美也子が演じた。源為朝については曲亭馬琴に『椿説弓張月』という代表作があり、このレビューもそれを参考にしたと考えられる。その第二場がトミの初舞台だった。

琉球にたどり着いた為朝は、美しい鶴の精霊と出会う。鶴は『椿説弓張月』において為朝の進む道を導く役割をしていて、この第二場もそれを象徴する場面である。

鶴の精に続いて、多くの鶴が舞台いっぱいに踊りを披露する幻想的なシーンとなり、トミたち「土民」はそこで、「鶴はいないか、鶴よーい」と鉦《かね》や太鼓を叩き、ラッパを吹きながら登場する。鶴狩りをしに来たのである。鶴は一目散に逃げ出し、為朝と土民たちは遭遇する。そして「われは何じゃ、どこから湧いた?」「さては鶴をわれが盗みおったな」と為朝に襲いかかるが、たちまち追い散らされる。と言っても殺伐としたものではなく、土民一同が「つるつる、つっぺった」と合唱しながらのユーモラスな場面である。

その時の気持ちをトミは次のように書いている(「幼き日の日記より」)。

私たちは住民になって、頭に火箸を差し、髪をぐるぐる巻きにして、「つるつる、つっぺった」と合唱しながら花道から出るのが、ただうれしくて仕方がありませんでした。

つづく第三場では村人役、第五場ではフィナーレの踊りの周囲を彩る獅子舞役と、トミの初舞台はたちまち過ぎていった。初めての観衆の中、恐ろしくって逃げたかったという神代錦や、胸がどきどきしたという桜緋紗子らの中、トミは強い近眼のために客席はろくに見えず、ただ照らされるライトの下、喜びで夢中になっているうちに初舞台は終わっていた。

四月の公演で本科生たちはお披露目も兼ねてまとめて舞台を踏んだが、以降はそれぞれの組に分かれて活動することになる。当時の宝塚少女歌劇には花組、月組、雪組の普通科と舞踊専科、声楽専科があった。花組、月組、雪組はそれぞれ交替で公演し、舞踊専科や声楽専科は組の区別はせずに必要に応じて公演に参加した。

組や専科は固定ではなく、時々移動や入れ替えが行われた。

トミが初舞台の頃の花組には、瀧川末子、奈良美也子、大江美智子、月組には天津乙女、門田芦子、小夜福子、雲野かよ子、雪組には雪野富士子、紅《くれない》千鶴、舞踊専科には夏木てふ子、住野さへ子、佐保美代子、明津《あきつ》麗子、声楽専科には浦野まつほ、三浦時子、橘《たちばな》 薫《かおる》などのスターがいた。

トミたち宝塚少女歌劇一九期生の配置は次のようになった。

花組
安土《あづち》保子、千村克子、二見志摩子、幾世みな子、糸野玉子、高山梢、立松英子

月組
華澤映子、磯崎浪江、笠縫清乃（後の園井恵子）、牧島勇子（後の社敬子）、沖知子、園芙蓉《そのふよう》、山川美和子、山鳥りか子

雪組
秋風多江子、初花蝶子、濱野高子、泉川美香子、川原《かわはら》いづみ、八州《やしま》岸子、八重春代

声楽専科
藤花ひさみ、草路《くさじ》潤子、紫香澄《むらさきかすみ》、桜緋紗子、島津瑠璃《るり》子、瀧はやみ

舞踊専科
安宅《あたか》関子、朝霧優子、二葉みちる、神代錦、愛鶴千足《まなづるちたる》、夏野陽子、長門浦子、大空ひろみ、月影笙子

トミが入った月組には、前述の門田、小夜、雲野だけでなく、一学年上では春日野八千代、富士野高嶺、同期では仲良しの社が一緒だった。他にも三枚目の名手だった初音麗子や巽壽美子、若手

の男役二枚目として小劇場ではすでに主演を果たしていた嵯峨《さが》あきら、歌声では定評のあった伊吹かく子、後に富士野とのコンビで舞台に上がるだけで観客が笑ったという門野まろやなどがいた。月組に入ったトミの感想が「幼き日の日記より」に書かれている。

予科時代の私は、小夜さんにカンカンで、月組の公演といえば、いつでも五、六回は見ました。そんな熱の上げ方だったので、本科になったとき、私も月組に編入されているのを知って、夢ではないかしらとポーッとなってしまいました。

公演はだいたい三ヵ月に一度、花組や雪組と交替で大劇場で行われた。一回の公演は一ヵ月続き、大劇場での公演がない時は東京、大阪、名古屋など地方での公演や、毎週日曜に行われる小劇場の公演が入る時もあった。

本科生のトミに割り当てられる役は、見物人とか店の客とかその他大勢ばかりだった。配役表が事務所横の掲示板に貼られると、トミと社はその他大勢役に名前を見つけて、「また、一緒やなぁ」とぼやいた。

端役でも舞台は楽しかった。それに一ヵ月も公演を続けていると、何かと吹き出すような出来事も起こった。

大乱闘の立ち回りで、舞台片方が手持ち無沙汰になることがあった。舞台裏から先生が――

「おい、そっちの立ち回りはどうしたんだ、すっかり手が空いちまって、みっともないじゃないか」

「もう死んでしまいましてん……」

「もっと要領良く死なきゃいかん！」

小劇場の『ノンストップ』という喜歌劇で、門野まろや演じる運転手の格好がいかにも決まっているので、近くでよく見たところ、帽子の徽章《きしょう》に【幼】と書かれていて、舞台にたちまち笑いが伝染した。出演者は演技を続けるため、こらえるのに必死だった。もっとも、トミはそういう時も強い近眼で一人わけが分からずにいたのだが……。


舞台に出演していても、劇を見たい生徒は合間にコーラスボックス（観客席から見て向かって左、花道後ろのコーラスやアナウンスをする空間）から間近で作品を見ることができた。出番が少ないトミは空いた時間にそこから上級生の演技をじっと見ていた。

上級生と同じ舞台に立ち、間近で演技を見ることができたのは貴重な経験だった。駆け出しのトミにとって、どのような演技も新鮮で勉強になったが、後に脇役や三枚目で評価を得るトミにとって、同じ役柄で宝塚でも指折りの実力を備えていた初音麗子や巽壽美子と同じ組だったのは幸運だった。

初音麗子はその後、雪組の組長を務め、昭和二〇年に退団した後は宝塚新芸座の座長となり多くの映画や舞台で名脇役として活躍した。

巽壽美子はトミが本科に上がった時、尊敬する先輩の一人として名前を挙げた人物である。トミだけでなく、社、桜、瀧の他にも何人か名前を挙げていて、先輩の瀧川末子、天津乙女、同期の門田芦子、奈良美也子、桂よし子らを抑えて、最も多くの支持を集めた。

巽壽美子はいわゆる花形ではなかった。

ある後輩が「ウチは何でやしらん、偉い人にばっかり出してもろうて。男爵、公爵、総理大臣、王様……」と言った時、巽は「ほんまにあんたはええわ、ウチ、見なはい。出る役も出る役もろくなもんはあらへん。まず、酔いどれ、夜警、欲張りオヤジ、もひとつひどいところで乞食やがな」とおどけて周りを笑わせた。

音楽歌劇学校の入試の日、試験に立ち会うためにドレスを着込んで学校に入ろうとしたところ、不慣れな係員に「まだ受験生は入ってはいけません」と止められたこともあった。帰ってから巽は「こんなヒネた受験生たらあるかいな！」と言って、また周りを笑わせた。

そんな巽だったが演技の評価は高く、また寄宿舎の生活でも「クリーニング屋」と言われるほどのきれい好きで、口は悪いが周りの面倒をよく見ていた。寄宿舎で一緒に過ごしていた者には、その人柄がわかっていたのだろう。トミの一年先輩である春日野八千代も初舞台当時、巽を尊敬する先輩として挙げていて、上級生からは「お母さんと間違えてるのと違う？」とからかわれていた。

巽は大正八年（一九一九）入学で、トミから見てちょうど一〇年先輩だった。また、一度退団しながら再び歌劇団に戻ってきた異色の生徒でもあった。書かれてはいないが何か事情があったのだろう。宝塚に入るまでに苦労したトミだったが、それでも巽は大人に見えたはずである。

苦難を越えてきた巽の人間性は、三枚目という人生の悲喜劇を演じる土壌になっていた。花形でなくても多くの観客の支持を得ていた巽は、普段の生活ぶりや態度が、不思議と舞台での演技の妙につながっているようで、そのようなところがトミだけでなく多くの下級生から慕われた理由かもしれない。

人生と演劇が根底で結びついているところにトミは自分と通じるものを感じていた。

華やかな脚光を浴びる二枚目の男役や娘役に比べて、喜劇的な三枚目は演じる側にもどこか一段下がった役回りのように思われていた。しかし、宝塚の脚本家でトミにも多くの演技指導をした岸田辰彌（日本で最初のレビュー『モンパリ』の作者でもあった）は「芝居というものは、悲劇は案外楽なものなのだ。喜劇を勉強しておけば必ず悲劇はやりこなせる。しかし、悲劇を演れるだけでは喜劇はやれない」とよく話していたし、舞踊の名手で宝塚の代表的スターだった天津乙女も「今まで、どんな役が一番難しかったか」という問いに「そら三枚目やわ。三枚目が自由に演れるようになったらなぁ」と答えている。

高い技能を要求される三枚目の手本を、デビュー初期にじっくり近くで見たことで、後に演技力で定評を得る園井恵子の下地が蓄えられていった。

こうして、舞台人として充実した第一歩を踏み出したトミだったが、その生活を大きく揺るがす出来事が起きる。

学校での稽古中、トミはそっと職員に呼ばれた。告げられた内容は家族が寄宿舎に来ているというものだった。稽古を抜けさせてもらい、急いで寄宿舎に戻った。言われるまま二階の空部屋に上がると、そこには両親だけでなく、妹のキミ、ミヨ、弟の哲雄も一緒だった。その顔は憔悴しきっていた。トミはその様子にただならぬ事態であることを感じた。

両親は商売を破綻させて、娘のもとに身を寄せてきたのである。

父・清吉は友人とともに木炭・薪炭業者の借金の保証人になっていて、その業者が倒産したことが破産の直接の原因だった。借金の総額は当時の金額で四万円だったという。トミの予科時代の手当が一ヵ月一五円だったことを考えると、その額の大きさが伝わるだろう。

もともと商売が上手くいっていなかったところに、恐慌が深刻化し、さらに昭和四年の旱魃《かんばつ》で実家一帯の農業は大打撃を受けた。この不景気の余波は菓子屋の生計を大きく逼迫した。生活の必需産業でない菓子は真っ先に出費を締められる品目だった。

前述したが、親族間では保証人にならないと決めていたようである。それでも判を押したのは、相手が商売の得意先だったか何かしらの関係があったからだろう。保証人の判を押さざるを得ないほど苦しかったのである。その余力ではとても借金を跳ね返す望みはなかった。

恐慌や農家への打撃は木炭・薪炭業にも影響を及ぼし、その倒産が実家をとうとう破産に追い込んだ。それは波が次々に重なり押し寄せるようだった。そして少女の頃から付きまとっていた経済的不安という影は、またしてもトミの近くに居座ろうとしていた。

トミに借金がのしかかることはなかったが、この家族を養わなくてはならない。

本科に入って手当は倍の三〇円となり、さらに化粧品代が支給されていたが、それでも大家族を養うのは厳しかった。父は心労のために身体を壊し、もはや一家を支えることはできなかった。

トミは農家の離れのような粗末な家を借りて一家を住まわし、妹のキミも宝塚の劇場で働き、二人で生計を立てることになった。トミの平穏な日々はまたしても暗雲に遮られようとしていた。

年が明けた昭和六年一月の公演から、トミは芸名を笠縫清乃から園井恵子に変更する。また、社が最初の芸名である牧島勇子から社敬子に変えたのも同じ時期である。

デビュー後、間もない時期と思われる写真（岩手町所蔵）

名前の変更は芸名だけにとどまらず、恵子はこの頃から私生活でも本名ではなく英子と名乗っていた。そして後に真代と変更している。英子と名乗っていた時期は長く、昭和一三年頃にはまだ恵子の名を英子と紹介している文献がある。身内だけでなく広くそれで通していたようである。昭和一六年の手紙では真代と差出人名を書いていて、おそらくその間に英子から真代に変えたと考えられる。

ただし名の変更は戸籍上のものではなく、手紙には自らとみ子と書いたものやハカマと書いたものもあり、気分や用途で使い分けていたようである。

恵子は姓名判断や占いが好きで、雑談で占いの話が出た時は「どれどれ、見てあげる」と言って手相を見ることもあったし、姓名判断については自分の名前だけでなく他人にも勧めていた。例えば、後に登場する小樽高等女学校の先輩で、後援者でもあった中井志づは恵子の勧めで康恵という名前を使っていた。

この時期に芸名や呼び名を変えた理由は特に伝わっていない。しかし、役に恵まれず、実家は破産してその生活が恵子の背中にかかってきた。この悪い流れから一転したい気持ちはあったのだろう。

不安に押しつぶされそうになることもあったが、恵子は浮上の機会をあきらめていなかった。その目はじっと前を見据えていて、未来にある光を必死に探そうとしていた。

昭和六年（一九三一）三月三〇日、園井恵子は宝塚音楽歌劇学校の本科を卒業する。この時の卒業証書は今も故郷の岩手に保管されている。

本科を出てすぐにチャンスは訪れた。八月の小劇場公演『ジャックと豆の木』の初日に母親役の高千穂峯子が体調不良で休み、代役が恵子に回ってきたのだ。母親役は主人公のジャックと並んで重要な役で、セリフだけでなく歌も多くあった。本来であれば、セリフもろくに与えられたことのない恵子に回るような役ではなかった。

当時の記録を読むと、このような体調不良による代役は珍しくなかったことがわかる。

丸尾長顕「園井恵子物語」には、開演三〇分前に高千穂の病気がわかり、脚本を担当した白井鐵《てつ》造《ぞう》が一同から代役を募る場面が描かれている。


「そこで相談があるのだ、この中から誰かあのお母さんを演る勇気のある人がいないかということだ。あれば申し出て欲しいのだ」

「……」誰も答えなかった。

「誰かやってくれる人はないか？」

「……」

「勇気のある人はないか！」

「だって先生、もう三十分しかないんですもの、とてもあの科白は覚えられませんわ、無理ですわ、先生」と、上級生が困ったように言った。

「それはわかっている。その無理を押し切ってやる勇気のある人を求めているのだ」

英子は、自分に演らせてもらいたいと思った。英子には絶好の機会だった。しかし、開幕まで に三十分しかないというだけにそれは大きな冒険だった。

みなの顔にも演りたい希望と、冒険に対する恐怖とが現れていた。英子も迷った。

「これだけいて、演る勇気のある人はないのか！」と先生の声はやや尖った。

「……」

「本当に演る人はいないのか！」

「先生ッ！」と、その時、叫んだものがあった。みな、ハッとしてその方を見た。叫んだのは春日野八千代さんだった。

——ああ、また負けた、と英子は心を噛んだ。私に演らせて下さいと、もう一瞬で、喉に出るところだった。やっぱり春日野さんの方が勇気があったのだと、英子は目の前が暗くなる思いだった。

「おお、春日野さん、あなたが演ってくれるか！」

先生の眼が輝いた。すると、意外にも春日野さんは「いいえ」と首をふった。そして、

「あの役を演れるのは、園井恵子さんより他にないと思います」とキッパリ言った。

英子はハッと思った。

「おお」と先生は射るような視線を英子に注がれるのだった。

「園井さん、演ってくれますか」

「ね、英子さん、お演りなさいよ、あなたより他に演る人はないとおもうわ」

と、春日野さんは駆け寄ると、英子の手をとって言った。

「でも私、門番の役があるんですもの」と英子は言い淀んだ。

「門番の役は私が演りますわ」

「えっ、あなたが……？」

英子はこの競争相手《ライバル》の顔を見つめた。端役の門番さえ進んで演ってくれると言う春日野さんだった。

春日野八千代は学年では恵子より一年先輩だったが、女学校を経て宝塚に来た恵子よりも二歳年下だった。後に「宝塚の至宝」と呼ばれ、宝塚全史を通じての大スターになる春日野であるが、愛称は本名の石井吉子から「よっちゃん」で、当時はまだ幼さが残り、同級生からも「よの字」「よー坊」などと呼ばれて、からかわれたり可愛がられる存在だった。しかし、演技は徐々に開花して、昭和一一年の恵子の日記（岩手町所蔵）には「やっぱり吉ちゃんはこんなものがいい。すうとした美しい二枚目。表情も素直だし、セリフも柔かい、いい感じだ。お化粧も美しい」と評価する記述が残っている。

「園井恵子物語」の内容は少し美談に脚色しているように思えるが、当の春日野自身はこの時のことを次のように書いている（『歌劇』昭和二三年五月号）。

『ジャックと豆の木』のお母さん役をしなさいと白井先生に言われて「先生、あの役歌があるからカンニンして頂戴、園井（ハカマ）さんにして」というと、じゃあ門番になれといって門番になったり（中略）園井さんは之で認められて『アルルの女』の母親の役をつけられる様になりました。

春日野の記述が正しいのか、あるいは少し照れ隠しが入っているのかはわからないが、代役は恵子となった。短い準備時間ながらセリフも歌も間違いなくこなし、高千穂の穴を十分に埋める演技だったという。これが機縁となったのか、続く一〇月の大劇場公演では初めて役らしい役をもらうことになる。

それは白井鐵造作『ライラック・タイム』だった。同作はウイーンでヒットした『シューベルトの青春―三人姉妹の家―』というオペラがもとになっている。これがパリで上演された時、遊学中の白井の目に留まり、帰国後に宝塚に持ち込まれたものだった。

若き日のシューベルトの悲恋を描いたものだが、恵子の役はシューベルト（門田芦子）でもなくその愛を受けるヒロイン・アネット（高千穂峯子）でもなく「門番の女房」という役だった。門番の女房はシューベルトが住む下宿のいわば管理人で、年をとるにつれて人間の醜悪さが染みついたような人物だった。

『ライラック・タイム』は伊吹かく子演じる街の唄歌《うたうた》いが踊り子とともに、下宿の前で見世物をする場面から始まる。唄歌いは朗々と歌い、見物人が紙に包んだ金を投げる。そこに門番の女房は部屋から出て汚く罵る。

「おいルンペンの唄歌いさん、紙屑を捨てて行ったら承知しないよ。家鴨のしめ殺されるような声を聞かされて、その上掃除までさせられてたまるものかね」

「（踊り子に）地獄の番犬には立派な音楽が分からないのは当然さ」

「何だと！」


冒頭以外でも、下宿のシューベルトや芸術家仲間を評して、

「まあうるさいごろつき共だね、またあの二階のヘボ音楽家の所へろくでもない芸術家が集まってお玉杓子を書いたり三文にもならない議論をして遊んでいるんだろう。私が家主だったらあんな男はすぐ追い出してしまうんだけど」

下宿の芸術家のもとにいる三人娘を追ってきた父親（宮廷陶器係長）には、

「私が知っているかどうか、その三人の娘さんに聞いて御覧なさい、茶碗やさん！」

「茶碗や！　失敬な！　仮にも宮廷に御用を勤めている我輩に……」

「茶碗製造人さんと言って悪かったらお皿の割れたのと言った方が良いんですか！」（荒々しく戸を閉めて家へ入る）

「何という……失敬な！」

「（戸から顔を出し）古茶瓶のかけたのは入りませんか？」（戸を閉める）

この役は話の本筋に全く関与しないし、後半のクライマックスでは出番すらない。しかし、劇中で最も人間くさいのはこの門番の女房で、華やかで少し浮き世離れともいえる世界観の中で、この存在が不思議と作品の奥深さを演出していた。ただ、これほど通俗的なキャラクターは当時の宝塚作品には珍しく、それだけに難しい役と恵子も周囲も感じていた。

この難役に恵子はセリフの練習を繰り返した。屈折した老婆の心理を考え、なりきろうとセリフや立ち振る舞いを繰り返した。休みの日や学校が閉まった後は寄宿舎裏の竹藪で練習した。迷惑をかけないつもりだったが、連日聞こえてくる竹藪からのセリフは、しっかりと寄宿舎の生徒たちの耳に入っていた。悪態をつく老婆の怒鳴り声は聞きたくなくても響いてきた。

それでも誰も何も言わなかった。先輩にしても同期にしても、ようやくつかんだ大役の重さはわかっている。何も聞こえていないふりをして、恵子が帰ってくると笑いながら一緒にご飯を食べた。

公演初日が終わると、恵子はそそくさと寄宿舎に帰った。懸命に演技してミスもなく舞台を終えることができた。しかし自分自身、役を上手くできたのかわからないでいた。門番の女房はセリフに拍手も笑いも起こらない役である。恵子の演技に劇場は静まりかえっているように思えた。観客の反応がわからないことで、恵子の心はたちまち不安でいっぱいになった。自分の演技がいかにも虚しく感じられて、逃げるように帰ってきたのだった。

部屋に帰り、一人になっても舞台のことが頭から離れないでいた。明日もまた公演があると気持ちを切り替えようとしても、今さっき演じていた舞台の出来をすぐに考えてしまう。そうなると、最初は全く気にならなかった些細なことが、大きなミスだったように思えて、また気持ちが沈むのだった。

一人、鬱屈した気持ちを持て余していると、次第に日が暮れて、窓から差し込む光も朱色が混じるようになった。社が息を乱してやってきたのもその頃だった。

「どうしたの、セノチン」

「どうしたもこうしたもあるかいな、校長先生が探しとったんやで」

恵子は絶句した。校長とは小林一三のことである。

「舞台が終わって楽屋で菓子食べながらおしゃべりしてたら、急に校長先生が、園井恵子はいないか！　って入ってきたんや、えらいびっくりしてな。それから菓子を口に加えたまま、あんたのことみんなで探しとったんやで」

みるみる恵子の血の気が引いた。不満があれば誰の作品であっても、歯に衣着せず率直に言う小林である。

「でも、どこ探してもおらんやろ、なら園井の友人を呼べと私が呼ばれたんよ」

公演を見ていた小林が客席から楽屋に入り込んで来るというのは時々あったようで、春日野八千代も公演直後「春日野はいるか、春日野はどこだ」と大声で探されたことを後年書いている（ただ、春日野の場合もなぜかその場におらず見つからなかった）。

「で、どうしたの？」

「今度、園井に会ったら言っておいてくれ、って」

「……」

「園井の婆さんの役は――」

恵子は息をのんだ。

「素晴らしかったって」

「えっ」

「素晴らしかった。今年最大の収穫だって！」

社は恵子の手をとって、喜びのあまり思いっきり上下に振った。

「良かったなぁ。ウチも嬉しくて、あわてて走って来たんや」

「ありがとう、セノチン」

恵子も社も目を潤ませて手を取り合っていた。


『ライラック・タイム』は若手を大勢抜擢したことで、宝塚内部でも話題になった作品だった。一年先輩の葦原邦子はここでのフランツ役が評価されてスター街道を歩き始めることになる。予科時代から仲の良かった瀧はやみはヒロインの妹役で、セリフだけでなくトリオで歌う場面もあった。同期の藤花ひさみはコーラスボックスから瀧の美しい衣装と歌う姿に見惚れていたという。また、社敬子も端役だったが多くのセリフを与えられていた。

その前月に行われた大劇場公演、レビュー『ローズ・パリ』では、橘薫の代役を同期の大空ひろみが、明津麗子の代役を同じく同期の草路潤子が務めた。主役の奈良美也子の脇を固める重要な役で、歌、セリフとも多くの見せ場があった。

橘薫は三浦時子との歌姫コンビがエッチン・タッチンの愛称で人気があったし、明津麗子も娘役、歌い手として定評があった。そのスター二人の代役を大空と草路は立派にこなした。

本科を卒業したばかりの恵子と同期たちだったが、早くも舞台で活躍の兆しが見えはじめていた。

昭和六年（一九三一）一二月二三日、恵子は神戸の移民収容所前にいた。小樽や盛岡で世話になった叔父・多助とその家族が翌日にブラジルに移住するので別れに来たのである。

神戸移民収容所前で多助一家と（昭和6年12月撮影）

日本政府は増加の一途を辿る人口問題と失業問題への対策として移民奨励政策を打ち出し、大正一三年（一九二四）から渡航費を全額補助していた。当時、政府の後押しを受けて移民事業を一手に背負っていた海外興業株式会社のパンフレットには、最初の年には百、二百円の貯金、二年目は仕事にも慣れて五、六百円の貯蓄を残し、三年目には働き手の多い家族で千円の貯金をした例もあると喧伝されている。

不況や凶作にあえぐ多くの人々が未知の土地に希望を求め、年に一万二千人から二万七千人がブラジルに渡っていった。

収容所では滞在後の説明や予防接種が一〇日間にわたって行われる。多助一家はすでにそれをすませて出港を待つのみだった。

この時に撮られた多助一家と恵子の記念写真が現在も残っている。三つ編みに大きなリボンをつけて華やかな恵子に比べて、多助夫婦やその子供たちは一様に硬い表情を浮かべている。

恐慌、不作、移民――人々は激動の時代を思い思いに歩き、そして生きていた。

第六章　星組の誕生

小林一三が初めて見た宝塚は自然豊かな小さな温泉街だったが、現在は成熟した文化の街として日本中にその名前を知られている。

終点・宝塚駅に向かう阪急電車は、北の長峰山や中山とそこに並び建つ高層マンションを背景に高架を走っていく。通過駅の豊中や十三《じゅうそう》などと比べると山々が近いためか、宝塚近辺は近代的な住宅街であるものの、その展望はどこか昔の風情を残しているように思える。もともと、小林がその風光明媚な土地に目を付けて、新温泉というレジャー施設を発想したように、その景色は都会の中心とは違った優しさや大らかさを感じさせる。

電車は宝塚駅の屋内ホームに入っていく。平成五年に地上駅から高架駅へと作り替えられたホームは、発車メロディに「すみれの花咲く頃」や「鉄腕アトム」が流れていて、文化都市としての華やかさを演出している。

南側の駅玄関から外に出ると、正面の先に武庫川と宝来橋が見えて、左側にはショッピングモール「ソリオ宝塚」の入口がある。

ソリオ宝塚のフロアを通り抜けると大劇場に続く「花のみち」がある。桜や松など多彩な木々や、昔の形を模した街路灯が迎えてくれる。左右の樹木の葉が中央に被さることで、自然のアーチが作り出され、そこからは宝塚の来訪者を歓迎しているかのような優しい木漏れ日が降り注いでいる。時々、花壇に小さな花が植えられていて、歌劇団の可憐な少女たちを連想させる。床は舗装されているがここは昔からの面影を残している。

花のみちを歩けば、すぐに右手に大劇場の入口が見える。駅の出口からでも五分ほどの道のりである。大劇場を過ぎると、阪急今津線の高架があり、そこで花のみちは終了する。高架下をくぐり、さらに直進すると「手塚治虫記念館前」の信号があり、左前方に記念館が見える。この信号を右に曲がると「宝塚音楽学校」の建物もある。

園井恵子が宝塚にはじめて来た時（昭和四年）は、大劇場の隣（大劇場と今津線の高架の間）に宝塚音楽歌劇学校があった。後の昭和一〇年（一九三五）に宝塚市宮ノ下（現在の宝塚文化創造館の場所）に移転し、平成一〇年（一九九八）に現在の場所に移っている。

手塚治虫記念館の先も並木とクラシカルな街路灯が続いている。今津線の線路から五百メートルほど歩いたところに、左手に宝塚運動場（宝塚球場）、右手に寄宿舎があった。運動場は現在、高層マンションと関西学院初等部に変わり、寄宿舎の場所もマンションが並んで昔の面影は残っていない。

寄宿舎の武庫川沿いの裏には、かつて竹藪があって『ライラック・タイム』の前、恵子は一人そこで練習していた。武庫川の河原には今も下りることができて、そこの地形はおそらく当時のままであろう。木々や藪も少しは残っていて、恵子の見た景色を追体験することができる。

両親や妹弟たちが宝塚に来ると、まもなく恵子は寄宿舎を出て家族と暮らすことにした。借りたのは農家の離れのような家で、あばら屋のような外観だったという。

＊　この家があった詳しい場所はわかっていない。後年、父・清吉が小林一三に宛てた礼状（昭和一〇年）には「宝塚寿老町二十二」という住所が書かれている。「寿老町」という町名は当時、宝塚市栄町の一部を表す住所だった。大阪逓信局から発行された『兵庫県電話番号簿　昭和一一年九月一日現在　甲巻』を見ると、「栄町区壽老町」という地名が確認できる。その内容と昭和一〇年の『大日本職業明細図』（宝塚市編『宝塚市大事典』収録）を照らし合わせると、現在の宝塚市栄町二丁目の西側か栄町三丁目のどこかと推測できる。

恵子たちの生活は厳しいものだった。父が身体を病んで仕事をすることができず、恵子と妹・キミの収入が頼りだった上に、後の昭和七年（一九三二）一一月には弟・康夫（次男）が誕生して、さらに金が入り用になった。

当時の生活の困窮ぶりを示すエピソードがある。

ひとつは後輩の内海《うつみ》明子（芸名・加古まち子）に話したもので、「初めてファンレターがきて、とてもうれしくて返事を書いたんだけど切手代が一銭足りなくて、何日もその手紙をハンドバッグに入れて持ち歩いたことがあるのよ」と語ったもの（内海明子「園井恵子さんを偲んで」『年輪』一九八八年春号）、もうひとつは、岩手川口時代に家主だった圓子家の息子・伊三郎が京都に仏壇を買いに行く用事があり、そのついでに宝塚の袴田家に立ち寄ることがあった。しかし、その生活のあまりのみすぼらしさを目の当たりにした伊三郎は、仏壇購入に充てるはずだった金銭をそのまま置いていったという。華やかな宝塚の舞台とはかけ離れた苦しい生活だった。

生活だけでなく、舞台でも恵子はもがいていた。

多くの若手が活躍した昭和六年（一九三一）一〇月公演の『ライラック・タイム』、その中で小林は恵子の演技を一番に評価した。「今年最大の収穫」という言葉は恵子の前途の明るさを保証するように思われたが、小林の言葉と裏腹に、その後の恵子はなかなか役に恵まれなかった。セリフのないその他大勢の役が続き、たまに端役で一言しゃべれば良い方だった。

一方で同期たちは次々と舞台の中心に駆け上がっていった。

大空ひろみは昭和七年一月の雪組公演『サルタンバンク』でミケット役を演じた。サルタンバンクとはフランス語で「旅芸人」の意味である。

一座の美しい娘・ルイズ（紅千鶴）が、貴族に憧れて一座を捨てて恋に生きようとするが上手くいかず、ずっと彼女を愛してきた同僚のピエール（葦原邦子）のもとに戻る物語である。ミケットも貴族に憧れる少女だが、お嬢様的存在のルイズに対して、お転婆で少し世間ずれした感があり、ルイズやピエールとは違う魅力を持ったキャラクターだった。脇役であるが、登場はピエール、ルイズに劣らず、歌も演技も見せ場十分であった。

翌月も月組に替わって『サルタンバンク』は公演されたが、そこでのミケット役は八年先輩の雲野かよ子だった。逆にいえば大空はそれだけの抜擢で、主役を演じた葦原邦子は一気に名を轟かせたが、大空もまたスターの仲間入りを果たした公演となった。

草路潤子は昭和七年四月の『フーピー・ガール』や一〇月の『娘八景』で、ソロで歌う機会を与えられて順調に舞台を重ねていた。

藤花ひさみも昭和七年六月のジャズオペレッタ『小間使』で、歌いながらセリフを多くこなし、七月『パリゼット』ではデュエット、一〇月の『娘八景』でも一部ソロを担い、声楽については宝塚の中でもすでに期待の一角となっていた。


瀧はやみは『ライラック・タイム』の翌月、大劇場公演の『シャンソン・ダムール』で、歌姫役を演じた。これは高千穂峯子と交替しながら隔週の出演だったが、ソロで歌う重要な役だった。また同月のレビュー『ジャンダーク』でもセリフと歌のある役を与えられている。瀧もスターへの道を歩もうとしていたが、昭和七年二月の『サルタンバンク』を最後に配役表からその名前が途切れる。

「少し熱があるみたい、なんでもない風邪ね、きっとすぐ治るから」

二月公演の最終日、瀧は声楽専科で一緒だった藤花にそう語った。しかし、なかなか体調は回復せず、瀧は寄宿舎の一室で療養することになる。

昭和七年五月一二日、この日は運動会の予定だったが、雨天のため学校三階の講堂で実施された。挨拶で小林一三は、東京宝塚劇場の着工を発表した。それまでも年三回ほど市村座、邦楽座、歌舞伎座、新橋演舞場などで東京公演を実施していたが、進出を本格的にするためには自前の劇場を持つことが必要で、それは小林の宿願だった。発表されるとわずかな静寂の後、生徒たちからひときわ大きな歓声と拍手が沸き上がった。

東京宝塚劇場は昭和九年（一九三四）一月に完成し、その後も横浜、京都、名古屋などで劇場建築は続いた。映画やその他の演劇も含めて、小林の興行事業は全国に向けて大きく舵取りをすることになる。

そんな知らせを聞いたからか、この年の運動会も例年に負けず熱気を帯びたものになった。室内のためもあり、いつもにはないハプニングも続出した。

旗取り競争では、いつも地面に旗を立てるところを上級生が持って立っていた。そこに若さが有り余る予科生たちが猛烈な勢いで突っ込んでくるものだから、逃げたり、一緒に転んだり、その度に講堂にこだまする笑いが起こった。

恵子は買物競争（借り物競争）の出場で、相手は同期の社敬子や神代錦だった。神代は予科生の年に葦原邦子を負かしたエピソードを前述したが、それ以降も走る種目では敵なしで、それだけに雨天を残念がった。

「つまらんなぁ」

神代がこぼす横で、恵子と社が屈伸をしたり、背中を伸ばしたり準備運動をしていた。

この三人に共通するのは大の負けず嫌いということだった。買物競争なんて、神代にはなんともつまらなそうに思えたが、恵子と社のやる気満々な姿を見ると、闘争心を駆り立てられた。

「ハカマは楽勝や、セノチンも相手にならん」

しかし、いざスタートが切られると、周囲の予想に反して神代の出足がつかなかった。紙に書かれた大根、提灯、バケツとなかなか見つからず、その間に社は早々とゴールを駆け抜け、つづいて二着にも同期の秋風多江子が入った。三着争いは恵子と神代の争いになった。ようやく、神代がバケツを見つけ、ガチャンガチャン音を鳴らしながら、前を走る恵子を追いかける。近眼でふらふらしながらゴールに向かう恵子と、必死に追う神代の競争にこの日一番の声援が飛んだ。

三着はわずかな差で恵子が奪った。座り込むと、社、秋風も含めて四人で腹を抱えて笑った。

東京宝塚劇場着工の発表や運動会の賑やかさは、恵子の気持ちを一時的に晴らしたが、すぐに現実の厳しさに引き戻された。

昭和七年の中頃を過ぎても恵子の境遇は変わらなかった。役らしい役がつかず代役でのチャンスも巡ってこなかった。一方で一一月に弟の康夫が誕生し、家計はますます圧迫されそうだった。生活が苦しくなる一方で、それを打開したくても舞台ではなかなかチャンスをもらえなかった。この暗闇を手探りで進むような状態から、光が見え始めたのは昭和八年になってからだった。

昭和八年（一九三三）は思いもしない出来事で幕を開けた。それは、レビュー『巴里・ニューヨーク』など一月の花組公演中だった。

事務所横の掲示板に一枚貼られた紙、それは瀧はやみの死を知らせる通知だった。

瀧は前年二月の公演後から体調を崩し寄宿舎で療養していた。名古屋の両親からは何度も帰ってくるように言われたが、瀧は宝塚から離れたがらなかった。寄宿舎の一室はいつも瀧が寂しそうに床に伏していた。予科時代から仲が良かった恵子、社、声楽専科で一緒の藤花や草路、他にも神代、桜、大空など同期が寄宿舎に寄っては声をかけた。

「はやく舞台に戻りたい」「歌いたい」瀧は漏らした。

年末も近づいたころ、瀧は故郷の名古屋に帰っていった。両親からの再三の促しに首を縦に振らざるをえなかった。

訃報が届いたのはそれからまもなくのことだった。

瀧がいた部屋はしばらく空室のままだった。それは失った友人の記憶を消すまいとする生徒たちの意志のようでもあった。窓と机がひとつの閑散とした空間で、冬の淡い日差しが瀧のいた場所を照らしていた。その穏やかな光は、宝塚に未練を残したまま亡くなった瀧の魂をなぐさめ、鎮めているかのように見えた。


やがて、あぜ道に蕗の薹が出て、桜もつぼみをつけると、瀧の死を悲しみ塞ぐ気持ちにも、暖かい風が吹きこみはじめた。

ここにきて、役に恵まれない状況が続いた恵子にも好転の兆しが見える。

恵子やその同期の出世は、大空、草路、藤花といった歌唱に強みを持つ生徒が先行していた。すでに主演を重ねていた一年上の葦原邦子が早々に抜擢されたのも、もとはその歌声を見込まれてのものだった。

稽古で実力が見えやすい歌唱に比べて、演技の力量は役柄の適性や雰囲気、間の取り方など、実際に舞台に上げてみないと判断しにくい部分が多い。歌に自信を持つ生徒が不足しがちなのに比べて、演技を主にする者は先輩の絶対数も多く、恵子に役がなかなかつかなかったのもそこに原因があった。

しかし、昭和八年の春頃から恵子たちにも少しずつ役がつくようになる。社敬子、秋風多江子、泉川美香子、立松英子といった面々に、それまでにはなかった見せ場のある役がつくようになった。また、ダンス専科（同年三月に舞踊専科を改称、ただし日本舞踊を専門とした新しい舞踊専科も新設された）の神代錦や夏野陽子も集団の先頭をきって踊るなど、歌唱以外の同期たちの台頭が目立つようになった。

そして、恵子の転機となったのは、六月に従来の花組、月組、雪組に加えて、星組が新設されたことだった。恵子は、新組長の門田芦子、嵯峨あきら、春日野八千代らとともに月組から星組に異動となった。他の組からも泉川美香子、八重春代、千村克子、糸井しだれなどが移った。

お披露目となる七月の星組初公演は『指輪の行方』『蛍塚』『なぐられ医者』『お国歌舞伎』という構成だったが、そこで恵子はいきなり大役を与えられる。『なぐられ医者』で、主役のザンベロに抜擢されたのである。

同作は酔いどれの漁師が、日頃から虐げられていた妻の企みによって、名医と勘違いされて連れて行かれ、富豪の娘の治療に当たるという喜劇である。『なぐられ医者』というのは、名医を探しに来た富豪の従者に妻が、「あの人は名医だが変人で、自分が医者ということは痛い目に遭わないと白状しない」と言ったために、ザンベロが自分は漁師だと言っても従者から痛めつけられて、むりやり医者にされてしまうところから由来している。

酔っ払って妻に威張る暴君の顔、医者に間違えられて連れて行かれる三枚目ぶり、病気も家の問題も鮮やかに解決するラストなど、場面によって異なるキャラクターの演じ分けが必要だった。また、道化的な色も強く、下手にやるとわざとらしさや嫌みが出てしまう難しい役だったが、恵子はそれを見事にこなした。

ザンベロ役で園井恵子の評価は確かなものになり、三ヵ月後の一〇月星組公演でも大レビュー『花詩集』でアルマンの父と伍長の二役を演じている。アルマンの父は、息子を思うがゆえに交際相手に別れてもらうように頼む役、伍長は軍人然としながらも、女性の前では甘く、部下にもからかわれている三枚目であり風刺的な役だった。

もう恵子から役が途絶えることはなくなった。

ようやく恵子が活躍の場を得たその頃、予科時代から仲の良かった桜緋紗子もまたチャンスを迎えていた。昭和八年一一月花組公演『プリンセス・ナネット』の主人公・ナネット役である。

恵子もなかなかチャンスに恵まれなかったが、桜はそれ以上だった。恵子は『ジャックと豆の木』の母親役や『ライラック・タイム』の門番女房役で、数は少ないながらも重要な役の経験をしていたが、桜はそのようなことも全くなかった。

このような大抜擢があったのは、本来、主役だったはずの先輩、草笛美子《よしと》が稽古中に体調を崩したからだった。作者の岸田辰彌はすでに決まった配役を組み替えることはせずに、空白の主役に端役だった桜を起用することにした。声楽専科の教室をたまにのぞいていた岸田は、いつも隅で歌っていた桜にじっと視線を注いでいた。

岸田は桜に「この機会をつかまなければ、君はダメだよ」と言った。その言葉は力強く、自分の

上：『なぐられ医者』ザンベロ役の園井恵子（左）とアンセルモ役の泉川美香子（右）
下：『花詩集』大将夫人役の川霧妙子（左）、ジャン役の泉川美香子（中）、伍長役の園井恵子（右）

抜擢に応えてほしいという期待がにじみ出ていた。

『プリンセス・ナネット』は、架空の国アルカディアとパリを舞台にしている。アルカディアでは一年に一度の大祭が行われていた。今年はパリから世界的なオペラ歌手が来るというので、王子フィリップが直々に待っていると、そこに現れたのは偶然にも飛行機が不時着したナネットと叔父だった。ナネットは歌手と勘違いされたまま、フィリップと恋に落ちるが、ごく普通の少女である彼女はそのことが発覚する前にパリに戻ってしまう。フィリップはナネットを追ってパリに向かい、そこで二人は結ばれる。

フィリップを奈良美也子、フィリップの忠実な侍従・ペピーノを宮島あき子、ナネットの叔父を宇知川朝子《あさこ》、他にも主要な役で村雨まき子、大路多雅子《おおじたかこ》、岡真砂、高千穂峯子などが配役されていた。

桜にしてもこのようなチャンスは二度とないとわかっていた。そう思えば思うほど身はすくみ声は震えた。

岸田の稽古は厳しいことで知られ、端役のセリフひとつでも何時間もやり直しをさせて、その末に交代させることもあった。その岸田も桜の緊張ぶりを見て、いつもの大声の指導を抑えて、なんとか力が抜けるように気を配った。相手役の奈良美也子も「楽にしなさいね」と笑顔を見せて、なんとかリラックスさせようとしたが、周りが気を遣うほど本人に伝わり、ますます身体が硬くなった。

夕陽の朱色に染まりかけた大教室。桜は一人、セリフを宙に投げかけ、踊りや動きを繰り返していた。五日ほどあった稽古日はたちまち過ぎて、あとは公演を待つのみとなった。毎日、岸田が遅くまで付き合って稽古に明け暮れたが、それでも不安がぬぐえず居残っていた。しかし、いくら練習を繰り返しても手応えがなかった。もはや自分の演技の何が良くて何が悪いかもよくわからなかった。

体験したことのない重圧に、桜は完全に自分を見失っていた。待ち望んでいたチャンスはもはや恐怖にしか感じず、立ち尽くし、暮れる日をただぼんやりと眺めるしかなかった。

「大丈夫？」

振り向くと、入口のところにニコリと笑みを浮かべた恵子がいた。違う組だったが、主演を務める桜が心配で様子を見に来たのだ。

驚く桜にお構いなしに、恵子は教室に入ってきた。そして桜の前に手を差し出した。台本を貸してというのだ。

「セリフ覚えた？　やってみなさいよ」

とまどう桜を前に、恵子は笑みを浮かべたまま見つめている。桜は言われるままにセリフを順に追っていった。恵子はセリフひとつずつにふんふんと相づちを打ち、一通り終わると、そこが違う、ここが抜けていると伝えた。もう一度最初からセリフがはじまり、また足りないところを指摘した。

間違いが少なくなると、今度は「全部動きながらやってみたら」と言い始めた。

「ワアさん（奈良美也子）はこんな感じかな」「エミさん（宮島あき子）はこう？」

恵子が先輩の演技を身振りで真似てみせた。すっかりやる気の恵子を前に桜に笑顔が出てきた。恵子と桜の二人舞台が始まった。

巧みに特徴をつかみながら、恵子は奈良のプリンス役や宮島の侍従役を次々と演じていった。ただの真似ではなく、恵子の演技は実に堂々としたものだった。いつの間にこんなに上手くなっていたのか、桜は恵子の上達に驚いた。と同時に桜の消えかかっていた負けず嫌いの闘志にも再び火が付こうとしていた。

恵子との掛け合いは予科時代を思い出させた。後のことを考えず、夢中で稽古に明け暮れていた感覚がよみがえってくるようで、動きもセリフも本番のようにどんどん熱を帯びていった。

気が付くと、外はすっかり暗くなっていた。

「もう、大丈夫ね」

恵子はニコリとしたまま、台本を返すとそそくさと帰っていった。

『プリンセス・ナネット』の初演が終わった時、桜は衣装も脱がず、舞台横のコーラスボックス近くで呆然と立っていた。無我夢中で演じて、セリフを間違えることなく、なんとか無事に幕が下りた。そこに岸田が声をかけた。「心配しなくていいよ、なかなか評判いいよ」公演は成功を収めた。桜はこの後、恵子と同じ星組に移り、『アルルの女』『憂愁婦人』などで次々とヒロインを演じて、スター街道を歩むことになる。

昭和八年一二月一二日、祖母のウメが亡くなる。幼い日から盛岡の芝居小屋に連れて行くなど恵子を可愛がっていた祖母だった。盛岡だけでなく、親もとから離れた小樽時代も祖母と一緒だった。恵子は宝塚に来てから、小樽だけでなく故郷の岩手にも戻っていない。女学校を退学して小樽を出て以来、とうとう祖母と再会することはかなわなかった。

ウメの晩年の動向はわからないが、小樽で一緒に生活していた多助一家がブラジルに渡った後、それには同行しなかったので、当時、小樽にいた三男の商助のもとにそのまま身を寄せていたと考えるのが自然であろう。

恵子は「私をいちばん可愛がってくださったお祖母さんが、私を手放すのがよほどお嫌だったらしく、『お祖母さん、とみ子がお迎えに来るまで丈夫でいらしてね』と言ったら、いやいやして悲しそうな顔で見送っていらしたけれど、とうとう呼んであげられないうちに逝かれてしまったのです」と書いている（『宝塚グラフ』昭和一五年三月号）。

娘・カメの一家は借金の保証人になったことで、故郷を捨てて宝塚の恵子のもとに身を寄せざるを得なかった。息子・多助はブラジルに移住していった。

名もなき彼女もまた、時代に翻弄されつつも必死に生きた人間の一人であろう。享年七八だった。


昭和九年（一九三四）一月一日、東京・有楽町に東京宝塚劇場が開場した。

元旦の公演初日は招待日で、真新しい絨毯を敷きつめたロビーや広い階段は着飾った来賓客であふれた。その日は君が代、立太子祝歌、『宝塚行進曲』、『宝三番叟《さんばそう》』、『花詩集』の順で幕が進んだ。こけら落しに出演する月組は大晦日の夜まで稽古を続けていて、生徒たちとしても、これまでとは違った舞台に新鮮さと緊張を感じていた。

『宝三番叟』では、本来はコーラスボックスの中で歌う生徒たちも、緑の袴姿に揃えて花道に並んで歌声を送り、そういったところも普段と違って華やかさを感じさせた。

星組の集合写真。前列右から桜緋紗子、泉川美香子、園井恵子、五人目が組長・門田芦子。二列目左から三人目・春日野八千代、四人目・秋風多江子（八幡平市所蔵）

翌日、一般客に開放されてからも劇場は連日盛況で、東京でも毎月に近い頻度で宝塚少女歌劇の公演が行われることになる。

その東京の熱気が冷めない中、三月を前にして星組はある作品に取り組んでいた。白井鐵造作『アルルの女』である。これはもともとはフランスの作家、アルフォンス・ドーデの戯曲であるが、パリで上演されているところを遊学中の白井の目に留まり、宝塚に持ち込まれたものだった。

『アルルの女』の舞台は、フランス・プロヴァンス地方の大きな農家である。そこの一人息子フレドリは、アルルで出会った女性（この女性は終始、劇中には登場しない）に激しい恋をしている。フレドリとアルルの女は一度は結婚が決まりかけたが、その女性の情夫だという男・ミチフィオが現れて、証拠にアルルの女からの恋文を置いていく。ミチフィオは野蛮そのもので、あのような男の恋人だった女性は家に迎えるわけにはいかないと、フレドリは結婚を断念させられる。

恋を遮られたことで思う心はますます募り、フレドリは狂ったようになってしまう。母親のロオズは家に働きに来ている純真な娘・ヴィヴェットにフレドリの心を癒してほしいと頼むが、フレドリはヴィヴェットに見向きもしない。

ロオズはとうとう決断し、アルルの女を嫁に迎えることを許す。喜ぶフレドリだが、周りが自分のために苦渋の決断をしたことに責任を感じて、ヴィヴェットを嫁にすると言い始める。フレドリを思い続けていたヴィヴェットも家の者も喜び、幸せに結ばれるように見えた。

しかし、ミチフィオが恋文を引き取りに来たところをフレドリが見たことで事態は急変する。アルルの女の恋人が自分と変わらぬ、とりたてて身分も高くない粗野な男だと知ると、とたんに嫉妬心が燃え上がり、狂気の虜となって「ミチフィオとアルルの女を殺した後、自分も死ぬ」とヴィヴェットを払いのけ、駆けていくところで幕が下りる。

白井鐵造は上演を前に『歌劇』昭和九年三月号にその思いを書いている。


私は『アルルの女』『ライラック・タイム』とをパリで観て非常な感興をそそられた。そして今だに当時の感興を忘れずにいるのですが、さて自分がやってみて果して当時の感興を皆さんへお伝え出来るかどうか、これが演出に際して一番私の心配をしているところなのです。そして今日まで容易に手がつけられなかった原因もここにあるのです。けれども今度は自分が『アルルの女』をとても好きであるという気持ちが、この冒険を敢えてさせたのだと思っています。

パリでは『アルルの女』は繰り返し繰り返し上演されて、この芝居をやれば必ず満員になるとまで言われているものです。だから台本を作っていて、あの台詞も欲しい、この台詞も入れたいと思うことがしばしばでした。しかしそうしていると長くなるので思い切ってカットしてみましたが、ただただ私は原作を冒瀆しはしないかと恐れています。従って芝居のテーマも『アルルの女』では子供に対する母親の愛というものが高調されておりますが、自分のは恋を得られぬ悲しみという方が主題となってしまって、フレドリとヴィヴェットの二人がこのオペレットの中心となってしまいました。

配役については門田・葦原等の芝居達者とヴィヴェットの桜緋紗子と母親の園井恵子はきっと期待に叛かぬいい芝居を見せてくれるだろうと楽しみにしているのです。

主人公のフレドリを声楽専科の葦原邦子、ヒロインのヴィヴェットを桜緋紗子、他にも家に仕える山羊飼い・バルタザルを門田芦子、家の名誉を重んじつつもフレドリを愛する祖父・フランツを泉川美香子、知的障害のあるフレドリの弟を月野花子、ミチフィオを山路靜香、恵子は母親・ロオズ役だった。

葦原はこの時の白井からの言葉を『わが青春の宝塚』に書いている。

「この辺で少し演技の勉強をした方がいいと思う。そのためにも三月の星組公演で『アルルの女』をやることにした。実は四月のレビューには『トウランドット姫』を考えてあるんだが、これはいつもの豪華絢爛でスケールも大きいけど朽《くっ》ちゃん（草笛美子さん）が主役だから、むしろキメの細かい芝居の必要な『アルルの女』に出てもらうことにしたよ」

歌唱を武器にしてきた葦原にとって、演技でもさらなる進化を要求された舞台だった。

ヴィヴェット役の桜にとっても特別な思い入れがあった。はじめて台本を読んだ時の気持ちを著書『愚女一心』に書き残している。

　私の、本当にやりたい役はこの役だった……。純情で、自信がなくて、はげまされて、やっと勇気を出して愛する人を慰めに行く。だが、相手には、その気持ちは通じない。無駄と判っていても、せずにはいられない優しい心、そして内には強い情熱を秘めた、可憐な娘！　これこそ私の長い間待ちこがれていた役だった。

『アルルの女』ロオズ役の園井恵子（右）とフレドリ役の葦原邦子（左）

当初この役には先輩の難波章子《あきこ》が考えられていたが、東京公演に重なり出演できず桜に回ってきた。桜としても手に入れた以上、この役は誰にも渡したくなかった。

葦原と桜の稽古は全体練習が終わった

後も居残って続けられた。稽古は一学年上の葦原がリードしながら進んだ。初めてコンビを組むので、お互いの呼吸を合わせることが必要だったが、なかなか上手くいかなかった。熱が入るにつれて葦原の言葉も厳しさを増した。

葦原の回想――

エキサイトする私の顔は、きっと紅潮してこわかったに違いありません。桜さんは汗をにじませた細面の白い額を伏せてだまりこくっています。

「カンちゃん（桜のこと）！　だまってないで初めからやって見よう！　そこのヤマ場は二人のイキが合わないとダメ。あんたみたいにメソメソするひと嫌い！　口惜しかったら私に食ってかかったら？　さ、やろう！」

窓の外は真暗、二月の教室は冷えているのに、私はカッカと燃えています。実際はそんなに長い時間ではなかったでしょうけれど、何をいっても答えないで声を殺して泣いている桜さんの頬ぺたを、私はアッという間にピシャッと平手で打ってしまったのでした。どうしようと思う矢先に「ごめん！」と桜さんが小さくいうのにびっくりしました。それから先、ヴィヴェットはまるで開眼したように、情熱をほとばしらせる演技にどんどん目覚めて行ったのです。

（『わが青春の宝塚』）

主演の二人が遅くまで稽古を繰り返す一方で、その脇を固める生徒たちもまた役作りを進めていた。白井の言った「キメの細かい芝居の必要」だったのは主演だけでなく、むしろ脇役に強く当てはまった。

戦後の昭和二三年（一九四八）、時を経て再び宝塚歌劇団で『アルルの女』が公演される時、葦原邦子は『歌劇』昭和二三年六月号に次のように寄稿している。

もう一つ忘れられないのは泉川さんのおじいさんで、一場目の大切な幕切れは、フレドリーがアルルの女の手紙を見て、初めて裏切られた事を知り、驚愕と悲歎に泣く所ですが、その時の泉川さんは只黙って立っているだけで、実に種々の感情が全身にあふれていて、その顔を見るだけで思わずすがりついて「ああ……おじいさん！」と叫んで倒れるのに何のためらいもなく自然にやることができました。大芝居でなく、いわゆる腹芸と言うのでしょうか、これはぜひ今の人にも勉強して頂きたいことの一つで（中略）少々皆さんの芝居が表面に出すぎてたとえば一つのセリフの持つ内容が、そのまま同じ表情になって現れるのが、お終いにはうるさく感じることさえありました。哀しいというセリフの時は哀しい顔をし、嬉しいという時は笑って見せ、泣きましたという時は泣く表情をする、それなら誰にでも出来ることだと思います。

泉川の祖父・フランツ役は決して劇の中心ではなかったが、セリフが少ないだけに沈黙の中で感情の表現をしなくてはいけなかった。
組長・門田芦子の役は、一介の山羊飼いの老人だった。しかし、この老人の何気ない所作や言葉は、全体に流れる不穏な空気を余すことなく表現し、舞台の流れを支配するものだった。『アルルの女』は行間、暗喩で多くを表現することが求められた作品だった。そんな中、恵子もまた一風変わった形で役作りをしていた。

葦原の回想――

園井さんは、自分が役をいただくと、楽屋でも、そのようなつもりになっちゃうんです。それは、実際になるのか、あるいは、役作りのためにそういうふうにするのか、それは、わたしは、今でもわかりませんけど、たとえば、楽屋の鏡なんかもあまり離れてなくて、そうすると、わたしに、楽屋着に着替えてもね。舞台が終わって。「フレドリーや、フレドリーや、今日はどう？疲れなかった」とか言うんです。それでねェ、わたし、「うん」なんて、こっちも息子でしょう。「うん、大丈夫」なんて、「そ、良かったね、じゃまた明日ね、フレドリーや」なんて言うんですけどね、それがね、あんまり不自然じゃないんですね。

（『さくら隊散る』）

春日野八千代も同じような思い出を書き残している。昭和八年一一月中劇場で『ロミオとジュリエット』のロミオ役をやった時の述懐である。

もっとも舞台の上の役柄と平常の気持ちを混同してしまうのは困りもので、園井さんがこの時もローレンス御坊になっていらしたのが、この人はよく舞台と平常が一緒になる人なので、普段のロミオまで舞台同様「可愛い可愛い」と頭を撫でに来るのには弱りました。「アルルの女」の時なども、フレドリになった葦原さんを、普段まで矢張りフレドリの様にした人でした。

（『歌劇』昭和一三年九月号）

前年七月が初公演だった星組は客の馴染みも薄く、一番不入りな組だった。また、これといったヒット作もまだ出ていなかった。白井が『アルルの女』を持ってきたのは星組の名前をファンに知らしめる絶好の機会だった。

公演は昭和九年三月一日から始まった。

春日野八千代など役のない生徒はコーラスに回ったが、この時はいつものコーラスボックスではなく、舞台裏の上手、下手と走り回って歌声を送った。すると、コーラスがソロの歌い手の背後から絶妙に重なり、背景の歌の場面では本当に遠くから流れてくるように聞こえた。

主演、脇役だけでなく、組の総力を結集して作られた『アルルの女』は大成功を収めた。出演者、コーラスとも好評で、その後何度も再演された。戦前だけでも大劇場、中劇場の他、東京、名古屋、横浜で公演され、横浜宝塚劇場ではこけら落としの演目にも選ばれた。

雑誌『歌劇』の巻末には「高声低声《こうせいていせい》」という読者による投稿欄があり、劇評も多く掲載されている。ファンによく見られる賛美だけでなく辛辣な評もあり、その時の公演が一般の人々にどう受けとめられていたのか、うかがうことができる。昭和九年四月号には『アルルの女』について「日曜は補助席まで出る盛況」「近来にない傑作」などの評が寄せられている。

恵子についても「殊に若い園井にあれだけの老練な腕があるとは、失礼ながら想像していなかった」「新進園井の母親は堂々たる熱演で特記すべき収穫だった」「園井恵子はますます巧くなった」「難渋な役をよく生かしている」など好評が並んでいる。

昭和九年七月、宝塚大劇場では星組の『冠と花嫁』『傑作』『沈鐘』『憂愁夫人』が公演されていた。星組としては大劇場では『アルルの女』につづく舞台だった。

『憂愁夫人』は『アルルの女』に続いて葦原・桜コンビが主演を務めた。親が決めた結婚に反し、地位も富も捨てて愛する人と駆け落ちする女性を描いた内容で、当時、封建的な結婚観が主流だった日本には珍しい恋愛至上主義的な作品だった。後の東京公演時には、見ることを禁止する女学校が出たくらい話題になった。

その影で目立たなかったが、この七月公演は園井恵子が演技者としての妙を存分に発揮した舞台でもあった。

『冠と花嫁』の娘・鈴媛役は大富豪の娘で、求婚者にたくさん言い寄られるが、それは財産目当てで影で「あひるのお化け」「カボチャ娘」などと言われている。鈴媛自体も世間を知らないところが見られたが、成長して最後は本当に自分を愛してくれる人と結ばれる。

『傑作』では、家賃を取り立てる家主・サロモーネ役で出演し、その欲深さが仇となり主人公たちに駄作の絵を「傑作」として高く売りつけられる。

『憂愁夫人』では主人公・サラーの母親として、家の格式を毅然と体現しつつも、恋愛に生きる娘に最後は理解を示す役だった。

これらの役は端役ではなく、どれも劇に欠かせない重要なものだった。それら全く異なる役柄を同じ公演で三つも演じこなしたのは、恵子の演技巧者としての力量を十分に示したといえる。同時にこのような配役が与えられたのは、すでに宝塚の中でも恵子の演技が認められていたことの表れであろう。

なお、この『冠と花嫁』は園井恵子が娘役を演じた珍しい（主演級に限定すれば唯一の）演目でもある。

舞台での活躍が増えるにつれて恵子のファンも増えていった。かつて在籍した小樽高等女学校の同窓会でも恵子を応援しようという声が出て、以降、関西での同窓会では宝塚の観劇が組み込まれることもあった。恵子が亡くなるまで支援者であり「六甲のお母さん」と慕っていた中井志づも小樽高女の卒業生で、この頃からの縁である。

中井志づは明治二七年（一八九四）生まれで、恵子より一九年ほど年長にあたる。小樽高女は明治四五年に本科、大正二年に補習科を卒業している。大正四年に五歳年上の義雄と結婚、神戸に住んでいるのは夫が神戸製鋼に勤めていた関係だった。

恵子もよく出入りした中井家には、夫・義雄、妻・志づ、次男・晋一郎、四男・四郎、長女・美智子、次女・文子たちが暮らしていた（他にも戦死した長男、夭折した三男がいた記録があるが詳細は不明）。夫婦は恵子と家族同様の付き合いを続け、恵子が亡くなる際はその最期を看取った。後に学徒出陣で戦死した晋一郎は早稲田大学写真部の出身で、恵子のプライベートの写真を多く残した。また美智子、文子は後に生き証人として恵子の在りし日の様子を伝えた。

生前、死後ともに中井家と恵子の関係は深いものがあった。

恵子にとってこの時期は舞台が充実していくとともに、私生活においても、蝶が二度と訪れない春を鮮やかに舞うように人生の悲喜を感じとっていたのかもしれない。

須藤五郎が治安維持法違反で検挙されて、宝塚から姿を消したのは昭和五年（一九三〇）のことだった。執行猶予の判決がおりて拘束が解かれると、須藤は小林一三から自宅に呼ばれた。昭和七年一月一日の朝である。

小林は須藤を居間に迎えると笑顔で言った。

「須藤君、僕は君の考えが正しいか、自分の考えが正しいか、どちらが正しいかはわからないが、とにかく二度と投獄されるようなことだけはやめてくれないか、そうして、もう一度、宝塚にもどり、これまで通り仕事をしてくれないか、しっかり頼むよ」

こうして須藤は宝塚に復帰した。

復帰後、恵子と須藤は時々会っては芸術や社会問題を語り合った。予科時代に須藤の家をただ遠目で見ていた一七歳の少女は立派な大人の女性に成長していた。夏期公演の時、汗びっしょりでコーラスボックスから上がってくる須藤に、恵子はアイスクリームの土産を持ってよく待っていた。名古屋公演の時、舞台の転換が上手くできなかったことに腹を立てた須藤は、劇が終わった後、舞台係をどなりつけた。その時、恵子は須藤のそばにやってきて、小さな声で「須藤先生、あの人たちをあんなに怒るものじゃありませんよ」と注意した。二〇代前半の恵子だったが、その言葉には年長者が優しく諭すような響きがあった。須藤は恥ずかしさに耐えられなくなり、やっと「ありがとう」と言うと、そのまま別れた。

昭和一〇年（一九三五）九月、須藤がヨーロッパに一年間の外遊に旅立つことになった。港には夫人、子供たちも見送りに来ていた。当時、講師の外遊には歌劇団の生徒が見送りに行くのが慣例だったから、恵子もその時、須藤と家族の様子を見ていただろう。それに家を見に行っていたくらいだから、以前から須藤に家族があることは知っていただろう。

須藤が東京音楽学校に入ろうとした時、周囲がことごとく反対する中、唯一背中を押したのが、後に妻となるよつ子だった。医師であるよつ子は須藤の学費を工面するために働き、検挙された後も毅然と家を守った女性であった。

恵子が須藤のことをどう思っていたか、本当のところはわからない。

ただ、葦原邦子が後に「宝塚の先生と何かあったようにいわれましたけど、わたしは、なんかちょっと、そういうことをきいたことがあるんですけど」（『さくら隊散る』）と語っているように、言葉は濁しているが、当時、宝塚の内部でも恵子と須藤の関係は噂にはなっていたようである。

その須藤がある日、小林一三と宝塚行きの電車で一緒になり、一つ手前の清荒神《きよしこうじん》駅で下車し劇場への道を歩いていた。ふとしたことから恵子の話になり、須藤は恵子が細腕で家族の面倒を見ていること、その厳しい家庭環境の様子を話した。すると、小林は「須藤君、よくきかせてくれた。だれもそんな話をしてくれるものがないので今日まで知らないでいた。さっそく園井の給与を改めるようにする」と約束した。

昭和一〇年八月、恵子は突然、小林に呼ばれると封書を渡される。表書きには「宅に帰ってからあけなさい」と書いてあり、不思議に思いつつもそのまま部屋を出た。

家に帰ってから封書を開けると、その中には百円札一枚と手紙が入っていた。

「昭和十年八月三日

恵子殿

あなたは家庭で非常に苦労をしてきたという話を初めて聞いて私は可愛そうだと思いました。もっと早く私が聞きましたらば、どんなにでも補助してあげたのに……と思いました。また、あなたは親孝行だという話を聞いて嬉しいと思いました。ご褒美として私の小遣いを少しですが百円あげます。お礼状もなんにもいりません。尚これからも困った時は丸山先生にお話しなさい。私がどうでもしてあげます。さようなら。」

恵子の故郷、岩手にはその時の手紙のコピーがある（『園井恵子・資料集』にも収録）。そして、父・清吉から小林に送られた礼状も保管されている。そこには「本人は勿論、私たち家内一同全て、ただ感涙に咽《むせ》びつつ」と感謝の念が述べられている。

家に帰って封書を開けて、手紙を読んだ時の恵子の驚き、そしてあわてて両親を呼び、と情景が目に浮かぶようである。

礼状の日付は八月六日、それは偶然にも恵子の二二歳の誕生日だった。舞台での成長だけでなく人間の温かさをも感じながら、二一歳の日々は静かに過ぎようとしていた。

第七章　少女歌劇のスターとして

昭和一〇年（一九三五）一二月の中劇場公演（この月、大劇場は休場）で、恵子たち星組は新しいレビューに取り組んでいた。中西武夫・岡田恵吉作『バービィ』である。

『バービィ』はパリの伯爵令嬢のバービィがそのおてんばぶりから、ロンドンの女学校に出される経緯から話が始まる。バービィの友人で踊り子のスゼットも、同じ時にロンドンのダンススクールへの留学が決まる。バービィとスゼットは、船中で偶然居合わせたセシルとゼームスにそれぞれ交際を申し込まれる。しかしセシルとゼームスは、開放的なバービィを踊り子で、大人しいスゼットを伯爵令嬢と勘違いする。その場の流れに合わせてしまったバービィとスゼットは、ロンドンで女学校とダンススクールの行き先を交換する。この奇妙な交換生活のために、帰国後にいたるまで騒動が巻き起こるが、最後は無事にバービィとセシル、スゼットとゼームスのそれぞれが結ばれる。

恵子はセシル役で、相手のバービィに扮するのは声楽専科の二條宮子《にじょうみやこ》だった。二條は恵子の二年後輩だったが、歌唱力が認められて前年から娘役で主演を重ねていた。

歌劇団の二條への期待を表すエピソードがある。昭和九年九月、月組公演の『ジャブジャブコント』で、四人の洗濯女が世間話をしながら合唱、独唱を繰り返す場面があった。つなぎの場面ではあるが、歌が華やかで、声楽をメインにする生徒にとっては見せ場だった。この四人に選ばれたのが、エッチン・タッチンのコンビで人気を博していた橘薫、三浦時子、すでにキャリア一〇年で歌唱に定評があった伊吹かく子と、もう一人が二條宮子だった。当時、本科を卒業して二年目の二條だったが、歌唱については早くから、その三人に並べるだけの評価か、少なくても期待があったことがわかる。

『バービィ』は大好評で、続く昭和一一年一月も中劇場、二月は東京、三月は横浜と長期公演となった。さらに人気に後押しされて昭和一一年一一月には続編の『バービィの結婚』も公演された。

この人気は個々の好演もあったが、恵子と二條の相性の良さを挙げる劇評も多かった。雑誌『歌劇』にはそれらの声が寄せられている。

「園井恵子という相手を得た時に二條宮子の個性は最も輝かしく発揮される。園井恵子もまた、二條宮子とコンビした場合において最も明るく近代的であり、一番若々しさを発揮する」

「佐保美代子や春日野八千代の相手役に回った場合の二條宮子、これは単にありきたりの平凡な娘役に過ぎない」

「中西・二條、二條・園井の名コンビは最も優れたものの一つである」

「二人の舞台を見ているとは芝居を見ているとは思えないくらい、そしてあれ程お互いに息のあったコンビも珍しい」

この後、『バービィの結婚』は星組だけでなく雪組でも公演されたが（東京宝塚劇場・昭和一二年六

昭和10年12月星組『バービィ』セシル役。ゼームス役の春日野八千代（左）と（小木曽美雪氏提供）

『バービィの結婚』バービィ役の二條宮子（左）とセシル役の園井恵子（右）（『宝塚グラフ』昭和11年11月号より）

月)、その際は恵子が雪組に帯同して出演した。声楽専科の二條はバービィを演じたが、その他は雪組に演じ換えられただけに、バービィとセシルには、特別にこのコンビのイメージが根付いていたことがわかる。

昭和八年に星組が誕生したことで恵子の活躍する舞台は大きく増えた。それまでは名もない端役がほとんどだった。

宝塚では男役、娘役、二枚目、三枚目という呼び方があったが、それは舞台で中心になっている者たちのことで、端役ばかりの恵子からするとどこか他人事のようだった。それが重要な役を実際に経験し、その感情を深く追求するようになると、徐々に自分の演じる役柄についても洞察が及ぶようになってきた。

『なぐられ医者』『アルルの女』などを経た昭和九年の後半には、自分の役どころへの懐疑や葛藤も見られるようになる。それは今まで役をこなすだけで精一杯だったのが、演じる自分を考える視点が生まれたといえるだろう。演技に自我が芽生え、いわば役者における思春期を迎えたのである。雑誌に寄稿された恵子の文章からそれをたどってみよう(『東宝』昭和九年一一月号)。

心境を言う

秋が好き、人に知れずに咲く秋の、白い小さな花が好きと言ったら、お友達があゝ、あなたらしいわと言われましたけれど、今の自分が結局はそんなのではないでしょうか。

この間帝劇で見た「若草物語」それを宝塚で演るとしたら私の役はお母さんに決まっています。お母さんでなくてもせいぜいが姉さん位かも知れません。だけど私としたら演りたいなアと思うのは実はジョーなのです。

歌が好きで初舞台の頃は浦野まつほさんのジョセフイン――『パリゼット』でした――のあんな役をとても羨んで見ていたものですけれど、今はその頃の願いも、そして自分の気持ちもおさえて老けや三枚目ばかりを精進しています。折角楽しんでカラスロヴァ先生の所に習いに行ってる歌だって音域がソプラノでは私の役どころには合いません。せりふも歌も高い自声を殺して低くしているのですけれど、時には自分の気持ちのゆくままに思い切ったお芝居もしてみたい。

だけど結局は私は小さな白い花。自分の役を演活《ママ》かす事に専念する外、野心も不平も持たずうすら寒い秋風の中に静かにゆれている気持ちです。はじめて来た東京の秋に、どこか静かな道を静かな心で、誰かと舞台のことを一心に語って歩けたらきっといい思い出が創れるだろう。私は夢の様な事を考えながら白い石路を毎日老け役ばかりをするために黙々と楽屋入りをするのです。

もともと恵子は「男役には少し丈が足りないし、女役には大きすぎるし、結局三枚目か、ふけ役そんなものが私に向いているのではないでしょうか」(『歌劇』昭和八年一二月号)と書き、少し後の時期になるが「甘く渋い役が私の性分に合っているようですね」(『歌劇』昭和一三年三月号)とも記していて、自分の適性が二枚目や娘役にないことは自覚的だった。それがこのような迷いを持ったのは、舞台中央で華やかなライトを浴びる主人公やヒロインへの憧れと、配役されれば自分にも演じられるという自負が二二歳という若さに押されて前面に出てきたからかもしれない。

現実には、脇を固める配役や主演でも年長者の役柄が多かった恵子であるが、宝塚最後の公演『ピノチオ』では主人公・ピノチオ（ピノキオ）という少年役を演じて大ヒットとなり、三枚目や老け役一辺倒の演技ではないことを証明した。

昭和一一年になると、浮き足だった気持ちが落ち着き、与えられた役に対して神経を費やす姿、演技に対しての強い欲求、自分を律しようとする様子などが見てとれる。この時期には雑誌への寄稿だけでなく、量は少ないながらも日記が現存する。

当時宝塚少女歌劇団から発行されていた「歌劇日記」という日記帳に書かれたもので、昭和一一年一月から五月の間を途切れながらも思いを連ねている。その中には少女歌劇での出来事、友人との交流の他、演劇への思いも書かれており、その情熱をたどることができる。この日記は岩手町の園井恵子資料室に所蔵されている。

あんなに楽しんでいた東京公演も、舞台にかかって見ると、ただ自分の力弱さに、喚き出したくなる想いだ。
何物かを握もうとたえず勉強しているつもりなのに、何かしら目に見えぬ力がぐいぐいとそれを押し倒して行って終う様な気がする。

何がなしに頭の中に崖ありて
日毎に土のくずるるごとし

啄木のこの歌がしきりにうかぶ。

非凡なる人のごとくにふるまえる
後の淋しさ何にたぐえん

自分が舞台生活で得た役とか表現を親しい人達と話合っている時にさえ、ふとそんな歌が頭を中を横切る。父様の送って下すった「生命の実相」を読んでいると少し位明るく気分を転換させられる。

（昭和一一年二月頃）

日記に書かれている石川啄木は恵子と同郷（岩手県出身）で、小樽に住んでいたこともあった。

郷土の先人の詩に自らの無力感を重ねていて、そこからは苦しみに身をさらしても、何かを摑《つか》みたい思いが伝わってくる。

同じ時期の雑誌にも恵子の演技への強い欲求がうかがえる。

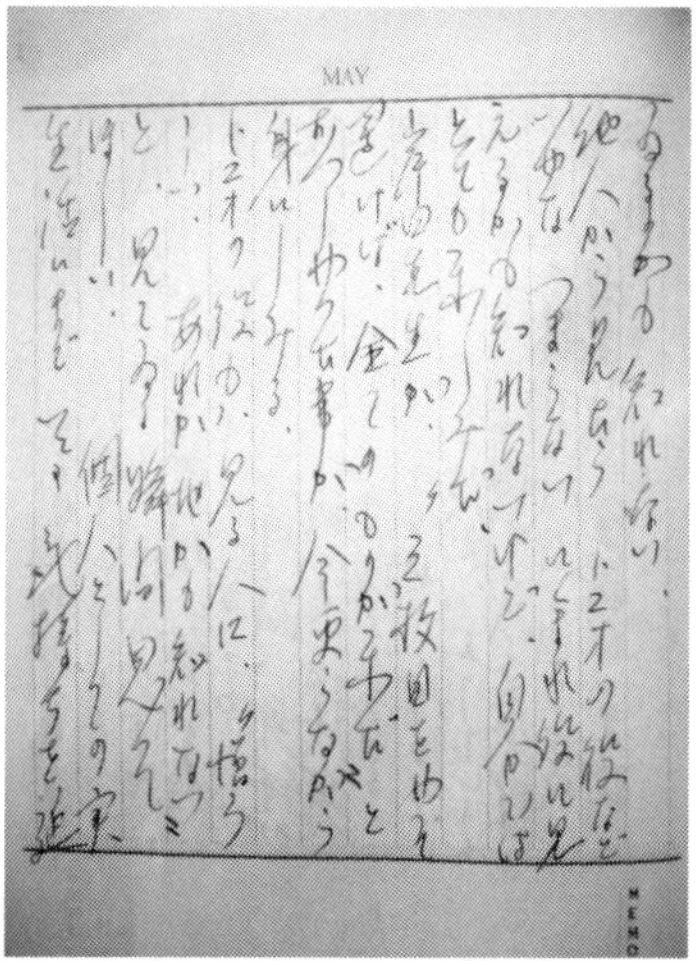

現存する昭和11年の自筆日記（岩手町所蔵）

春近き日に

ふりかえって見るとき、時はいつも私の無力を嗤《あざわら》いながら過ぎて行く。新しい公演を迎える度に、「今度こそは！」と意気込むのだけれど、そして瞬間々々には出来るだけの努力を惜しんではいないつもりなのに、すんでしまった後に残るものは、自分の力のない口惜しさと恥しさのみは悲しい。

この一年来、急に弱ってしまった自分の身体、公演を休まないために、お稽古中我儘を許していただいては休養しなくてはならない自分を、いつも不甲斐なく腹立たしく思う。

春を迎えて、第一に丈夫にならなくてはならない事を痛感する。

私は老け役が楽で、三枚目が一番むずかしい。でも、暗い性質の私が少しでも明るくなれたのは、舞台の三枚目のお陰だと思うと、今更ながら、泣き泣きお稽古した事を有難いと思う。

何の才能もない私が、今こうして舞台に立てるのは、諸先生の御親切な御指導の賜に外ならない。殊に岸田先生には、一番叱られ一番教え励ましていただいた。

どんな役をしていても、ここにもかしこにも先生のお言葉を思い出してしまう。

「人気を取ろうとして舞台に出てはいけない。客席を恐れてはいけない。客席を無視してもいけない、常に親しい友人に対するつもりで舞台に立つように。

舞台人は勇気と智恵とを兼ね備えていなくてはいけない。

あたえられた役の性根をよくのみこんで、すっかり解剖して、それから肉をつけ、皮をつけ、着物を着せて、その上にベールを掛けたのが舞台の人物なのだ。

いつも合財袋を持っていて、いろんな人物をよく観察して袋の中につめこんでおいて、必要な時出して使えるようにしておくこと。

明るい役は、見ていると楽しそうだが、やってみると難しいものだ。が、明るいものをやっておけば暗いものは楽なのだ。

『これは私の役柄だ、それは私には出来ない』と言うのは、舞台に立つ資格のない者の言うことだ。

自分の得意の役をしっかり摑んで、その上に何でも出来るようにならなくてはいけない」

数々の御言葉を幾度も幾度も繰り返してみる。こんな小さな存在でも絶えず見つめて下さるお友達に対して、何と感謝していいかわからない。個人としてのお友達に恵まれている私は求めてすぐ得られるものでないだけに、しみじみとした幸福を味わう。

弱くなろうとする私の心を励まし、力づけて下さるあの人、この人……けれど個人としての交際が度重なれば、舞台人に対する批評が出来なくなるそうだ。

才能のない私が、今こころから求めているもの、それは冷たい正しい批評眼の持主、私の舞台の鞭撻者だ。

努力！　そしてまた努力！

出来ないまでも、自分の出来るだけのことをしようと努めてきた。いいえこれからもいつまでもこの気持ちを持ち続けて行きたいと思う。

春近き一日「まず努力だ！」と新しく強く自分の胸に言い聞かせよう。

（『東宝』昭和一一年三月号）

『歌劇』『宝塚グラフ』『東宝』など当時の宝塚関係の雑誌には、他にも生徒たちの寄稿が数多く掲載されているが、その中でも恵子の演技への執着は異色だった。

今も昔も宝塚歌劇団は結婚すると退団しなくてはいけない。時代背景的に当時は特に結婚してはやく舞台をやめたいと考える生徒が多かっただろう。その中で恵子の見ている先は明らかに違っていた。

幼い頃、丘の上から東北本線や流れる雲の行き先に思いを馳せて、いずれ自分が進む先を見つめていたように、恵子はこれからの道について、ぼんやりとであるが感じ始めていた。かつて川を泳ぐ小魚や、あぜ道に出た新芽を見て生命の不思議さを感じ、時間を忘れていつまでも見つめていたように、演技という深淵に惹きつけられていた。

古代の舞台装置も何もなかった時代から、多くの人を虜にしてきた「劇」「演技」という世界、恵子もまたその道に足を踏み入れようとしていた。

昭和一一年五月六日の日記に恵子は書いている。

明日への前進のため、今日をよりよく、より強く、より正しくすごそう。後悔を残さない様にスチームの様な人間になりたい。

ころんだら立直ればいいのだ。

疲れたら疲れが癒されるまでそこに羽を下ろせばいいのだ。そして元気を取り戻したら又歩き出そう。限りなき前進。

恵子は蒸気（スチーム）のように熱されて何もかもが消えてしまうくらい、自分の全てを出し切る日々を望んでいたのかもしれない。それは生きているという感覚を何よりも強く身体に染みいらせると同時に、自分から苦しみを探すような道でもあった。

そのもがくような思いとは別に、恵子の演技については宝塚でもすでに確たる評価になっていた。「星組の二枚目半として宝塚随一」「いちばん優れたバイプレーヤー」「すっかり達人芸の域に」など、時期は少し後になるが当時の雑誌には高い評価が並んでいる。

昭和一一年一二月号の『歌劇』では恵子が表紙を飾った。昭和七年一一月号より生徒の肖像画が表紙となったが、同期では大空ひろみ、藤花ひさみ、桜緋紗子、神代錦、月影笙子、安宅関子に次いで七人目だった。

昭和一二年一二月号の『宝塚グラフ』には「宝塚いろは歌留多」という企画があり、そこでは「【わ】ワキ役に　園井恵子の　名演技」と謳われた。

名実ともに園井恵子は宝塚少女歌劇の「顔」の一人となっていた。

星組が誕生してから『アルルの女』『バービィ』とヒット作も出て、恵子自身も演技力を高く評価された。小林一三による給与面の配慮もあったのか、徐々に生活の困窮も落ち着いてきた。女学校に入る前から常につきまとってきた経済的な影が、ここにきてようやく消えようとしていた。

この時期、恵子は引っ越しをしている。家族が宝塚に身を寄せた当初から住んでいた宝塚寿老町

園井恵子が表紙の『歌劇』（昭和11年12月号）

から川面鍋野裏へと移っている。川面鍋野裏は、現在のJR宝塚駅の北、川面三丁目の児玉診療所と川面ちどり保育園前の坂あたりである。

川面鍋野裏から北に数分歩いた場所に、かつて「漫画の神様」手塚治虫が住んでいた。昭和三年生まれの手塚は当時、まだ小学生くらいだった。「私の宝塚」というエッセイには次のような文章がある（『ぜんぶ手塚治虫』朝日文庫に収録）。

> ぼくの本籍は宝塚市鍋野二九。かつては川辺郡小浜村鍋野といった。家の隣は天津乙女と雲野かよ子の姉妹が住み、母達はエーコさん、ハナコさんと呼んで行き来し、幼いぼく達は彼女らに抱かれて育った。向かい隣のはずれの家には園井恵子が居たが、彼女は広島の原爆の直撃で死んだ。ちょっと歩くと越路吹雪の家の前だった。

幼い手塚治虫少年も園井恵子とすれ違い、その姿を見ていたに違いない。

寿老町から鍋野裏への転居は経済的に余裕が出てきたからであろう。粗末な住まいから出て、ようやく平穏な暮らしを手に入れようとしていた。しかし、そんな希望を消し去る惨事が恵子を襲う。

昭和一二年（一九三七）一一月一七日。恵子は先月の公演から体調を崩し、この月の東京公演に一度は帯同したものの回復が十分でないために、前日に宝塚の家に戻っていた。その療養中の恵子を闇に突き落とすような知らせが届く。

父・清吉の訃報だった。前日から家に帰らず家族も行方を捜していたが、一六日夜に阪急電車に投身自殺し、身元不明のまま役場に引き渡されていた遺体が父だとわかった。

当時の一八日付の新聞（切り抜きを池田文庫が所蔵）でも「宝塚の男装スター園井恵子の実父　阪急に飛び込み自殺」「飛込自殺者は園井恵子の父」などと報道されている。そこには自殺の原因として「三年前より心臓病を患っており全快の見込みつかず前途を悲観してのもの」あるいは「持病の心臓病が最近悪化した上神経衰弱に悩まされていたもので発作的の厭世自殺らしく」と書かれている。

恵子の人生観には父の影響が色濃く反映されていた。

頭痛を起こした時、父が頭をさすると不思議と早く痛みが引いた。幼い恵子が「父さんに揉んでもらうと、どうして早く治るのでしょう」と聞くと、「それは心で揉んでいるからだ」と答えた。また、役に恵まれない時代に「極楽は地獄の底を突き破ったところにある」と説いたのも父だった。

これまでも多くの苦難を乗り越えてきた恵子だったが、さすがに衝撃が強く、弔問に訪れた二條宮子に「しばらく私のそばにいて」と頼んだという。二條は何日か恵子の家に滞在した。

父の死の悲しみも癒えない昭和一三年四月一日、国家総動員法が公布される。昭和一一年の二・二六事件、昭和一二年から始まった日中戦争と、軍部の権力拡大と欧米社会との摩擦を強めていく日本は、これから始まる泥沼の戦争へと足を踏み出していた。

この頃の宝塚少女歌劇団は大きく二つの事業に乗り出していた。ひとつは海外公演、もうひとつは宝塚での映画制作事業である。

海外公演は小林一三の長年の悲願だった。歌劇団は大正年間から演出家、技術者などを多く海外に派遣していたが、それは欧米の舞台芸術の技術を取り入れるとともに、海外公演への情報収集や時には交渉を行うためでもあった。

昭和二年（一九二七）にはフランスやドイツで一年間の公演が決まりかけて、新聞にも報道されたが直前で頓挫した。昭和三年まではブロードウェイ公演の交渉も行われていたがこれも実現しなかった。その後も多くのスタッフが海外に渡り、小林自身も昭和一〇年から一一年にかけて半年ほど欧米視察を行うなど機会を窺っていた。

また、小林は自ら『恋に破れたるサムライ』という歌舞伎レビューを創作し、昭和一一年一二月二七日に在留外国人を招待して東京で公演を行うなど、どのような作品が海外公演に適しているか考えを深めていた。

その思いが実現したのが昭和一三年だった。前年に日独伊防共協定が締結されるなど関係が深まるドイツ、イタリアとの親善を目的に、芸術使節としての派遣が外務省、軍部の協議のもと認められた。

天津乙女を組長、奈良美也子を副組長に、雲野かよ子、糸井しだれなど三〇名の生徒が昭和一三年一〇月から翌三月までドイツ、イタリア、ポーランド、途中寄港の上海やシンガポールなどで公演を行った。

その興奮が冷めやらぬ昭和一四年四月、サンフランシスコとニューヨークで行われる万国博覧会に合わせて、今度はアメリカで公演を行うことになった。こちらは小夜福子を組長に、三浦時子、草笛美子、佐保美代子、春日野八千代など生徒四〇名が西海岸を中心に、七月まで九都市を巡演した。

この時の様子は当時、歌劇団から出版された『渡欧記念アルバム』『渡米記念アルバム』で見ることができる。まだあどけなさが残る女性たちが着物、洋装で一同に海外の都市を歩く姿は華やかで、まだ日本に馴染みの薄かった海外の人たちにとって目を引くものだったに違いない。生徒たちにとっては常に視線を浴びる立場となり負担の大きい旅ではあったが、未知の文化に目を見張ることも多かっただろう。

アルバムには公演の様子だけでなく、都市を見学している写真も多く収録されている。ローマ、ナポリ、ヴェネチア、ミラノといったイタリアの古代から続く都市、その大寺院や劇場が並ぶ市内を生徒たちが歩いている。そこにはローマのコロッセオやダヴィンチの「最後の晩餐」があるサンタ・マリア・デッレ・グラツィエ教会なども見られる。

アメリカでもヨセミテ、レーニア山、シカゴのミシガン湖を観光している。ニューヨークの摩天楼を一望している写真もある。ハリウッドでは海外俳優に着物姿でサインをもらう姿も写っている。

華やかに映る生徒たちの裏で戦争の影も感じられる。イタリアでは女性ファシスト党員に歓迎を受け、ドイツのガウ劇場ザールプファルツ（現在のザールラント州立劇場）では観客一同のナチス式敬礼で賛美されている。この劇場は一九四二年に空襲で崩壊する。後に戦火に包まれるベルリンにも滞在した。

渡米一団が最初に到着したのはハワイ・オアフ島のホノルル港だった。日本軍が太平洋戦争の口火を切った真珠湾は目と鼻の先にある。

使節団は「振袖使節」と呼ばれ平和の象徴であった。派遣された生徒たちの目に映ったのはいずれも美しい都市や自然の景観だった。後にそれが戦火に包まれたと聞いて、かつての使節たちはどう思いを馳せたのだろうか。

この海外公演に恵子はどちらも参加していない。

公演では日本文化を感じさせて舞台映えする題目が多く選ばれた。セリフよりも動きで魅せる内容が多かったのは自然なことである。その内容ゆえに恵子が選ばれなかったのかもしれないし、あるいは父が亡くなったばかりで家庭の事情が考慮されたのかもしれない。

恵子の同期では、ヨーロッパに月影笙子、華澤栄子、千村克子、アメリカに社敬子が帯同した。池田文庫には渡欧した千村克子の日記が保管されている。イタリア公演時に首相のムッソリーニが観劇していた様子や、日本に残った友人や家族に土産を買って、金額や品目を書き記しているなど、当時の息吹を感じることができる。

小林一三にとって、海外公演と違い宝塚での映画制作事業は、長年興味を持ちつつも慎重な分野だった。昭和一二年の講演でも小林は次のように話している。

私達の計画は今日のところ、東京をはじめとして、六大都市の映画館の経営のみであるが、映画館を経営する以上は、勢い撮影事業とその配給を考えさせられ、同時に、全国大都会の映画チ

自転車に乗った珍しい写真。海外公演を前にした愛読者大会に華を添えた。左から宇知川朝子、佐保美代子、葦原邦子、園井恵子、明海陽子、春日野八千代、美空暁子、楠かほる。昭和13年9月第一回海外進出訪独伊試演「歌劇」愛読者大会『宝塚軍国譜』より（小針侑起氏提供）

ェーンを考えさせられ、それを研究すると、こわくて手が出せないのである。私の撮影に対する経験は、東亜キネマの整理と宝塚キネマ会社の失敗とで、その内部の様子を知っているから、早くからすでに十年前から苦い経験を受けておった。だからP・C・L（筆者注：株式会社ピー・シー・エル映画製作所）から頼まれても、設立の当初から、僅かばかりの利害関係で、現在P・C・L、J・O（筆者注：J．O．スタヂオ）等、その作品を仕入れて上映しているけれど、ただいまのところでは深入りしようという考えにはどうしてもなれないのである。

なぜ私はスタジオ即ち撮影方面に進出しないかというと、およそこのくらい不合理な商売はないという点を心得ているからである。

（「映画事業経営の話」『小林一三全集』第六巻）

その慎重な姿勢だった小林が、講演からわずか一年後の昭和一三年（一九三八）一〇月には、宝塚映画第一作『山と少女』の撮影を開始させている。

その転換には「トルコ」の愛称で人気のあった轟夕起子《とどろきゆきこ》が日活に引き抜かれたことが影響している。昭和一二年四月一一日、大阪毎日新聞は、宝塚のスターである天津乙女、雲野かよ子、大空ひろみ、轟夕起子が日活と契約を結んだと報道した。その後、天津、雲野、大空については根拠のないものとされたが、轟については報道が二転三転した末に、日活と契約を結ぶという結果になった。この件は一度は轟が「日活には行かない」との談話を出したり、最後には轟の実父が秘密裏に日活と契約を結んだりと紙面上でもその泥沼の様相を逐一書きたてた。最後は裁判に移行するともいわれたが、結局は轟側の希望のまま、日活への移籍と落ち着いた。

この出来事は、生徒の引き抜きという新たな不安を歌劇団に突きつけた。能力を磨いた生徒が少女歌劇という枠に飽き足らず、新たな活動の場を求めて退団することはこの後もよく見られた。映画進出はそのような人材流出を避ける対処の一環でもあった。小林自身も『歌劇』昭和一二年七月号で「轟夕起子の映画進出が私の理想の実行速度を早めたことは間違いありませんが」とその影響を認めている。

歌劇団は昭和一三年五月の『軍国女学生』、七月の『花ある氷河』でキノドラマ（連鎖劇）という手法を取り入れている。これは劇中に外部で撮影した映像を挿入したもので、そのうちの『軍国女学生』は映像部分にさらに撮影が加えられて、一本の映画として完成させている。
公式に宝塚映画第一作とされているのは『山と少女』だが、書籍によってはこれを第二作として扱っていて、それはこの『軍国女学生』を第一作と解釈していることによる。『軍国女学生』はいわば宝塚映画の試作的な位置付けであり、公式にその列の中に加えられてはいないが、宝塚大劇場近くの映画館で上映されていたのを見たという証言もあり（「『軍国女学生』と出会った夏」『市史研究紀要たからづか』第二二号）、何らかの形で一般公開もされていたようである。

キノドラマ試行の後を受けて、昭和一三年八月、宝塚球場の跡地に映画製作所が作られた。宝塚球場はプロ野球の阪急軍が本拠地にしたこともあったが、西宮球場へそれが移るとその役目を終えることになった。

宝塚映画第一作『山と少女』は一〇月九日、清荒神でのロケを皮切りに、一八日には映画製作所でのセット撮影も開始、昭和一四年（一九三九）三月に公開されると、半年後の九月一八日には第二作『雪割草』の撮影が開始された。いずれも歌劇団の生徒のみ、女性だけ出演の映画だった。

『山と少女』は、女学生の加代、かづ江、登美が山をハイキングしている場面から始まる。ハイキング途中、雨が降り始めて三人は山頂近くの別荘らしき建物に避難する。そこには清美、チエという姉妹が暮らしていた。清美は病身だがかつては舞踊の天才と言われた才能の持主で、妹にその技術を伝えようとしていたが、病気でままならないことを残念に思っていた。加代の母・しづも舞踊の先生だったが、加代自身は舞踊には興味が薄く、いつも理由をつけて稽古を避けようとしていた。加代は一人娘でもあったので、もしチエが家に来て母から手ほどきを受けることになったら、母も

『山と少女』花柳しづ役。右は娘・加代役の鶴萬亀子

自分もどんなに嬉しいか、自分の家のことも打ち明けた。女学生の三人はこの姉妹とすっかり打ち解けて楽しい時間を過ごしたが、翌朝、心を引かれながらも下山する。

加代は家に帰ってから母しづに山での出来事を話す。しづは驚きつつもかつて清美が自分の弟子で、破門はしたが今は可哀そうに思っていると話す。しづはチエを連れてきても良いと言い、加代はそのように清美に手紙を出す。清美もしづのもとであれば、チエの才能も開花すると考えて勧めるが、チエは姉を残していけないと拒む。清美は自分が妹の枷《かせ》になっていると考えて山を下りてこっそり姿を消す。途方に暮れたチエだが、どこにも行く当てがなく加代を頼ろうと街に向かうが行き先がわからずに迷ってしまう。一方の加代も休日に別荘に行くが、そこには姉妹の姿はなかった。

紆余曲折の末、ようやく加代と再会したチエは、しづのもとで修行に励む。姉の才覚に似てチエはまたたく間に腕を上達させた。

チエの初めての舞台は大盛況に終わった。その万雷の拍手の中、静かに見守る清美の姿があった。

『雪割草』は架空の森川模範女学院という学校と、その寄宿舎・梅花荘を中心に話が展開する。ある日、その女学院に大農場と鉱山の経営者を父に持つゆり子が転校してくる。ゆり子は温和で才女だったが、それまで学院で中心的存在だった麗子からすると気に入らない。ゆり子は麗子やそのグループの執拗な嫌がらせに耐えつつも、新しい友人たちと健気に学校生活を送っていた。

転校から一年後、ゆり子は院長から呼ばれて、父の死と破産の知らせを受ける。学費の支払いができなくなったゆり子は、次の日から女中として寄宿舎で働くことになる。立場が変わると、麗子たちだけでなく、いままで好意的だった人たちまで手のひらを返すように冷たく当たった。その時、ゆり子は雪割草——積った雪を割って芽を出す小さくても強い花——を思い出して辛抱した。しかし、麗子たちはそれでも飽き足らず、とうとうゆり子を追い出す。

飢えと寒さに街をさまよった後、ゆり子は湯浅夫人という人物のもとにたどりつく。それはかつて亡き父から恩を受けて、新たに見つかった遺産をゆり子に渡すべく探していた人物だった。その後、ゆり子は湯浅家に引き取られて幸せに暮らすのだった。

海外公演には参加しなかった恵子だったが、その留守を守るように宝塚映画には第一作、第二作と出演している。『山と少女』では加代の母しづ、『雪割草』では湯浅夫人を演じた。

世間の宝塚映画への反応は大きなものではなかった。歌劇団に最も近いファンの声である『歌劇』誌の「高声低声」のページですら投稿が少なく、論評や議論が熱を帯びる様子もなかった。

この二作の宝塚映画は恵子の故郷岩手でも上映された。映画評論家の盛内《もりうち》政志は「映画としては取り立てていうほどのものではなかったが、郷土出身の園井恵子がスクリーンで見られるという興味があった。いずれも第一映画劇場で上映されたが、『山と少女』はパラマウントの『北海の子』

（ヘンリー・ハサウェイ監督、ジョージ・ラフト主演）と、『雪割草』はコロムビアの『オペラ・ハット』（フランク・キャプラ監督、ゲーリー・クーパー主演）と併映され、番組としては悪くないものだった」と語っている（盛内政志『盛岡映画今昔』）。

宝塚映画はその後、外部から男性キャストも取り入れて『女学生と兵隊』『瞼《まぶた》の戦場』『南十字星』と続いたが、戦時体制のため昭和一六年一一月に撮影所は閉鎖された。恵子は『南十字星』にも月丘夢路、藤原義江らと出演している。宝塚映画は最初こそ華々しく雑誌上で取り上げられたが、反響の小ささも影響したか作品が進むにつれてそれも少なくなっていった。『南十字星』の時には『歌劇』誌も軍部の命令で廃刊となっており、その全容を知るのも難しくなっている。

フィルムも一部を除いて現存しない。『山と少女』は恵子の登場場面も残っていて、その演技をわずかながら今も見ることができる（生誕九〇周年事業「園井恵子さんを偲ぶ会」でも上映された）。しかし、戦前の宝塚映画の多くは時代の積層に埋もれて今もそのままである。

昭和一三年一一月、園井恵子は飛躍のきっかけとなった星組から雪組に異動となる。

雪組では初音麗子が組長として待っていた。初音は恵子がデビューして間もない頃、巽壽美子とともに舞台を見つめて勉強した先輩だった。

すでに宝塚でも高い評価を得ていた恵子だったが、雪組の初音のもとに来たことで、舞台に上がったばかりの初心を思い起こさせた。例えば、この時期まで恵子は舞台で相手役の目を見ずに額を見る癖があった。それは相手からすると目線を定めにくく演技をしづらいということがあったが、初音から指摘されてさっそく直している（『歌劇』昭和一四年二月号）。

一方で、舞台に上がったばかりの時のように、何もかもじっと見ているだけの恵子ではなかった。先輩の初音だったが、恵子は時に意見を強く言った。それは初音の人柄によるところが大きかった。恵子からすると、意見を素直にぶつけるのは共感し信頼していることの表れであり、理解していた初音はしっかりとそれに応えた。

星組から雪組へ環境が変わったことにより、恵子はまた新たな栄養を得ることになった。それは若木のように急激に成長するものではなく、老木が地面から養分を吸い取るように静かで目立たないものだった。しかし、その演技は確実に熟していった。

『軍国女学生』声楽の女教員役（『歌劇』昭和13年5月号より）

『聯隊の娘』伯爵夫人役（『歌劇』昭和14年1月号より）

昭和一四年から一五年にかけては、恵子の人間関係において多くの変化があった。昭和一四年五月、一年先輩で当時、宝塚を代表する男役スターだった葦原邦子と、同期の中でいつも先頭を走って出世していた大空ひろみが退団した。葦原は趣味だった絵画の勉強をするためで、退団前からすでに個展を開くなど活動していた。大空は結婚が理由だった。

昭和一五年四月には予科時代から関わりが深かった桜緋紗子が退団した。本格的な女優の勉強をしたいと劇団「新生新派」に入るためだった。これは現在も劇団「新派」として存続しているが、当時は「本流新派」、「井上演劇道場」、「芸術座」、「新生新派」など新派劇でも劇団が分かれて、それぞれ別に活動していた。現在のひとつの形になるのは戦後のことである。

退団した桜だったが、その後も恵子は新生新派の公演を見に行くなど交流を続けている。

第八章　さらば宝塚

昭和一四年（一九三九）九月一日、ドイツ軍がポーランドに侵攻したことで第二次世界大戦が始まった。日本は中国戦線の収拾ができず、国際社会での協調の機会も失い、なし崩しに破滅につながる消耗戦への道を歩んでいた。

国家予算の多くが軍事費で消費されて日本の財政は逼迫した。かつてない数の兵隊を中国に送る必要があり、徴兵により農村は多くの働き手を失った。物資や食料が日本中で不足して、政府は国力を戦争に注ぎ込む体制作りが必要になった。

戦争に反対する思想は「治安維持法」で取り締まりの対象となり、新聞やラジオといったメディアは戦争への賛美一色となった。

町内には「隣組」といい、五世帯から一〇世帯ほどの組を作ることが義務づけられた。国や自治体からの通達はそこから回覧され、後に配給の切符もそこから受け取ることになった。それはどの家も集団から離れて生きていけないことを意味した。隣組では国の体制通りに生きることを求められた。戦争に反対して集団から離れることは精神的にも物理的にも死ぬことであり、そのような世帯には「非国民」という非難が容赦なく浴びせられた。戦争に協力する共同体の枠組みが地域単位で作られていたのである。

その影響は恵子や宝塚少女歌劇団にも及んだ。昭和一五年（一九四〇）七月には「大日本国防婦人会宝塚少女歌劇団分会」が発足し、天津乙女が分会長となり全生徒が入会した。公演を続けるには、軍に協力的な姿勢を率先して見せる必要があった。もはや宝塚も戦争から距離を置くことはできなくなっていた。この頃から生徒たちは軍病院、工場などで慰問公演を多く行うようになる。

九月には軍部の命令により雑誌『歌劇』『宝塚グラフ』が廃刊となった。娯楽のための雑誌など許される余裕はなかった。昭和九年頃から『太平洋行進曲』『明け行く太平洋』『広瀬中佐』など軍国物を「海軍省軍事普及部提供」と銘打って公演し、生徒を国防婦人会にまで入会させて、軍部の懐柔をはかっていた宝塚少女歌劇団だったが、その策も及ばないほど時代は傾きかけていた。公演題目も目に見えてカタカナ表記が減っていった。

当時の珍しい写真が残っている。昭和一五年に部下とともに宝塚を訪問した東條英機中将の記念写真で、にこやかな東條の横に座っているのは恵子である。

東條の父・英教が岩手県出身ということもあり、東條夫妻は園井恵子をひいきにしていた。東條は文化にある程度の理解はあったようで、芸能人の芸名は全部本名に改めさすという新聞記事が出た時、「つまらぬことで国民に抑えつけられるような感じを抱かせるのは良くない。ラジオも新聞も軍国調一点張りでなく、健全娯楽は大いに奨励すべきでないか」と述べて、さっそく撤回を指示したとの逸話もある。

東條英機訪問時の記念写真。東條の左が園井恵子（昭和15年撮影）

戦争も末期となった昭和二〇年（一九四五）、恵子は「総理大臣を辞められた東條大将が、中将で陸軍大臣のころ、勝子夫人とご一緒に宝塚に来られたことがありました。宝塚歌劇団にとても理解があり、私にもたいへん親切にしてくださった方なので、お気の毒なような気がしますわ」と語っている。

東條は昭和一六年（一九四一）一〇月に内閣を発足し、同一二月、首相として太平洋戦争開戦を迎える。

昭和一五年一〇月、恵子は家族を盛岡に移すことを決断する。その理由についてははっきりしたことはわからない。戦時色は強くなっていたが、まだ本土は空襲の気配もなく疎開的な意味とは考えにくい。父親が亡くなり、自身も東京や地方公演で宝塚を空けることが多かったことを考えると、縁者も多く土地柄もよくわかっている盛岡の方が家族にとって過ごしやすいと判断したのかもしれない。

家族と離れた恵子は、人との関わりの満ち足りなさを、自然と友人や支援者との関係で埋めるようになっていった。家族帰郷後の昭和一五年一〇月から、ファンである芝本（旧姓・村上）キクノと宝塚市栄町で同居生活を始めた。これは一七年六月まで続くことになる。また、小樽高等女学校の先輩で支援者でもあった中井志づの家（神戸市灘区）にも、この頃から多く出入りするようになる。恵子は志づを「六甲のお母さん」と呼び、手紙にも「母さん」と書くほど精神的な支えにしていた。

東京公演も恵子にとって孤独を癒す時間だった。東京には小学校高等科時代の友人・渡辺春子がいた。春子は盛岡高等女学校を経て、タイプライターの学校に入るべく上京して、その後も東京で会社勤めをしていた。恵子の東京公演時にはかかさず見に来て旧交を温めていた。

また、昭和一一年（一九三六）のベルリンオリンピックで、サッカー日本代表のヘッドコーチを務めた工藤孝一も公演の度に足を運んでいた。工藤は恵子と同じく岩手県川口村が故郷で四歳年上だった。気軽にお茶をしながら郷里から上京した知人を恵子に紹介するなどしていた。

幼い頃から盛岡に行く度に顔を出し、「油町のおばさん」と慕っていた平野スエの娘・ヤスや、川口在住時に大家だった圓子家の善一郎・紀子親子も東京公演の時はよく上京して恵子と会っていた。

取り巻く環境が変わっても、恵子の演技は依然として高い質を讃えられていた。宝塚少女歌劇の創立時から携わり、初期の代表的な脚本・演出家だった久松一声《いっせい》は『歌劇』昭和一五年二月号に次のように書いている。

上右：『愛国大学生』シモン役（昭和14年7月大劇場雪組公演）
上左：『草刈王子』シュピールマン役（昭和15年3月帝国劇場雪組公演）
下：『サイパン・パラオ』佐々木役あるいはカストロ役（昭和15年8月大劇場雪組公演）いずれも小木曽美雪氏提供

技の品位という現れは、剣に限らず、書道にも画壇にも演劇舞踊作曲創作、どんな領域にもついて回って、しかもくっきりと浮き出す。

だから、作品にしても迫力、または重圧は息苦しいまで色濃く出てはいるが、品位に乏しいもの、軽妙洒脱、飄逸《ひょういつ》は漂ってはいるが、品位をつかむことのできない恨みあるものが多い。

この点、また剣の道といささか異なってはいない。

宝塚の舞台に粉黛《ふんたい》を装う若人幾百、芸達者、なんでも来いは数あるが、滋味で目立たぬほどの演出の中に、底力のこもった、しかも品位を失わぬ演技は、はなはだ少ない。

その少ない中の一人に数えられるのが園井恵子である。

私が初めて恵子を知ったのは、拙作中、小野お通侘住居へ迎えに来る芝居者幾人かのその一人だった。まだ登場早々のことではあり、稚拙鈍重、歯切れの悪い言語態度ではあったが、どこかに逼《せま》らぬ悠暢さの潜んでいるのが窺《うかが》われた。その潜んでいる天質を巧みに引っぱり出す指導者を得て、自身または軽佻な喝采を欣《よろこ》ばず、慎重に自分を振り向きながら、堅実な歩みを運べば、きっと燦然《さんぜん》たる一明星と仰がれる生徒だと思った。

万事に優《すこ》やかな、すべてを目立たぬように心がけた恵子は、ただこつこつとして錬磨し、黙々として光陰を重ね、忍苦練達の功をつみ、その芸風の上品な点において、まれに見る演技と見眼《けんがん》者《しゃ》からたたえられている。

その地味な色と匂いとが、自然、細い線を描き出すのは、已《や》むを得ぬことであろう。けれどもそれでいい。太い線の宮本武蔵よりは、深淵のごとく底を探らせない柳生宗矩のごとき品位を、

上右：『愛馬進軍歌』馭者役（昭和15年11月大劇場雪組公演）
上左：『大空の母』とく子役。右は芳夫役の帆影美里（昭和16年9月大劇場雪組公演）
下：『海を渡る歌』（昭和16年10月東京宝塚劇場雪組公演）いずれも小木曽美雪氏提供

どこまでも保存する方が、より尊い存在である。

（「今様昔ふり　続・宝塚生徒月旦《げったん》十一」）

恵子の演技を見た評は、概ね久松の書いた文章に集約される。役に応じてその性格を十分に表現することはもちろんだが、それに加えてどこか深みや気品を感じさせるものだったという。

昭和一〇年（一九三五）からのファンで、友人として恵子と親密な時間を多く過ごした黒田弘子は、『歌劇』昭和二八年四月号に「くろつばき」のペンネームで寄稿している。「その日の園井恵子」という題で、恵子の後半生を知るのに貴重な資料となっている。

その一節――

彼女の舞台に見せる本来の良さは何と云っても渋い脇役にあった。例えばコルベールの銀幕から漂うほのぼのとした情感、と云ったものが、彼女の舞台からは常に感じられ、歯切れのいいセリフとにじみ出る演技の深さは観客の心に喰い入って、特に年増の女役の場合、その気品高き名脇役ぶりは宝塚きってと定評があった。

――それら演技の奥行きは意識して作られたものではなく、普段の振る舞いがそのまま反映されたものだと、舞台を共にした者たちは一様に証言している。

あの若さでと思いますが、日頃の園井さんを知ってこそ、あの芸と感じます。常に小さい弟妹さん達の杖柱《つえはしら》ともなり細かな点にまで感情をくばっている実生活の感情が扮役《ふんやく》等に沁々《しみじみ》とにじみ出でる事です。色々な経験によってみがかれる偽りのない至芸、それこそ尊い芸術と思います。

（同期・社敬子『歌劇』昭和一〇年二月号）

園井恵子さんは常に前向きで「武士は食わねど高楊枝」と言った風情を持ち、対話の中にインテリジェンスを感じたものです。（中略）立居振舞がそのまま舞台に立てるほど、気品があり、言葉も発音もソフトで優雅でした。

（後輩・内海明子「園井恵子さんを偲んで」）

楽屋でのハカマさんは、いつも静かで、本を読み、演劇の話になると、とてもとても熱のあるお話をなさいました。私ども青春を楽しんでいる者とはちょっと違いました。

（後輩・昇《のぼる》道子『園井恵子・資料集』）

舞台を下りても相手を役名で呼んでいた逸話は『アルルの女』のところですでに紹介した。恵子にとって舞台は実生活と切って離すことのできない存在であり、それは「演技」という果てしない狂気ともいえる世界に、すでに足を踏み入れている症状でもあった。当時の宝塚でそこまで求道的な舞台観を備えている生徒はそう多くはなかっただろう。ゆえに恵子の演技はファンからも異質に見えて、いつも賞賛で迎えられたのである。

この時期の恵子の当たり役は菊田一夫作・東郷静男演出『赤十字旗は進む』の乗本婦長役である。この作品は中国の前線に救護班として派遣された乗本以下看護師達の物語である。前線では適当な建物がなく現地の邸宅に負傷兵を収容していた。看護に追われる中、日本に反感を持つ家の娘・

『赤十字旗は進む』乗本婦長役

鳳蓮《ほうれん》は負傷兵ともども追い出そうとする。しかし、鳳蓮は流れ弾により瀕死の重傷を負う。輸血が必要と診断されるが、それまでの仕打ちもあって誰も手を挙げない中、乗本がすすみ出る。鳳蓮は救われるが、輸血後も身体を押して看護を続けた乗本はコレラに感染して亡くなる。鳳蓮は泣いて乗本に謝り、看護師たちとも打ち解ける。その後、乗本の遺志を継いだ看護師達はさらに前線に進んでいく。

この『赤十字旗は進む』は大ヒットとなり、昭和一五年四月二六日―五月二四日（大劇場）、六月一、二日（岐阜）、六月五日―七月一日（東京宝塚劇場）、一二月六日―二五日（北野劇場）と繰り返し公演された。

昭和一五年六月、七月の『歌劇』誌にはこの『赤十字旗は進む』の評も寄せられたが、そこには恵子の乗本役に対して適役という言葉が並んでいる。凛として自己犠牲もいとわず、まだ幼さが抜けない看護師たちを諭し導いていく乗本の姿は、どこか恵子の普段の姿と通じるものがあった。「あの落ち着いた静かな深みのある婦長の役はあの人でなくてはと思わせた」という投稿が示すように、そのことを観客も感じ取っていたのだろう。

この舞台を羨望のまなざしで見ていた生徒がいる。内海明子（旧姓・佐々木、芸名・加古まち子）である。終生、友人として恵子の近くで過ごし、後にその臨終を看取った内海は広島出身で、女学校を出た後に宝塚音楽歌劇学校に入学し、この時はまだ本科を卒業したばかりだった。

この『赤十字旗は進む』の次に大劇場で行われた花組公演（五月二六日―六月二四日『支那の夜』『真夏の夜の夢』『世界の詩集』）が内海の初舞台だった。

公演名・撮影年月日不詳（小木曽美雪氏提供）

内海が学校に入った時、恵子はすでにスターだった。学校で恵子とすれ違う時、まだ一〇代後半だった内海の顔はほのかに赤みを帯びて、それを覚られたくないものだから、礼をするとそのまま逃げて行きたくなる衝動に駆られた。

恵子は内海にとって憧れだった。舞台での恵子は輝いて見えたが、それだけでなく、いつもニコニコし、会話や立ち振る舞いに知性がにじみ出る恵子はずいぶんと大人に見えた。内海にとって理想の先輩だった。

初公演の後、内海は恵子と同じ雪組に編成された。同じ教室で稽古するようになったが、内海から声をかけられるわけもなく淡々と毎日は流れた。そんなある日、稽古が終わって帰ろうとすると誰かに肩を叩かれた。振り向くと恵子がいつもの顔でニコニコと立っていた。内海はある時、大劇場で働いていたアナウンサーに「私、ハカマちゃん好きなの」と漏らしていて、それが巡りに巡って恵子にも伝わっていた。

それから内海は何をするにも恵子に付いていくようになった。恵子は内海を「あーちゃん」、内海は恵子を「ハカマちゃん」と呼んだ。あんまりいつも一緒にいるものだから、口の悪い友人は内海を「ハカマの腰巾着」などと揶揄した。でも、そんな言葉も内海には嬉しくてたまらなかった。

年を重ねるにつれて、恵子の人間関係の築き方に少し傾向が見えてくる。なかなか心を開かないが、一度心を許すと強く密接に付き合おうとする向きである。それは相手が自分の外面だけを見ているのか、それともお互いの本質を見た上で誠実に付き合えるのか、見定めていたようにも思える。その点については前出の黒田弘子の記述（「その日の園井恵子」）に詳しい。

私が園井恵子ならぬハカマに親しむ様になったのもフトした私の小さなまごころが彼女の琴線に直接ふれたある時からなのであったが、それは何と彼女に紹介されてから約一年も過ぎた後にして漸《よう》くである。突然として今迄の冷淡な態度が打って変わり、私の方に向かって初めて胸を開いてくれたのである。園井恵子とはそう云う人であった。

私のファン時代に彼女から受けた印象で一番強く心に残るのは、私がファンである故に彼女から心にもないお上手をされた事は只の一度もなかったと云う事である。ハカマは表面だけを取繕う様なごまかしの出来ない人であった。それ故、彼女の言動はその時の彼女の感情の赴《おもむ》くままにしか表現されなかったからである。それはファンにとって随分冷酷であったけれど、その代り彼女の良き言動は又、彼女の心から出たそのままの言葉であり、嘘偽りなき真実の態度と信じてよかったのである。

園井恵子と云う人は、結局一本気で、感情家で、激し易く誤解され易く、あるいは団体生活の中では敵も多かったかもしれない。然し彼女には何事にもまさる真実さがあった。

彼女の損得を考えない一本気な性格は、よくファンとも喧嘩したけれど、怒られても泣かされても、彼女の真実さを知るファンはこうしてどこまでもついて行ったのである。

さらに黒田は恵子のエピソードを「園井恵子さんを偲ぶ会」（平成一五年・岩手町）で語っている。道頓堀《どうとんぼり》の浪花座で、前進座の公演があった時、黒田は恵子を誘って観客席で待ち合わせることにした。しかし、恵子はいつまで経っても現れず、とうとう来ないまま幕が開いた。黒田としては芝居どころでなく恵子を待ちわびたが、とうとう現れることなく幕が下りた。崇《あが》めている恵子に見放されたようで、黒田は家に帰ってから傷心の涙に暮れた。恵子が現れたのは翌日の晩だった。「ご

連載写真小説『吹雪を迎へて』第一回のスチール写真（『宝塚グラフ』昭和15年8月号掲載）。左から秋風多江子、園みどり、園井恵子、尾上さくら

めん、ごめん、スカタンしまして」と家に入ってきた恵子は、浪花座と歌舞伎座を間違えたと説明した。お詫びと言い、その日恵子は黒田宅にそのまま泊まっていった。

この時のことを、黒田は涙がたちまち笑いになったと話している。しかし、わざと約束を破ったわけではないだろうが、その接し方にはどこか意地の悪さを感じる。黒田が自分を慕っていることは恵子には十分わかっていたはずである。例えば、もっと早く謝りに行くこともできただろうし、昼間に手が離せないにしても電報を打つことくらいはできただろう。相手の心を試すような冷たい感情がこのエピソードからは垣《かい》間《ま》見える。

このような人間関係の傾向は、それまで人生でさんざん辛酸をなめてきた末に染みついたものだろう。父親と家族は保証人になったばかりに、夜逃げ同然で故郷を去らねばならなかった。信頼が必ずしも誠実に報いられないことは身に染みてわかっていた。

一方で人間に対する望みも強く持っていた。恵子は経済的な事情で岩手、小樽、宝塚と転々としながら多くの人間を見てきた。そんな中、自分がどういう立場にあろうとも、優しく接してくれる人たちがいた。宝塚に向かう時は、盛岡で世話になっていた平野家から旅賃を借りた。伝手もなく時期外れに来た自分に宝塚は門戸を開いてくれた。父親から入学の許しを待っている間、声をかけてくれたのは小夜福子だった。学校に入ってからも孤独な恵子を支えてくれたのは舞台と仲間たちだった。

『吹雪を迎へて』第二回（『宝塚グラフ』昭和15年9月号掲載）。10月号を最後に同誌が廃刊となり、小説も未完のまま終わる（188・189頁写真は岩手町所蔵）

人間への懐疑と希望という矛盾した二つの感情を合わせて表出した形が、前述のように厳しいまでに相手を見つめて、時には冷たく扱って、その人の本質を見定めようとする姿だった。それは屈折した人間への希望だった。

後輩の二條宮子は「とにかく私たちは、お金や物の話、他人の噂話は一度もしたことはありませんでしたね。いつも芝居の話、音楽の話、心の話……あなたは見上げた人で、あの若さで修養書を読んだり、ご自身の心を高めることに必死でした。ご自身の悩みとの闘いであったのでしょうか」（『園井恵子・資料集』）と語っているが、恵子は自身を律して潔癖であろうと努めた反面、相手にもこの潔癖さを求める部分があった。

家族を盛岡に移してからは、ファンだった芝本キクノと昭和一七年六月まで同居生活をしたが、これが終了したのも芝本いわく「ちょっとした誤解」（前述書）からだった。芝本は誤解を解きたい気持ちもあったようだが、恵子はそれを許さずに死ぬまで接することはなかった。

そんな恵子だったから、内海に声をかける前にもその稽古ぶりや普段の様子をじっと見ていたに違いない。この子なら信頼できると思い、ようやく肩を叩いたのだろう。

その後「妹のように可愛がっていただいて」と内海は回顧する。内海の記憶に残っているのは昭和一六年（一九四一）一月の東京公演の時のことである。


東京公演が昭和一六年の一月にあり、私も初めて東京公演に行ったのですが、その時に（園井さんが）あなたは私の部屋に入れてあげるからと、本当は（一部屋に）二人ずつなんですけど、あなたの同級生を一人入れなさいと。私、その同級生と園井恵子さんと三人の部屋でございました。となりがその当時のトップスターだった春日野八千代さん、桜緋紗子さん、そういう部屋でした。

それで私は下級生なのにこんなところに入れてもらったんだなと。

園井さんは非常に肩が凝る人でしたから、肩をもんでと、いつも床に入られて寝られる時はいつも肩もみしてマッサージして、園井さんがすやすやとお休みになってから私は寝ておりました。

（「園井恵子さんを偲ぶ会」）


昭和一六年、恵子は宝塚映画第五作『南十字星』に出演するが、その封切りから間もない一一月三〇日、宝塚映画製作所は映画戦時体制によって閉鎖となる。再び宝塚映画製作所が日の目を見るのは、終戦からしばらく過ぎた昭和二六年（一九五一）一一月、東宝映画の一翼として再び発足するまで待たなくてはならなかった。


一二月八日、日本軍は真珠湾のアメリカ海軍太平洋艦隊と基地を攻撃して、アメリカとイギリスに宣戦布告をした。この真珠湾攻撃は大戦果をおさめ、日本国中が沸きに沸いた。近い未来の惨劇につながる序章がここに始まったのである。

そんな喧騒が冷めやらぬ中、恵子の昭和一七年はあわただしく幕を開けた。東京有楽座での古川緑波一座の公演に客演することになったのだ。古川ロッパは当時、榎本健一と並んで人気を博していた喜劇役者で、舞台、映画と出演を重ねていた。恵子が主役を務めヒットした『赤十字旗は進む』の作者・菊田一夫が、緑波一座の台本を書いていた縁で、前年一二月半ばに急遽出演が決まったものだった。

公演は四本立てだったが、恵子が出演したのは『わが家の幸福』のみで、これには東宝映画所属

『わが家の幸福』（昭和17年東京有楽座）
上：左から高杉妙子、園井恵子、古川ロッパ
下：左から園井恵子、高峰秀子

の高峰秀子も出演していた。舞台を中心に過ごしてきた恵子と違い、高峰は子役時代から映画畑を進んでいて、一七歳にして初めての舞台経験だった。

『わが家の幸福』のあらすじ

　戦争がいよいよ迫ってきた頃、岩淵修造一家のもとに今日もぶらりと兄・修平がやってくる。修平はシンガポールのゴム園で財を成して帰ってきたが、独身を貫いていて修造夫婦を心配させていた。修平は修造の娘・秀子と毎日のように近所を散歩していて、この日も秀子を誘いに来たのだ。秀子は毎日、同じ場所を通ろうとする修平に疑問を持っていた。修平が大事に持っているリボンから、近所に住む未亡人・澄枝が昔の恋人であることを聞き出す。

　秀子は修平と澄枝の仲を取り持とうとする。澄枝の娘・みさをも巻き込んだ紆余曲折の末、二人の心は再び通じ合う。しかし、そこに日本参戦の報が入る。

修平は南方に侵攻した日本軍に従軍することになる。修平、澄枝、みさをはただ一度、食卓を一緒にして幸せと悲しみを噛みしめる。気丈に感情を抑える澄枝を背に、修平は戦地に出発する。

ロッパにとって恵子の印象は、それほど強いものではなかったようだ。当時の日記が出版されているが（『古川ロッパ昭和日記　戦中篇』）、恵子については一月八日に「今日が第一回の大詔奉戴日《たいしょうほうたいび》なので、貯金局から出張して債券売り、僕の他高峰・園井・松島等も売る。（千二百枚売れた由。）」、一月二六日に「十二時前に赤坂もみぢへ。菊田夫妻・園井恵子・高峰秀子・久米夏子来る、『わが家の幸福』の会といふやうな意味で特出の二人を馳走したわけ」と書いてあるのみで、演技や恵子の印象については何も書かれていない。

ちなみに債券とは、当時政府から売りに出された大東亜戦争国庫債券のことだと推測される。政府は戦争費用をこのような国債で埋めようとして、積極的に購入するように国民に呼びかけていたが、終戦後、これらは価値を失い紙屑となる。

高峰秀子もエッセイなど多くの著書を残しているが、ロッパと同様、恵子について書かれた部分はほとんど見当たらない。

自伝的作品である『わたしの渡世日記（上）』には次のように書かれている。

「南から帰った人」は、戦争映画と言ってもガサガサしたものではなく、劇作家・菊田一夫が古川緑波一座のために書きおろした舞台劇で、南方から引き揚げて来た中年男と、昔の恋人だった未亡人とのラブロマンスという、しっとりした物語だった。

美しい未亡人には、宝塚歌劇団出身の園井恵子が起用され、緑波の娘の女学生には私が扮し、日比谷の有楽座で一ヵ月の公演をした。戦争を背景にしながらも、しっとりとした中年男女の愛情を描いた一見地味すぎるようなストーリーが、かえって戦時中の人々の不安な心を慰めたのか、公演は大好評に終わり、その直後に東宝が映画化した作品だった。映画では入江たか子が未亡人の役をつとめた。

『わが家の幸福』が映画化された題名が『南から帰った人』だったため、ここではそのように書かれている。こちらも個人的な思い出や記憶というほどのものではなく、高峰にとっても恵子の印象はそれほど強くなかったようである。『わが家の幸福』については、後に菊田一夫との対談時(『いっぴきの虫』潮出版社)でも話題に上がったが、そこでも恵子に触れられることはなかった。

昭和一七年(一九四二)春、恵子は盛岡に帰省する。一度は縁が切れかけた故郷・岩手だったが、盛岡に家族が移ったこともあり恵子も度々帰っていた。

この時期に盛岡市内で恵子を撮影した貴重な写真がある。「薄幸の元宝塚女優・園井恵子さん盛岡・上《かみ》の橋《はし》で素顔のスナップ」と平成八年(一九九六)四月一二日の岩手日報にも紹介されている。上の橋とは、盛岡市・岩手県庁の北東にある橋で、そこで写真館店主の孫娘二人と記念撮影した写真である。今もそのまま残る親柱の前で、幼い女の子二人を抱き寄せて、恵子は満面の笑顔である。女の子二人も照れながらも嬉しそうに微笑んでいる。この写真を見た従妹の袴田綾子は「ブロマイドなどはたくさん残っていますが、こうした素顔の写真は初めてです。最高に安らかな表情をしてますねぇ」と談話を残している。綾子の言うとおり、恵子の写真は多く残っているが、どれも女優としての姿を強く意識した様子でそこには緊張がある。

この笑顔は盛岡という土地が作り出したものだろう。家族や親しい人々、幼い頃に過ごした景色の中で、恵子は心からくつろいでいたに違いない。

平野ヤスが恵子に相談を持ちかけたのも、おそらくこの頃である。平野ヤスは、恵子が宝塚に単身向かった時に旅賃を貸してくれた「油町のおばさん」こと平野スエの一人娘である。

上の橋で撮影された写真（『岩手日報』平成8年4月12日掲載）

恵子より一三歳年下のヤスは、当時女学校の生徒だった。恵子が帰省した時に一緒に映画を見に行ったり、芝居の話を聞いたりするだけでなく、休みがあると東京に恵子の公演を見に行くこともあった。そのうち恵子は憧れになり、いつか自分も宝塚の舞台に上がりたいと夢見るようになった。ヤスは反対する母を何度も説得して、とうとう「あなたにまかせる」と言わせるまでになった。

ヤスはさっそく恵子のもとに相談に走った。きっと喜んでくれると思っていたのだが、その反応は全く予期しないものだった。

「あなたは一人娘だし、私のたどった苦労をさせるわけにはいかない」

恵子がとった態度は徹底した大反対だった。ヤスは呆然とした。後ろ盾になるはずだった相手は、敵に回すと最大の壁としてそびえ立った。ヤスは言葉も出ず、宝塚行きの夢を断念せざるを得なかった。

苦労――恵子の人生は確かに波乱の連続だった。平穏が続くように思えても、それは次の嵐が来るまでのひと時の休息に過ぎなかった。宝塚に入ってからも、舞台の悩み、実家の破産、経済的苦境、父の死と、落ち着きかけた時に必ず次の苦しみが訪れた。何かに憑かれているかのように恵子には何度も試練が与えられた。

恵子はこの昭和一七年にまた人生の転換期を迎える。それは少女時代に一縷《いちる》の希望として門を叩き、それ以来人生とともに歩んできた宝塚歌劇（昭和一五年に「宝塚少女歌劇」から改称）との別れだった。平野ヤスが恵子に相談した時、恵子はすでにこの岐路に足を踏み入れようとしていた、あるいは決断を求められていたと考えられる。

出て行く身では世話することもできないという気持ちが、ヤスの宝塚行きを強く反対させたのかもしれない。

「劇評はこぞって園井さんをほめた」（菊田一夫『芝居つくり四十年』）という緑波一座の有楽座公演から、およそ四ヵ月後の五月五日、宝塚の大スター・小夜福子が演出家の東郷静男と結婚した。この二人の交際は昭和一二年頃からすでに新聞紙上を何回も賑わせており、またゴシップとして好奇の的にもなっていて、それを見かねた小林一三が「小夜福子の問題に就て」と小夜を擁護する寄稿をしたほどだった（『歌劇』昭和一二年七月号）。

この年、三月の公演を最後に小夜はすでに宝塚を退団していたが、これが恵子の人生にも影響を及ぼすことになる。

東郷静男は自ら主催する新劇団の構想を持っていた。その目玉は当然、小夜福子だったが、団員は足りず宝塚歌劇団から引き抜きを考えていた。そこで白羽の矢が立ったのが恵子だった。

宝塚歌劇での演技は「一口にいえば、アマイ芝居」「宝塚ではあくまでも女の人がやるようにアマク仕立てられている」（『芝居つくり四十年』）といわれるように一種独特なものである。

演技の質を厳しく追求する恵子にとって、その舞台での演技は徐々に物足りなさや違和感を覚えるものになっていった。以前から後輩の二條宮子と暇を見ては新劇を見に行っていたし（『園井恵子・資料集』）、予科時代の講師であり、歌劇団で音楽を担当していた須藤五郎にも、以前から宝塚を出ることについて相談していた（須藤五郎『君泣くやおなじ心に　宝塚・労音・わが道』）。

そこにやってきた東郷と小夜からの誘いだった。この件について記録が残っているのは黒田弘子の記述（「その日の園井恵子」）のみである。そこには次のように書かれている。

昭和一七年五月、彼女が宝塚で「ピノチオ」の公演中、思いがけなく小夜福子が彼女を訪れて新しい劇団に勧誘したのだった。新しい劇団と言うのは、東郷静男が座長になって「新生家族」なる劇団を創る話であった。その頃軍国調の演物ばかりになりつつあった宝塚の舞台に飽き足らぬ物を感じていた園井恵子が彼女の生来のひたむきな舞台への情熱から、「もっといいお芝居へ」と心を動かしたのも理解できるけれど、それにもまして、彼女が宝塚時代最も敬慕した先輩たる小夜福子御自ら彼女を誘いに来てくれた事に感激した事の方が、彼女をして永年の宝塚を思い切る決心をさせたのだと、知る人は知っているのである。

黒田弘子はこの年の四月、夫の赴任先である外地に行っていて、この経緯は後に聞いたものと書かれている。五月に小夜が訪れてというくだりは、おそらく黒田の推測か情報源の間違いで、実際に決断を下したのは四月以前と考えられる。

五月に公演された雪組の『ピノチオ』で、恵子は主人公・ピノチオ役を演じて大好評を得たが、主演は最初、別の配役が予定されていたという。

春日野八千代の回想——

「ピノチオ」の続演（筆者注：前月に花組で公演されていた）をすることになり、前月好評だった谺《こだま》春香《はるか》さんが続いて出るような話でしたが、丁度このピノチオを最後に園井恵子さんが退めることになっていましたので、永い間の宝塚生活の最後に華を飾らせて上げたいと思い「園井さんのピノチオになるなら私がコオロギを引き受けますが、それ以外なら嫌です」と友情の一人ストライキをやりとげました。私は誰にもこのことをしゃべらなかったのですが、何時の間にか園井さんは知っていたらしく、私には何も言わずに、かげで涙を流して感謝していてくれたと、あの人が亡くなってから人づてにききました。しかし私は舞台のお友達として最後をかざって上げたいと思っただけで他に何の気持ちもありませんでした。園井さんは舞台と普段のこんがらがってくる人で普段でも「コオロギコオロギ」とくっついてくるのには弱りましたが、あの人もまた芸の虫ほど舞台が好きで、研究心のつよい人でした。
（『歌劇』昭和二四年一〇月号）

雪組の『ピノチオ』は四月二六日公演開始で、稽古の期間も考慮すると、宝塚を辞めることが表面化したのは遅くても四月初旬、誘いや決断はそれより前と推測できる。

時期についてはズレがあるが、長年過ごした宝塚を離れる決断に至ったのは、黒田弘子の指摘通り、小夜福子の存在が大きかったに違いない。恵子自身、宝塚に単身来て一人寄宿舎で父親の連絡を待っていた時に、小夜に励ましてもらった恩は終生忘れるものではなかった。

恵子だけでなく、小夜の宝塚内部での人気は相当なものだった。当時の生徒の日記（『千村克子 渡欧日記』池田文庫所蔵）には自分のことを小夜に見てもらえなくて寂しかったことや、小夜が他の生徒と接近することを心配する心情が綴られている。ファンだけでなく生徒たちからも憧れの存在として絶大な人望があったのである。

その小夜から声をかけられたことは、恵子にとって何よりも嬉しいことだった。

『ピノチオ』コオロギ役の春日野八千代

宝塚を去ることは決まったが、思いが

けず務めることになった最後の大役『ピノチオ』に恵子の気持ちは奮い立った。

『ピノチオ』のあらすじ――

青い精霊は木人形・ピノチオに命を与え、人形職人・ゼペットのもとで立派な子供になるように言う。さらに青い精霊はコオロギを良心(正しい行動に導く)役としてピノチオに付ける。ピノチオは学校に行って良い友達を作り、親孝行になるという精霊の言い付けを守ろうとするが、その度に狐や猫の誘惑に負けて学校を放り出してしまう。

ピノチオは行く先で危機に陥るが、精霊やコオロギに助けられる。ようやく改心しゼペットの家にたどり着くが、ゼペットはピノチオを探しに出かけて海で巨大鯨のモンストロに飲み込まれたと知る。ピノチオはモンストロの腹の中に飛び込み、くしゃみをさせることでゼペットともども体外に出ることに成功する。

精霊、コオロギはその姿を見て、ピノチオが立派な少年になったことを認める。

『ピノチオ』はイタリアの作家・カルロ・コッローディが原作であるが、恵子が出演したのは昭和一五年にアメリカで公開されたディズニー映画の内容に近い。

四月にピノチオ役だった舒春香は、可愛がっていた後輩・内海明子の同期で恵子の九学年下に当たる。「下級生は地でいけるけど、私はそんなわけにはいかないから、芸で子供らしさを見せなくては」恵子は内海にそうつぶやいた。

二人が劇場前を歩いていると、輪になって遊んでいる子供たちが恵子の目に留まった。恵子は立ち止まると子供たちの仕草をずっと見つめていた。恵子が役作りをする時、行く先々の光景は何よりも栄養になった。電車内で老婆の観察をしていたら、いつの間にか老婆の後ろについて見知らぬ駅近くを歩いていた、酔っ払いを見るとその後ろを歩きながら足取りを研究したなど、恵子は演技のことになると周囲にお構いなしに没頭した。こういう時内海は、恵子が納得いって我に返るまで黙って見ているのだった。

舞台稽古の段階になり、ピノチオが家のドアをノックする場面では、同時に舞台を蹴って音を出したが、布製の靴では木人形のピノチオの雰囲気が出ないと頭を悩ませた。恵子がよく出入りしていた中井家の長女・美智子はそれを聞くと、靴の裏にカマボコの板を縫いつけた。試しに恵子が床を軽く踏みつけるとトントン音がして大成功。恵子は手を叩いてはしゃいだ。

そんな苦労もあり、園井恵子の『ピノチオ』は大好評だった。戦時色が強い作品が増える中で、幻想的で夢がある本作は久々にファンの心を潤した。ストーリーもさることながら、巨大鯨・モンストロを追って海底にやってきたピノチオを甘く悩ましい歌声で迎える糸井しだれの真珠姫など、個性豊かなキャラクターが各場面を彩った。

その中でも春日野八千代演じるコオロギは出色だった。ピノチオとの軽妙なかけ合いだけでなく、海では無法者相手に見事な立ち回りで二枚目ぶりも見せて、主人公に負けず見せどころが多かった。恵子の明るく感情豊かなピノチオに、春日野のコオロギの活躍が華を添えて、『ピノチオ』はファンの喝采を浴びた。

上右：園井恵子のイラストが表紙の『ピノチオ』公演プログラム（昭和17年9月東京宝塚劇場雪組公演）
上左：ピノチオ役の園井恵子（小木曽美雪氏提供）
下：公演中の舞台裏写真（八幡平市所蔵）

その好評ぶりゆえに、思いがけず九月の東京での再演も恵子の主役でという声が上がった。劇団「新生家族」の旗揚げも九月だったが、恵子はここでは『ピノチオ』を選んだ。

昭和一七年九月、東京での『ピノチオ』公演を最後に恵子は宝塚歌劇団と別れを告げた。セレモニーも挨拶もない寂しい別れだった。

この時の心境や様子を伝えるものは何も残っていない。ただ、この公演中に小学校高等科時代の級友・渡辺春子と会ったことは伝えられている。それは渡辺が夫と満州に渡ることになったため、二人で送別会として席を設けたためだった。その時、二人は終の別れになるとも知らず、うきうきと将来の夢を語り合ったという。恵子にとっては宝塚への惜別よりも、これから歩く新劇への希望の方が大きかったのかもしれない。

恵子の移籍先である劇団「新生家族」は九月、築地の東京劇場で旗揚げ公演を済ませ、一〇月には京都南座で『あおぞらの娘達』『柳の四季』『印度の黎明《れいめい》』を公演した。

当時のパンフレットを見ると、俳優陣の紹介で恵子は小夜福子の次に名前が並んでおり、劇団の中心女優だったことがうかがえる。冒頭の挨拶では次のように書かれている。

この度、世馴れない青年男女の私達が、ここに劇団「新生家族」を結成致しました所以のものは、すなわち今や大いなる歴史を創りつつある現代日本の中核から、私達の「幼き誠実」と「ささやかなる芸能」とをもって、国民大衆劇の新しき芽萌を探り当てたいという、止むに止まれぬ念願に尽きるのであります。（中略）私達は在来の劇団的約束を破って、家長ともいうべき指導部門のもとに、全員が兄弟姉妹の如く、まどらかな集いをもって一家族を成し、あらゆる興業資本の制肘《せいちゅう》の外に立って、不羈《ふき》奔放《ほんぽう》に、しかもつつましやかに、独立劇団としての使命達成に邁進いたそうと存じております。

信念は持っておりましても、新境地開拓の第一歩にあります私達家族にとっては、これからが家系の建設であります、理想の家庭が出来るか否かは、不断の私達の精進にかかっており、また皆様方の、御指導御鞭撻によるところがすこぶる多いと存じます。幸い京都《(原文ママ)》第一回公演は想像以上の評判を得まして、ここに関西第一回公演の運びとなりました。

何卒今後の厚き御高庇《ごこうひ》と、御後援とをお願いいたしますと共に、以上をもって私達劇団結成の御挨拶をいたす次第でございます。

恵子にとって劇団「新生家族」は、宝塚から離れた後の初めての舞台だった。当時の新聞には舞台評が次のように書かれている。

「新生家族」は座員の熱心なのと、演《だ》し物が目新しいので好感が持たれ、音楽なども間にあわせではなく、作曲作編曲が巧みに出来ているので音楽ファンにも魅力を持たれ、二十日までだったものを二十五日迄日延べ興行することになった。

（京都新聞　昭和一七年一〇月一六日）

公演は好評だったようだが、千秋楽直後にこの劇団は急転する。同じく当時の新聞からの抜粋である。

南座を二十五日で打ち上げた劇団「新生家族」は、小夜福子・園井恵子・万代《よろずよ》峰子等の宝塚組がぬけて、藤井貢・伴淳三郎・有島一郎等は再び元の古巣、新興演芸部に帰り、来月浪速座に出演が内定し、小夜等は同女のお目出度を待って再び新劇団を組織する事になり「新生家族」もここに分裂を来す事になった。

（同　昭和一七年一〇月二七日）

公演前には「国民大衆劇の新しき芽萌を探り当てたい」と大志を語り、「私達家族にとっては、これからが家系の建設であります」と未来への展望をうたっていた劇団は、皮肉にもその公演を最後に早々に解散してしまった。

恵子にとっては、宝塚を出て新しい門出をした直後に、身を投じた先が消えてしまうことになった。運命はまたもや恵子に波乱の道を用意していた。

第九章　新劇と映画の世界へ

小夜福子とその夫である演出家・東郷静男が立ち上げた劇団「新生家族」――恵子は宝塚を去ってそこに新天地を求めたが、早々に劇団は解散してしまった。

恵子が行き先なく宙を彷徨《さまよ》う状態になったその頃、日本の演劇界では小さいが新たな潮流が生まれようとしていた。「苦楽座」の誕生である。

苦楽座は、軍部の統制により戦争物しか作れなくなった演劇人や映画人が、小さな劇団でもいいから好きな芝居をやろうと産声を上げたもので、薄田《すすきだ》研二、徳川夢声《むせい》、藤原釜足《かまたり》、夏川静江らが集まっていた。その苦楽座で中心スターとして声をかけられたのが「新劇の団十郎」とその名演を讃えられた丸山定夫だった。

丸山定夫は明治三四年（一九〇一）愛媛県出身。貧しい家庭で育った彼は、二〇歳の頃に見た新劇をきっかけに芝居の世界で生きていくことを決意する。何の伝手もなく飛び込んだ先は、土方与志《ひじかたよし》と小山内薫が立ち上げた築地小劇場だった。素性もわからぬ青年を土方は「こんな者が一人くらいいても良いだろう」と受け入れた。丸山は劇団の身の回りの世話や雑用からはじめて、空いた時間を演技の勉強に費やし、瞬く間に築地小劇場の中心俳優へと成長していった。

築地小劇場は日本新劇の本流といえる存在だったが、軍部や特高が特に目を光らせる存在でもあった。もともとプロレタリア演劇と関わりを持ち、社会批判的な劇を多く上演していて、共産党への弾圧が進みその活動が地下組織化すると、劇団がその連絡役や支援に働くのではないかと疑いを向けられていた。

日本プロレタリア文学の代表的作家で、築地小劇場にも作品を提供していた小林多喜二は、検挙された末に特高の拷問により獄死している。

劇団の精神的支柱だった小山内薫が病気で亡くなると劇団は分裂して、丸山はそのうちのひとつである「新築地劇団」に所属する。しかし、特高の目を恐れて客足も遠のき、劇団員の生活は食うものにも事欠く状態になった。

昭和一五年（一九四〇）八月一九日、一斉検挙が起こる。新築地劇団の中心的俳優だった薄田研二や演出家の八田《はった》元夫など百人以上の新劇関係者が検挙された。この騒動の末、東京の新劇における主要劇団だった「新築地劇団」と「新協劇団」は自発的解散に追い込まれ、新劇界は文学座など小さな劇団が点在するのみになってしまった。

一斉検挙が起こる少し前から、丸山は生活のために知人のエノケン一座に出演したり、映画やラジオに出演したりして新劇と掛け持ちの生活をしていた。依頼があれば軍部に協力する作品にも出演していて、そのような姿勢のために検挙を免れていた。

丸山の心の奥底には新劇が巣くっていて、自分の一部が欠けたような感覚だったが、時代に流される生活を余儀なくされていた。

苦楽座の話が最初に届けられた時、丸山は参加を迷っていたという。新劇に積極的に顔を突っ込めば、また当局に睨《にら》まれるのが目に見えている。ようやく得た安定した生活も捨てがたかったに違いない。

しかし、その心の鎖を断ち切って苦楽座の道に進ませたのもまた新劇だった。昭和一七年（一九四二）五月、築地小劇場を舞台に文学座が『富島松五郎伝』を公演する。『富島松五郎伝』は岩下俊作原作の小説で、第一〇回、一一回の直木賞候補にあがった評判高い作品だった。映画界では東宝、松竹、大映が映像化を目指していて、後に大映が『無法松の一生』というタイトルで映画化した。

舞台で真っ先に目を付けたのは文学座だった。ヒロインの吉岡未亡人役には所属で頭角を現していた杉村春子が選ばれた。そして主人公の松五郎役は、文学座の中からではなく丸山定夫に客演を依頼した。

舞台は連日の大盛況だった。一週間の予定が六日から二一日まで計二〇回の公演に延ばされて、それでも連日の大入りだった。丸山の演技も絶賛で迎えられた。それは丸山にとって新築地劇団が解散して以来、二年の空白を経ての舞台だった。そして場所は駆け出しの頃、汗を流した築地小劇場（当時、劇場名は国民新劇場に改称されていた）だった。

久々の舞台、後の大女優・杉村春子との共演、客席からの喝采、そして築地小劇場、そのどれもが丸山の役者魂を刺激した。

『富島松五郎伝』の千秋楽前夜、家に訪ねてきた徳川夢声、藤原釜足、脚本家の八田尚之（八田元夫とは別人）を前に、丸山定夫は苦楽座への参加を表明した。

七月一一日、丸山の自宅に「苦楽座事ム所」の手書きの看板が掲げられた。

この苦楽座は太平洋戦争末期に移動劇団「桜隊」となり、広島での悲劇へと向かうことになる。

昭和一七年一二月三日、新宿大劇場で苦楽座は旗揚げ公演を迎える。パンフレットには苦楽座創立同人・高山徳右衛門（薄田研二）、丸山定夫、藤原鶏太、徳川夢声の連名で「苦楽座のことば」が載せられている。以下は一部抜粋である。


どんな苦しみの中にも血路があり希望がある。我々には来るべき明るい日本への希望と責任と確信がある。祖先から受け継いだ尊い血の流れがある。

それを、舞台を通じて絶えず呼びかけようというのが苦楽座の信念です。いっぱいに突き詰めた気持ちで私達はこの仕事を始めました。金や名声や道楽を追う心を捨てて、潔く散るまでやり抜くつもりです。


どこか悲壮な決意に感じられるのは、戦争中という時局を反映しているからだろうか。苦楽座の門出は最初から逆風が吹いていた。軍部や特高にとって、築地小劇場からの系譜である薄田や丸山が新劇に戻ることが面白いわけがなかった。

パンフレットに高山徳右衛門とあるのは薄田の本名で、芸名を使う許可が当局から下りなかったためである（藤原釜足が「鶏太」と本名なのは、国家の忠臣である藤原鎌足を模した名前を使うことを当局から咎《とが》められて、戦時中は本名で通していたからである。このような例は多くあり、例えば恵子の宝塚時代の同期である神代錦は、「神」という言葉が不適切ということで戦時中は嘉美代錦としていた)。

また、東宝は自社の専属俳優が新劇に出演することをよしとせず、夏川静江は公演に参加できなくなった。劇場や資金協力を頼まれてもことごとく断った。苦楽座とは距離を置くべきと判断したのだろう。

各界に人脈があり、周囲に敏感な徳川夢声はこの東宝の反応を見て、軍部や特高が苦楽座に対して好意的でないことを読み取ったという。

旗揚げ公演の演目についても当初は『シラノ・ド・ベルジュラック』の予定だったのが「敵国の芝居」という理由で検閲を通らなかった。そこで尾崎一雄作『玄関風呂』、真船豊作『帰らぬ人』、森本薫作『生れた土地』の三作品に変更した。

この苦楽座の旗揚げ公演に恵子も足を踏み入れることになった。東宝から許可が下りなかった夏川静江の代わりに客演という形だった。東郷静男の推薦だった。

恵子が出演したのは三作品のうちの『玄関風呂』で、無名作家の妻・芳子(愛称・芳べえ)役を演じた。尾崎一雄は自身と妻・松枝との貧乏生活を『暢気眼鏡』などいくつかの短編に投影させて描いているが、この『玄関風呂』もその自伝的小説のひとつである。神経質で繊細な作家に暢気で大らかな芳べえの夫婦の物語で、妻が風呂桶を買ってきたが家に置く場所がなく、最初は玄関に置いていたが来客に支障をきたす。そこで裏庭で夜に入るようにするが……というあらすじである。

『盛岡映画今昔』『映画俳優事典 戦前日本篇』などの著書がある盛内政志は、この時公演中の楽屋を訪れて恵子と初めて会っている。当時、明治大学の学生だった盛内がなぜ楽屋に入れたのか、詳しいことはわからない。在学当時から地元の新聞に映画評や文芸時評を寄稿していたため、取材として自由に出入りできたのかもしれない。

学生服姿の来客を恵子は歓迎した。演劇少年でもあった盛内と馬が合ったのか同郷のよしみ（盛内も岩手県出身）からか、話が弾んで小一時間ほど話し込んだ。尾崎一雄作『暢気眼鏡』は昭和一五年に映画化されていて、その時の芳子役は同じ宝塚出身の轟夕起子が演じていた。盛内が轟の演じた芳べえと比較を話し出すと、恵子は「また怖いこと……。でも、率直に批評していただきたいわ」と応じた。「尽きぬお話は、次にお会いした時に」と二人は別れた。

宝塚歌劇団在籍中は東京に宿舎があったが、退団後はそこに泊まるわけにはいかず、恵子が以後の東京で主に過ごしたのは、港区麻布（当時は麻布区）の木下謙次郎宅と世田谷区成城の河崎なつ宅だった。

木下謙次郎は明治二年（一八六九）生まれ、明治から昭和初期にかけての政治家で、昭和二年から四年には中国遼東半島の関東州を統括する関東長官を務めたほどの人物だった。一方で趣味人としても知られ、当時、ベストセラーになった『美味求心』の著者であり、料理研究家としても有名だった。木下の妻・香代子が恵子のファンだったことが縁であり、恵子の東京での公演中には木下から弁当が届いたという。木下夫婦の恵子への気に入りようはたいへんなもので、子供がなかった夫妻は恵子を養子にと希望したが、自分は一家の支えだからと実現しなかった。

河崎なつも恵子を可愛がった一人だった。河崎は奈良県女子師範学校、東京女子高等師範学校を出た教育畑の出身だったが、一〇代から児童の貧困や婦人問題に関心を持ち、教育だけでなく社会問題にも目を向けた人物だった。

戦前は小樽高等女学校、東京女子大学、文化学院、津田英学塾などで教壇に立ち、学校外では、女性の参政権などの権利、母子保護法、託児所の建設に向けた運動に関わった。

戦後は参議院議員を一期、日本母親大会の委員長も務め、亡くなる直前に出席した大会での講演では「母親がかわれば社会が変わる」と繰り返し叫んだ。河崎は女性の権利を守るだけでなく、女性自身が一人の人間として成熟し、目覚めることを求めていた。

恵子と河崎が出会った時期は、治安維持法によって思想の統制が公然と行われ、軍国主義に沿わない人物はそれだけで検挙された時代だった。そんな中にあって河崎は隠れて、地下活動やそれに関わる家族達の支援もしていた。

教師時代から文化人との交流を持ち、生徒にも人望があり、それでいて支援していた人間もあったから、成城の河崎宅はいつも人が出入りしていた。

恵子がそこに足繁く通うようになったのは、中井志づが小樽高女時代に河崎の教え子だった縁からだった。中井志づもまた卒業後も河崎を慕って交流を持っていた一人だった。

河崎はその時すでに五〇代半ばにさしかかっていたが、その円熟した知識と思想は恵子を魅了した。

少女期に経済的に恵まれなかった恵子は、単身宝塚少女歌劇に飛び込み人生を切り開いた。実家が破産し、父を失い、その後も一家の柱となって生活を支え続けた。それは女性の権利が認められず男性の隷属的存在に甘んじていた社会の通例とは逆の生き方だった。
そのような人生を歩んできた恵子は、どこか自分自身にマイノリティとしての懐疑を持っていたのではないか。河崎の思想はその疑問に明快な答えを与えるものだった。思えば、宝塚へ行くことを悩んでいた時、その後押しをしたのも郷里の教育者・岩崎コヨだった。岩崎も従来の価値観にとらわれず、その人間の特性と自立を促そうとする教師だった。恵子は河崎や岩崎の考えに共感するとともに、二人の生き方にもまた畏敬の念を覚えていた。この自立した二人の女性は自分の進むべき先のように思えたのかもしれない。

恵子がいかに河崎の考えに魅了されていたかの証言がある。後に移動劇団「桜隊」で寝食を共にした俳優・槙村浩吉の述懐である。

当時、著名な教育者であり女性運動家でもあった河崎なつという先生がいた。園井さんからは、宝塚時代の話は一度も聞いたことがなかったが、河崎女史の話を耳にしない日はなかった。それほど先生に深く私淑し、日常生活の一挙手一投足、河崎先生の教訓を厳しく守っていた。園井さんは美しい容姿、優しく豊かな情感とともに、時には近寄りがたいような精神的緊張感、強さ、高貴さを感じさせるものがあった。名画『無法松の一生』のなかの吉岡大尉夫人のあの品格の高い美しさは、彼女の資質のあらわれだと思う。

（『園井恵子・資料集』）

後の昭和二〇年（一九四五）、四月から五月にかけて恵子と河崎は世田谷区成城で多くの時間を一緒に過ごしている。それは東京や横浜に頻繁に空襲が行われた時期でもあった。その時の恵子の様子を河崎は『人としての園井さん』という私的な原稿に残している。それは晩年の恵子をたどる上で貴重な資料となっている。

原稿の詳細やその時の様子は後述するが、恵子が河崎を慕っていたように、河崎にとっても恵子の存在は忘れがたいものだった。原稿の存在は二人の結びつきを今も雄弁に語っている。

昭和一七年五月に文学座で公演された『富島松五郎伝』は、丸山定夫主演、ヒロイン・杉村春子で大盛況となった。一方、水面下では映画化も進められていた。

映画化の話は舞台以前から出ていたが、実現には頓挫を繰り返していた。映画監督である稲垣浩が最初に脚本を見たのが昭和一六年の初夏だった。その脚本に軍部の検閲が入り、第二稿ができたのは年の暮れも差し迫った頃だった。

そこから大映で制作案が進んだが、まず主役である松五郎役の人選に難渋した。志村喬、小杉勇、三津田健、市川右太衛門、大河内傳次郎《でんじろう》と名前は挙がったが、この主演で客が入るのかという採算の問題や映画会社の都合などからいずれも実現しなかった。ようやく阪東妻三郎の了承を得たところ、今度はヒロイン・吉岡未亡人役を探すのも苦労した。稲垣が最初に目を付けたのは水谷八重子だった。しかし芝居の公演予定があって話は流れた。次に入江たか子に交渉しようとしたが、所属していた東宝も本作の映画化を考えていて、これもうまくいかなかった。

稲垣が次の候補として考えたのは、宝塚を退団していた小夜福子だった。しかし、妊娠中であった小夜は代わりに恵子を推薦した。昭和一七年秋のことだった。

その時の様子は、稲垣の著書『ひげとちょんまげ』に詳しい。

この吉岡夫人の配役は、はじめ入江たか子、水谷八重子の二人が候補にあがって、出演の交渉をしたのだが、会社から断られて果たさなかった。そこで、結婚後宝塚を退団した小夜福子さんに白羽の矢をたてたところが、あいにく妊娠中という返事だった。あまり動きもない役だからともかく一度お会いしたいと申しでたところ、ご主人付添いできてくれて、「こんなに大きいんですよ、だめでしょう」というのが小夜さんの最初のあいさつだった。

小夜さんは、「もし、ほかに候補の方がなかったらと思ってこの人を連れてきたのです、私よりもピッタリだと思いますけど」と言って園井恵子さんを私たちに紹介した。

だが、その恵子さんはアスピリンの中毒で、口のまわりに湿疹ができているとかでマスクをかけていた。私は彼女を別室にいざなって「僕にだけチョット顔を見せてくれませんか」と言って、たのんだところ、彼女は急にオイオイ泣きだして「この顔を見られるくらいなら、もうお断りします」と言って、どうしてもマスクをとってくれなかった。

稲垣は恵子の舞台を見て顔はわかっていたが、その湿疹が治るかどうかは撮影に影響する。「もう分かった分かった。舞台も見ているし、今更顔を見ることはないけれども、ただそれが早く治るものかどうかってのが知りたいだけなんだから、見せてくれ」。そう言うと、恵子は渋々とマスクを少しめくって隙間を空けた。稲垣がのぞくと、それはすぐに治りそうな具合だった。これなら大丈夫そうだと、恵子のヒロインが決まったのだった。

『富島松五郎伝』は『無法松の一生』と改題して撮影が開始された。

『無法松の一生』のあらすじ――

時代は日露戦争直後の小倉。気風はいいが暴れ者の車夫・松五郎は、ある偶然から、陸軍大尉・吉岡小太郎の一人息子・敏雄を助け、以来、吉岡家に出入りするようになる。まもなく小太郎が風邪をこじらせて急逝すると、松五郎は未亡人から息子を立派な男として鍛えてほしいと頼まれる。それから松五郎は未亡人と敏雄に対して献身的に尽くし始める。

年が経ち、敏雄は成長すると松五郎を疎み始める。自身の老いも感じ始めた松五郎にとって、残った心の拠り所は未亡人へのほのかな恋慕の情だった。

ある日、酒に酔った松五郎はその勢いで吉岡宅に上がり込む。松五郎の慕情を露ほども知らない未亡人は、いつも通りに接するが、突然涙を流し始めた松五郎にただならぬ気配を感じる。

「松五郎さん、おっしゃってくださいませんか、もし私たちにできることでしたら」

「奥さん、おれは帰ります。もうお目にかかることはあるまい」

「どうしてですか、言うてください、どうしてそんなことを」

「奥さん……」

松五郎は未亡人を焼きつくように見る。未亡人、急に何かに撃たれたように、はっと息を殺す。思いつめた松五郎だったが「わしの心は汚い」という言葉を残して去って行く。

その後、一人亡くなった松五郎の遺品の中から、敏雄名義の五百円の預金通帳が見つかる。それは今まで吉岡家からもらっていた心付け全てだった。

言葉の出ない未亡人。かつて暴れっぷりに居合わせた親分の「めずらしく気風のいい男やったな」というセリフを最後に幕が下りる。

『無法松』の撮影開始時期は不明だが、撮影終了が翌年八月二四日（高瀬昌弘『我が心の稲垣浩』）で、稲垣は自著で映画制作に費やした時間を「約十ヶ月」と言っているので、撮影開始は昭和一七年の一〇月下旬から一一月頃、恵子がヒロインに決まって間もなく撮影が始まったと考えられる。

翌年二月、阪東が中耳炎を発症し、撮影が一時中断になる。阪東は昭和二八年（一九五三）に脳出血で五一歳の生涯を終えているが、長男・田村高廣は『無法松の一生』が遠因ではないかと語っている。「それは凝り性の人でしたから、車の引き方はどうであろうかと、嵐山の近くの土手で走り方を研究しているうちに、風邪をひいて中耳炎になって、後遺症として脳腫が残ったのではないか、と思います」（佐藤重臣『阪妻《ばんつま》の世界』）。阪東は『無法松』の主演が決まると、京都の老車夫のもとに通い、所作を研究するだけでなく、実際に自分で車を引くのを繰り返していた。

阪東にとって『無法松』はひとつの賭けだった。「剣戟《けんげき》王・阪妻」としてサイレント映画の大スターだった阪東妻三郎だったが、主流がトーキーに変わり、映画の内容も多様化するにつれて、自分でも変革の必要性を感じていた。

旧知の稲垣が企画を持ってきた時、阪東は「あんたは、この仕事に生命を賭けるつもりですか」と尋ねた。稲垣が「その通りです」と答えると、阪東は「よろしい、それなら私も生命を賭けましょう」と首を縦に振った。それから「これで失敗したら、自分は剣戟俳優で終わってしまう。あんたもこれで失敗したら剣戟監督で終わってしまうだろう。そこにこういう大変に難しいものをやるんだから、これを成功させなかったらあかん」とも言った。

映画だけでなく、世の中全体が軍国調に偏る中、一車夫の人情や慕情を描いたこの作品が受け入れられるのか、それ以前に世に出すことができるのか……阪東の「大変に難しいもの」という言葉にはそのような意味が含まれていた。

阪東はこの車夫が時流に流されない確固とした自己を持っていることに共感し、この人物を演じる自分の運命を信じていた。そして、監督・稲垣浩との関係があった。

ある時、阪東は稲垣に「私たちは親友なんてケチな付き合いでなくいこう」といった。かつて自前のプロダクション（阪東妻三郎プロダクション）を設立し解散した経験のある彼は、景気の良い時だけ群がり、落ち目につれて去っていく多くの「親友」を見てきた。人間不信ともいえるトラウマの中で、阪妻プロ時代からの付き合いで、その後も映画を一緒に撮り信頼していたのが稲垣だった。

阪東は晩御飯の時、高足の膳に一人向かって弟子に酌をさせながらだったのを、家族で揃って茶碗酒で食べるようになった。また、誰でもかまわず縁台将棋を挑み、相手をさせられるスタッフは困ったという。日常から松五郎の役作りに向き合っていた。

『無法松』に並々ならぬ情熱を注いだのは阪東ばかりではない。脚本は伊丹万作が結核の病床で書き上げたものだった。「松五郎に取りかかった時分の私は、経過は良好で、一日一、二時間は起きて書くことができたが、その後病勢が思わしくなかったため、大部分は寝て書かなければならなかった。（中略）その困難はまた予想以上のものがあった。どういう姿勢で書いたらいいかという問題だけでもずいぶん苦しめられた」とは伊丹本人の述懐である（太田米男「映画『無法松の一生』再生」）。『無法松』初稿時（昭和一六年）の伊丹万作は四一歳。映画監督としていくつか作品を残していたが、結核に身体をむしばまれ、すでに自分でメガホンをとる体力は残されていなかった。脚本は六歳下の盟友、稲垣のもとに届けられた。かつて稲垣と伊丹は片岡千恵蔵が創立した映画プロダクションで同僚であり良きライバルでもあった。「私のために書いたという『無法松の一生』のシナリオの原稿には装丁がしてあって、表紙には鯉の吹流しの絵が、裏表紙には梅の小枝が、そして背表紙には題名と自署が書かれてあった。私はその美しい装丁を見て、実は自分が監督したかったのではないかと感じた」と稲垣は語っている（同書）。

後に黒澤明や溝口健二などの監督とともに名作を世に送り出したカメラマン、宮川一夫は当時三〇半ばだった。稲垣とは昭和一二年から一緒に作品を撮っていた。助手時代から実験や新技術に意欲的だった宮川に稲垣が声をかけたのだった。

宮川の回想――

『無法松の一生』では、本当に頭が痛くなるくらいにいろいろなことをやりました。機材も何もなかった時ですが、先輩たちに教わってきた技術を、あの映画の中に全て注ぎ込んであるつもりです。いわゆる手作り的なサイレント時代からの映画の映像表現、そのすぐれた部分を、細かなところまで再現してみました。

（宮川一夫『キャメラマン一代　私の映画人生六十年』）

後に恵子は「『無法松』のときは初めてで、お相手の方もずいぶん歯がゆくお思いになったでしょうと思うと、恥ずかしくてたまらない。今度はもう少し上手になっているでしょう。でも、ほかの方のご指導でとるのは絶対にいやなの。あのときのように先生（筆者注：稲垣のこと）のご指導で、できれば宮川様のカメラで」（『園井恵子・資料集』）と言葉を残していて、監督の稲垣とともに宮川カメラワークも心に刻まれるものだったことがわかる。

稲垣、伊丹、宮川、そして阪東、名だたる映画人が渾身の思いで取り組んだ『無法松の一生』は、恵子にとっても大きな試練だった。歌劇独特の強く観客席に訴えかけるような演技は恵子にも染みついていた。三枚目の名手として宝塚の舞台を沸かせた恵子だったが、その演技は『無法松』では逆に足を引っ張った。細かな表情や仕草で感情を表現するには、まだ発展途上の段階だった。

稲垣は「あの人は、自分の欠点を自分でよく知っていました。そして、映画ではその欠点がよく現れるものだ、ということもよく知っていました。あの人ほど自分の芸に大きな自信を持ちながら、自分の芸に臆病な人はいない、と思いました」と後に語っている（『園井恵子・資料集』）。

現場では阪東から毎日のように駄目が出たが、その度にハイとうなずき前を向いた。

稲垣からは「もっと女性を出す」ように言われた。宝塚で三枚目や男役が多かった恵子への稲垣流の指導だった。

明治時代のことはわからないと本を読み、中井志づに当時の着物を借りてもみた。しかし、どうしても埋まらない演技への不安をどうするか、恵子がたどり着いた方法は、宝塚時代と同じく、舞台を下りても役になりきることだった。かつて、楽屋で葦原邦子を「フレドリーや」と子供扱いし、春日野八千代を「コオロギ、コオロギ」と呼んだあの方法を阪東の前でも持ってきたのだ。

撮影の待ち時間、「先生、お茶をどうぞ」と阪東に差し出したのは、園井恵子ではなく、役柄の吉岡夫人の立ち振る舞いだった。役作りに厳しい阪東もへりくだって、「へっへ、これはどうも」と松五郎のように受けた。

巻き込まれたのは阪東だけではなかった。吉岡夫人の愛息・敏雄役を演じていたのは、当時、沢村アキオという名義で出演していた長門裕之だった。恵子は幼い子役を本当の子供のように可愛がろうとした。しょっちゅう長門をそばに置き、抱いたり、おんぶしたり、とにかく可愛がった。あまりに激しすぎて、当の長門自身は母親でなく女性として意識をしてしまったそうだが、恵子はそのようなことは夢にも思わなかった。

『無法松の一生』の撮影終了が昭和一八年（一九四三）八月二四日、しかし、そのまま封切りとはならなかった。脚本での検閲は通過していたものの、上映には許可が下りずに一〇分余りがカットされている。それは松五郎が酔って未亡人宅に上がり、思いを押し殺して去るシーンも含まれている。それは映画のクライマックスともいえる場面だった。「車夫が未亡人に慕情を寄せるなど言語道断である」というのが理由で、戦争で夫を亡くした女性も多く、風紀の統制にそぐわないという考えだった。

検閲官はこっそり稲垣に言った。「この映画をカットするのは惜しい。おそらく戦争はしばらくして終わるだろうから、それから公開したらどうか」。しかし、会社は目先の収入が必要だった。稲垣は泣く泣く検閲を呑んで自らフィルムを切った。この『無法松の一生』は終戦後もＧＨＱにより検閲を受けた。それは日露戦争勝利を祝う提灯行列など日本の軍国主義時代を連想させる場面で、そこでフィルムはさらにカットされた。

GHQの検閲部分については、宮川一夫の遺品から一部フィルムが見つかり、現在映像で見ることができる。しかし、戦前に失われた場面は今もそのままで、脚本で読むことができるのみである。

公開は一〇月二八日。検閲という受難があった『無法松』だが大ヒットとなり、この後も恵子は巡業で吉岡未亡人役を多く演じることになる。園井恵子＝吉岡未亡人の知名度は、皮肉にも広島で被爆した避難中にも証明されている。後日、恵子たちを捜索に来た劇団員に「無法松の女優さんが歩いていた」と証言した市民がいる。神戸の中井志づ宅に逃れてきた恵子はボロボロで乞食のような格好だったという。にもかかわらず、そのように認知されたというのは、それだけ市井の人たちにも『無法松』が浸透していた証しだろう。

映画『無法松の一生』。阪東妻三郎、沢村アキオ（後の長門裕之）と共演（©KADOKAWA 1943）

映画の大ヒットのため、原作の小説『富島松五郎伝』の方が『無法松の一生』と改題を余儀なくされた。これも影響の大きさを表すエピソードである。

そして『無法松の一生』は恵子の演技をソフトで見ることのできる唯一の作品となってしまった。

第一〇章　しのびよる闇

昭和一八年（一九四三）、『無法松の一生』の撮影が終わりに差し掛かった頃だが、その時期の日記が残されている（八幡平市松尾ふれあい文化伝承館所蔵）。園井恵子の日記は前述の昭和一一年とこの昭和一八年分しか現存していない。こちらの日記は手帳に走り書きのように書かれたもので、六月一八日から二一日と、一〇月二五日から二九日について書かれている。

六月一八日

今日で千秋楽！

よくぞ続いたと我ながら思う。

お稽古の時、逃げ出したい気持で毎日四ッ谷まで通ってヘトヘトになっていたのに……毎日二回公演、ああでもない、こうでもないと考えつづける中、とうとう千秋楽。

石黒さんが、園井さん、今日芝居をかえたでしょう？　ヒルマ、何だかとても調子が出てましたね、僕の画《えが》いていたお米ちゃんが、初めて出ましたね。初日に今日位、出るとね、と云われた。

たしかに……と思う。

でも今日初めて大人の芝居の中に居る！　と云う気がした。丸山さんが教えて下すった事、ありがたいと思う。昨夜帰りがけに十月またやるつもりですが、園井さん手伝って下さいますか？と云われた。

ご存知の通り私は、何も出来ませんけど、ひっぱって下さるのなら……と申し上げたら、いいえ大変真面目にして下さるし、いくらでもひっぱりますけど、お約束して置かないと、他でほっとかないだろうと思うので……今から約束して置きたいので……とおっしゃる。ありがたくてありがたくて。大映の件、吉岡さんにお断りしようと思った。

この「千秋楽」とは苦楽座第二回公演の最終日のことである。昭和一八年六月に丸の内邦楽座で行われ、演目は八田尚之作『狸村会議』、亀屋原徳作『文吾きたる』、三好十郎作『夢の巣』だった。丸山定夫は三作品全て、恵子は『狸村会議』と『夢の巣』に出演した。日記中の「お米ちゃん」とは『夢の巣』での役をさしている。

苦楽座第二回公演は、役者たちのスケジュールが合わず、稽古不足が否めない出来だった。丸山は年四本の映画出演を抱えており、他の俳優たちも生活費を稼ぐためにラジオや映画の仕事と掛け持ちしていた。恵子自身、『無法松の一生』の撮影の合間を縫った参加だった。

『夢の巣』作者の三好十郎は友人への手紙に書いている。

クラクザの諸君があんな粗雑な舞台を作り上げる仕事をして恥じないのを、私は悲しみます。

同時にその様な劇団で自作を上演させなければならぬ自分の運命を情けなく思います。それなら上演させなければよいのですが、私には金がないので、しかたなく、金をくれれば上演させることになってしまうのです。……正直のところ、少しばかり金があればと思うのです。

（堀川恵子『戦禍に生きた演劇人たち』）

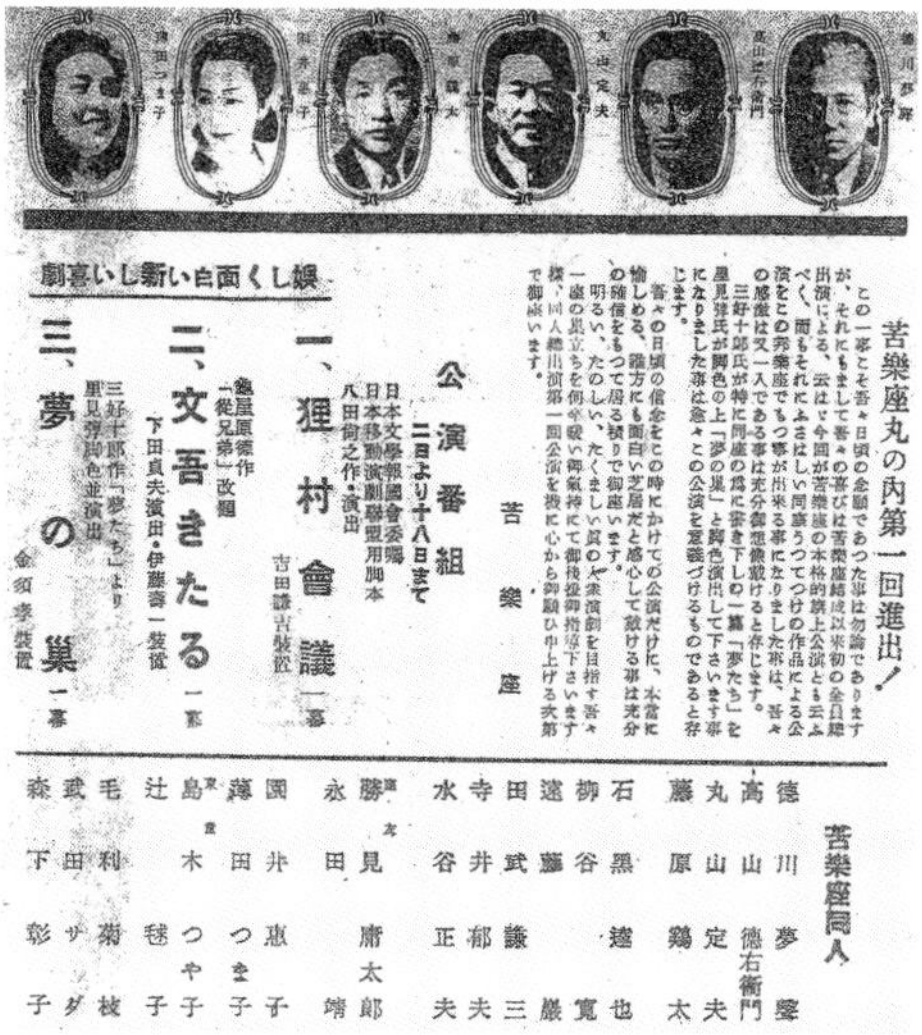

苦楽座第二回公演プログラム（昭和18年6月丸の内邦楽座公演）移動演劇桜隊平和祈念会提供

このように酷評された公演だったが観客は大入りだった。映画やラジオで活躍していた丸山や徳川夢声の人気とともに、宝塚のスターだった園井恵子の名前も大きく貢献したと考えられる。丸山が次回の公演のため早々に恵子を誘ったのも、演技力や熱心さと同時に、看板となれる女優が希少と知っていたからだろう。

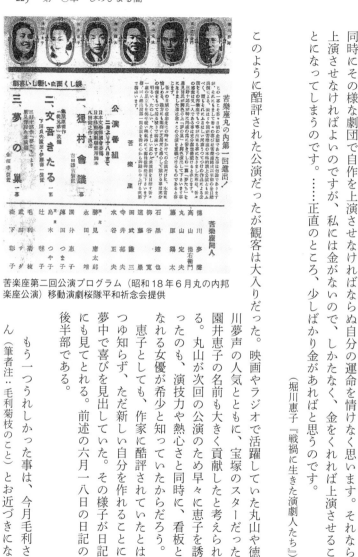

恵子としても、作家に酷評されていたとはつゆ知らず、ただ新しい自分を作れることに夢中で喜びを見出していた。その様子が日記にも見てとれる。前述の六月一八日の日記の後半部である。

もう一つうれしかった事は、今月毛利さん（筆者注：毛利菊枝のこと）とお近づきになった事。お話ししていると、自分の影を見ている様な気がする。考える事なさる事が一々、胸につたわる。私よりも温かいやわらかい感情の持主、毎晩お風呂で色んなお話して下すった。

守破離のコト、私は色んな本をあさって、演劇に関する事は大てい勉強しているつもりだったのにこの言葉は初めて聞いた。

お世辞でなく、園井さんと、かみ合うお芝居がしてみたいと云われた。長く芝居から離れていたけどまた勉強したくなったとも云われた。あの方が苦楽座と一緒になさるなんて私にとっては本当に幸いだ。色々教えて戴ける。

もう一つ。

八田元夫先生が貴女は話せばわかる人だと思うからと云って毎日々々狸村のお作を叱って下すった事だ。

今度折があったら貴女にうんと重い役をふってうんとたたいてペシャンコにしてやる、とおっしゃる。園井恵子演技論をしてあげる、とおっしゃるので二三日浜の家でお話をうかがう事にした。

毛利菊枝は恵子より一〇歳年上で、岸田國士《くにお》、岩田豊雄、関口次郎らが開設した新劇研究所に一期生として入り、以後、築地座、創作座など新劇畑を歩んできた女優だった。研究所に入る際は女学校二年で中退しており、その点は恵子と共通する。戦後の昭和二一年（一九四六）、毛利菊枝演劇研究所を発足。後にくるみ座と名前を変えて平成一九年（二〇〇七）まで存続した。昭和二九年（一九五四）『肝っ玉おっ母とその子供たち』で毎日演劇賞、同五五年（一九八〇）勲四等瑞宝章を受章するなど活躍。平成一三年（二〇〇一）九七歳で亡くなる。

八田元夫は小山内薫を師匠として、阪妻プロ、日活下の企画部門を経て、築地小劇場から分裂した新築地劇団の演出部に身を寄せた。そこで丸山定夫や三好十郎と友情を深め、三好原作の『浮標《ぶい》』の演出も手がけた。この作品は丸山定夫の演技を抜きんでた段階に引き上げたともいわれている。以後も演出家として確固たる実力を見せていたが、昭和一五年八月一九日の一斉検挙により、留置場生活の末に執行猶予付きの有罪判決を受ける。国が発行する「演出家登録」を剝奪されて、この日記の時点ですでに公に演出をすることは許されていなかった。しかし名前を隠して舞台演出を続け、丸山との友情から苦楽座にも影ながら参加していた。

毛利も八田も多くの舞台経験を積んだ根っからの演劇人だった。恵子にとって、演劇に心底身を浸せる環境や、優れた役者の傍で舞台に立てることは無類の喜びだっただろう。そのあふれんばかりの思いが日記には満ちている。

日記中の「大映の件、吉岡さんにお断りしようと思った」とあるのは、大映の専属女優として契約を持ちかけられていたことを指している。映画会社の専属になれば、その後の移動劇団「桜隊」への参加はおそらくなかったであろう。結果から見ると、この頃から恵子の選択や流れはことごとく広島の悲劇へと向かっているように見える。喜びの陰で運命の闇は確実に恵子の背後に近づいていた。

他にも、昭和一八年の日記にはこの時期の恵子を知る上で興味深い記載がある。

六月二一日
朝十時過ぎまでねる。土ちゃんが何くれとなく世話してくれる。何だかもう一度、宝塚に帰ったような気がしてうれしかった。ちょっとしたホームシック。思えば長い年月宝塚で生活したものだ。武藤組長（筆者注：初音麗子のこと）、何と云っても雪組はいい。

宝塚での生活は恵子にとって大切な思い出だったようだ。ホームシックと書かれているように、宝塚を故郷と認識しているようにうかがえる。

十月二五日
今日は明治（筆者注：明治座のこと）の千秋楽と思って出かけた。少しおそかったが、楽屋へいったら神ちゃんは舞台で机の上に「寿」と書いたつつみがある。さては！　と思ったら、やはりそうだった。明日が千秋楽で神ちゃん舞台を止すと云う。両立しない組だからうなずけるけど惜しい気がする。むかえに来られた彼氏と二人に虎の門まで車で送って戴く。

二七日
今日は小夜さんの千秋楽を見る。
うわさに違わず中々よき舞台だった。外の人がついてゆけなくても今月は小夜さんだけで結構楽しかった。楽屋ちょっと行ったけど不愉快だった。

「神ちゃん」とは桜緋紗子のことで、宝塚退団後は新派で活動していたが、この時期、舞台の後援者と結婚するために辞めるところだった。桜は持っていた演劇の本を恵子に譲ったという。日記には「スタニスラフスキーの俳優修業とてもうれしかった。ほしいほしいと思っていた本。神ちゃんは何のミリョクもないと云う」と書かれている。

二七日は小夜福子の舞台を見ている。三月に出産した小夜は再び舞台に戻ってきていた。宝塚時代憧れだった先輩とも交流を続けていた。

二八日
今日は初日？
大島さんと妹さんと三人で、日劇には行く勇気がなくて新宿の武蔵野（筆者注：武蔵野館のこと）にゆく。
二階の階段に紙をしいて座ってみた。何となくお客さまと笑ったり泣いたりしてみた。試写室でみるときと、とても違う。きられきられになって松さんがすくわれない。可愛相《かわいそう》な松さん。すんでもお客様は何も云わずシュンとした顔をして出て来る。高山さんからお電話なし。

二八日には公開された『無法松の一生』を映画館で鑑賞している。検閲で大きくカットされてしまったが、完全な『無法松の一生』は検閲前に一部関係者に試写されていて、恵子もそれを見た一人だった。映画館で見た印象は明らかに違ったようで、日記のような「可愛相な松さん」という感想になっている。

二九日
朝になっても高山さんからお電話がない。ママと二人で、小松菜とからし菜をまく事になっていたのに、ママはお出かけ。

静ちゃんと二人でまく。十時半すぎに、高山さんからお電話。十時から集りがありますから、とおっしゃる。ききなおしても十時からとの事。あわてて出かける。

途中中央線がのろのろしていらいらする。待ってて下すってさて高山さんが、石黒さんと園井さんを同人としてみとめる事にしました、とおっしゃるのでびっくりしてしまう。

損も特典も苦楽座同人として受けるとの事。何の御相談もなかったのでびっくりする。


「ママ」とは当時、木下謙次郎宅に寄宿していたことから、おそらく木下夫人のことだろう。「高山さん」とは薄田研二（本名が高山徳右衛門）ではないだろうか。「石黒さん」とは苦楽座同人だった俳優の石黒達也と考えられる。

この一〇月二九日にいよいよ恵子は苦楽座の正式なメンバーになった。

専属契約を申し出ていた大映には「折角ですが、わたしはまだ当分、苦楽座の人たちと、舞台の修業を致したいと存じますから」と断ってしまった。

恵子が苦楽座の正式な一員になった後、昭和一九年（一九四四）までの公演については、徳川夢声の「原爆新比翼塚」（『オール讀物』昭和二八年三月号掲載）が詳しい。心理描写などにおいてゴシップ的な要素を多分に含んでいるが、公演の記録についてはここに書かれている記述が参考になる。昭和一九年一月二日から二三日にかけて、苦楽座は国民新劇場（元築地小劇場）で第三回公演を行う。演目は『永遠の夫』で、これは宮崎滔天《とうてん》の半生記である『三十三年の夢』を菊岡久利《くり》が五幕の通し狂言として構成したものだった。

脚本は主人公・滔天役に丸山を想定して書かれていたが、当の丸山が脚本の内容を気に入らず公演しないと言いだした。薄田研二、藤原釜足、恵子たちが説得したが丸山は承知しない。さんざん揉めた末に滔天役は徳川夢声に変更することで落ち着いた。恵子は滔天の愛人役で出演した。滔天役が丸山を想定されていたことで、徳川夢声としてもやりにくかったようである。客もあまり入らず興行は失敗となった。皮肉にも、当初徳川が演じる予定だった老人役の丸山のみが賞賛された。

一月二五日から二月二七日にかけては、苦楽座第四回公演として、丸の内邦楽座で『無法松の一生』が興行された。吉岡夫人役は映画通りに恵子が演じて、松五郎役は最初の一週間は丸山定夫、以降は薄田研二に変更されている。徳川夢声によると、薄田の松五郎も丸山とは違った好演だったという。

苦楽座の公演時でも、恵子は舞台内外で役柄になり切っていた。滔天の愛人役だった頃には、徳川夢声にだけ差し入れを重ねた。珍しいお菓子やファンからの差し入れを時には自分で、時には誰かに持たせてきたという。『無法松の一生』の時は、最初の一週間は丸山に優しく、その後は薄田に相手が変わったという。舞台の内外では境界がはっきりしなかったが、期日の境界ははっきりしていて、公演が終わるときれいに普段通りの恵子に戻るのだった。

徳川に対する扱いを見た時、丸山が「ハハァ、この前（第二回公演の時）は、私が専らその待遇を受けとったが、今度は徳川先生に移ったというわけですか、ハハハハハ」と笑ったというから、苦楽座の中でも見慣れた光景になっていたようである。

この興行には後に『水戸黄門』の三代目黄門役としてお茶の間の人気者となった佐野浅夫も参加していた。恵子とは一回り年下の同じ丑年《うしどし》生まれで、「ウシウシと頑張ろうね」と声をかけられたのを覚えている。松五郎役が丸山から薄田に変更になったのは二人が同時進行で映画に出演していてその都合だったという（平成一九年桜隊原爆殉難者追悼会での証言より）。

恵子が苦楽座での公演にようやく慣れ始めた頃、心の故郷である宝塚歌劇団はかつてない危機に直面していた。

昭和一九年二月、戦局悪化に伴い政府は決戦非常措置要綱を決定した。学徒動員の強化、旅行の制限、官公庁の休日削減などと並んで、高級享楽の停止が通達された。停止は演劇も対象だった。東京で閉鎖の対象になったのは、日本劇場、歌舞伎座、新橋演舞場、明治座、帝国劇場、関西では京都の南座、大阪の角座、中座、歌舞伎座、北野劇場、梅田映画劇場などだった。その中に宝塚大劇場と東京宝塚劇場も含まれていた。

三月四日が戦前の宝塚大劇場での最後の公演となった。すでに新聞で翌日以降の切符が払い戻しとなる旨が伝えられていたから、ファンにもその日が最後だとわかっていた。当時、雪組が『桜井の駅』『勧進帳』『翼の決戦』を上演中だった。

当日は見たことのない数のファンが詰めかけて、迎宝橋《げいほうばし》（当時、大劇場から宝塚南口駅方向にこの橋が架かっていた）を越えて宝塚南口駅あたりまで切符を求める列が並んだという。客席の整理が付かず開幕は二五分遅れた（『宝塚歌劇四十年史』）。

当時、宝塚音楽舞踊学校（昭和一四年に宝塚音楽歌劇学校から改称）の生徒たちは、最後の姿を目に焼き付けようと花道脇に集まった。

宝塚歌劇団三三期生、玉井浜子（芸名・星宮真沙美）の回想――


　お聞きのように、最後の公演の日はすごい混乱でした。とにかく入りきらないほどたくさんの人が劇場に押し寄せてね。私たち生徒は、いつも自由に楽屋を出入りできたんですけど、その日だけは人がぎっしりいて、楽屋を通るにも死にものぐるいでした。友達と二人、花道の隅っこにようやく立っていられるだけの場所を確保して、春日野八千代さんの舞台姿を見るために無我夢中で足をふんばっていたんです。少しでも力を抜くと、ぎっしり押し合いへしあいしている群衆に場所を奪われてしまいますからね。関係者しか入れない場所でもそんなありさまでしたから、客席は立ち見席も超満員。ドアも閉められない状態でしたよ。

（玉岡かおる『タカラジェンヌの太平洋戦争』）


当時、観客席にいたファンの松田悦にとっても、当時の記憶は忘れがたいものだったようだ。

春日野八千代さんから、閉館についての挨拶があってね。またいつか必ずここで会いましょう、私たちもその日のためにがんばります、というようなことだったと思いますよ。その後、アンコールなんていう気のきいた拍手も何もないのに、何度もカーテンが上がって、何度も生徒さんたちが舞台に出てきてくれるんです。生徒さんたちもきっと、これで終わりだという事実を認めたくなかったんでしょうね。（同書）

大劇場閉鎖後の歌劇団は散り散りの班に分かれて、各地で慰問公演を行ったり、体操の指導をしたりして活動することになる。

特に目を引くのが中国や朝鮮半島への慰問公演である。過去の華やかなヨーロッパやアメリカへの海外公演の一方で、戦地近くへも派遣されていたのである。

中国北部慰問公演

昭和一四年（一九三九）八月二一日から九月二四日。天津乙女、雲野かよ子、糸井しだれなど生徒一三名。青島《チンタオ》、済南、徐州、開封、新郷、石家荘、太原、張家口、北京、天津、大連など。

第一回満州（中国東北部）公演

昭和一七年（一九四二）九月二六日から一〇月三一日。天津乙女、初音麗子、神代錦、糸井しだれ、乙羽信子、加古まち子など生徒三六名。長春、哈爾濱《ハルビン》、大連、鞍山、奉天（現瀋陽）、撫順、京城（現ソウル）など。

第二回満州公演
昭和一八（一九四三）年五月二八日から七月八日。花里いさ子、汐見洋子、難波章子、富士野高嶺など生徒四〇名。長春、哈爾濱、牡丹江、鞍山、大連、奉天、安東、京城など。

第三回満州公演
昭和一九年（一九四四）九月二六日から一一月七日。初音麗子、佐保美代子、玉津真砂、春日野八千代、神代錦など生徒二三名。大連、奉天、撫順、牡丹江、新京、哈爾濱、斉斉哈爾《チチハル》、林口など。

第三回満州公演に同行した春日野八千代の回想が残っている。

プログラムの発行もない上に、巡演日数も一番多く、一番危ない時期でした。参加すると決まった時に、両親はとめなかったし、一言も言いませんでした。最初の一ヶ月は、新京や奉天などの都会の劇場で公演しました。後半は北満のあちこちに散っていた舞台を訪ねましたので、広い荒野をほろなしトラックで移動し、馬小屋を舞台にしての公演でした。早替わりもしましたが、さらしの踊りの『越後獅子』の曲に馴染みがあったのか、一番受けました。三枚目の初音麗子さんが藤娘に扮して機嫌良く踊っていました。兵隊さん達が、目を凝らし、一生懸命に舞台を見てくれました。

（『館報池田文庫』三七号、平成二二年）

海外だけでなく、国内においても移動公演は不自由なことばかりだったが、それでも生徒たちの心意気は失われていなかった。

『歌劇』昭和二一年四月号には、九州炭鉱を慰問した際の様子が書かれている。「炭鉱慰問日記より」という題で、書き手は恵子の六期下の東屋《あずまや》鈴子である。慰問が決まってから、東屋は春日野八千代に指導を受けている。わずかな時間の稽古でも春日野は決して妥協しなかった。

春日野は東屋の踊りを一通り黙って見た後「今までのところ、全部あかん。落第や」とあっさり言った。「だいたい踊りに気持ちが入ってへん。唄の意味をよく考えて踊ってごらん」と細かく分解して各部分を助言すると、もう一度やり直させた。「ほらほら、そこの部分はもっと肩を引いて、足の幅が広すぎる、そら目はどこを見てる」というように立て続けに駄目出しをした。春日野は何回も一緒に踊って見せるが、思うようにできない東屋はとうとう涙を流しはじめた。

ある部分では東屋の振りがあまりに乱暴なので「トン子のは白拍子花子じゃなくて、乱拍子花子やな」と笑った。上手いこと言うと、東屋も思わず一緒に笑ってしまった。

大劇場最後の日、舞台に立った春日野は、先輩が泣いているのを見ても自身は泣けなかったという。

「これが最後なんてことがあるものか。幕はもう一度上がる。そう信じていたから……」自著『白き薔薇の抄』にはそう書かれている。東屋への指導も将来につながる宝塚の系譜を信じていたからである。いつか大舞台に戻る日が来る、そう思えば地方慰問だろうと厳しく指導するのは当たり前だった。

ていたのである。

「よー坊」「よの字」などと呼ばれ可愛がられた幼き少女は、宝塚の支柱として十分な成長を遂げ

昭和一九年は日本中の演劇関係者にとっても転機だった。前述のように決戦非常措置要綱によって都市部の主要な劇場が閉鎖の憂き目にあった。さらに当局は既存の劇団に対して、大政翼賛会に設立された「日本移動演劇連盟」に参加し、国策演劇を行うように命じた。今まで協力要請だったものが強制になり、協力しなければ公の場で演劇を行うことができなくなった。この仕組みにより効率的に劇団を動かし、各地の軍施設、工場、農村などを慰問させて、舞台を通じて戦意を高揚するのが狙いだった。

「日本移動演劇連盟」には二つの協力方法があり、一方は連盟に完全に加入した形をとり指示された演劇のみを公演する「専属劇団」、もう一方は連盟から委託の形をとる「参加劇団」だった。「参加劇団」は演目のうち一つは指定のもの、もう一つは検閲さえ通れば自由に演じて構わないというものだった。公演は連盟から費用が出たが、後者に比べて前者の方がその手当は高かった。当局はどちらを選ぶかを見て、その劇団の戦争への貢献度を測っていた。

苦楽座としてもこの命令を無視するわけにはいかず、苦楽座移動隊（後の桜隊）として再出発することになった。「専属劇団」でなく「参加劇団」を選んで、自分たちのやりたい芝居をやる希望も残した。

苦楽座の第四回公演『無法松の一生』（昭和一九年二月二七日終了）からしばらくの間、園井恵子が

何をして過ごしていたかはっきりと示す資料はない。この時期の手紙も残っていない。

ただ、前述の手帳に書かれた日記には、昭和一八年一〇月の後も量は少ないが記述があり、そこに「七月七日」という日付がある。

七月七日
六時頃、東北地方の移動から帰りました。

割に元気です、が
何だか心の置き場のない重苦しさです。

芝居を好きだと思えない。

この頃の自分の神経を不思議とも情けないとも思います。

結婚する気持ちもなく、人を愛する事も芝居を勉強しようと学ぶ熱情も湧かない、唯惰性で移動に行ってきたとも言えます。

どうしたらなおるのか、どうしたら新しい道が見つけられるのかわかりません。


ここに書かれている「移動」とは何を指しているのか。

苦楽座移動隊の一員だった池田生二《せいじ》は昭和四一年（一九六六）、雑誌『新劇』に「苦楽座移動隊（桜隊）日誌」を寄稿している。その中には「東北地方その他の旅公演を相当活発に行っています」と書かれていて、この証言と日記から、おそらく六月から七月七日ほどの間に苦楽座移動隊による東北地方の巡演が行われ、恵子もそれに参加していたと考えられる。

また、文体を見るとこの「七月七日」の部分については日記ではなく手紙の下書きのようにも見える。

恵子に木下謙次郎夫妻の養女にという話があったことはすでに書いたが、他にも北海道の牧場主との縁談もあったという。しかし一家の中心だからという理由でそれも断っている。

結婚して家庭を築くという当時のありふれた幸せを捨てた一方で、自ら選んだ芝居にも身が入らないという、どこか葛藤ともいえる感情がこの文章には見える。恵子の残した文章には、演技に関して厳しいまでに追求する姿や前向きに進もうとする内容は多いが、このような迷いや弱音が見えるものは珍しい。


この頃になると、戦争の影響は覆うべくもなく日が経つごとに社会は暗くなり、閉塞感を増していった。噴火する火山のマグマが地下でエネルギーを溜めるように、これから訪れるかつてない崩壊劇はすぐ背後まで近づき、息を潜めていた。

そのような時代の中で、恵子は波のない水面を漂うように、自分の内面と向き合っていたのかもしれない。これから起こるめまぐるしい日々を考えると、恵子にとって自分の心と対話する最後の静かな時期だったのかもしれない。


戦争が長引くにつれて国民の生活は苦しくなるばかりだった。

もともと少ない配給だったがそれでも物資が足りず、切符があっても物を買えないという現象が続出した。特に食料品が足りないのは深刻だった。

飢えを満たすため、都市部の人間は農家に買い出しに出かけ、着物や貴重品と食料を交換した。また、闇市と呼ばれる非合法な取引で、軍などから横流しされた食料を買い求める人が後を絶たなかった。それでも食料が足りずに、米や麦に水を混ぜて増したり、イモ、豆、雑穀などを混ぜたりして空腹を癒した。さらに飢えが進むと、芋づる、カボチャの種、昆虫など今まで食べたことのないものまで口に入れるようになった。それだけの食糧難にもかかわらず、政府は海外からの輸入を軍需物資中心に変更していき、食料の供給はますます滞った。

食料を減らしてでも軍需物資を輸入したかったのは、国内の金属が足りないからだった。国中から金属供出が進められて、恵子が幼いころに遊んだ岩手公園（盛岡城跡公園）からも南部中尉像が撤去された。現在も岩手公園はそのまま台座だけが残されている。このような処置だけでは足りず、一般の家庭からも貴金属を供出させて安い金額で買い取り、それを軍需産業に回していた。

苦しい戦いが続く日本軍は、昭和一九年六月一九日から二〇日にかけてのマリアナ沖海戦に大敗した。これにより西太平洋における制海権と制空権は完全にアメリカに移った。

七月にはサイパン島、八月にはグアム島、テニアン島と、マリアナ諸島は次々にアメリカの手に落ちた。守備隊は玉砕した。

これらマリアナ諸島がアメリカに制圧されたということは、日本ほぼ全域が空襲にさらされることを示していた。この責任を追及されて東條内閣は総辞職した。

静かに日本本土に刃が迫っていたのである。

本土の空襲に備えて、学童は避難の邪魔になるからと都市部から田舎に疎開が進められた。また、昭和一九年の後期からは建物疎開といい、空襲時の延焼を防ぐために、建物の密集地で一部建造物を取り壊すという政策が行われた。取り壊される住居や建物は地域の有力者や権力者の一存で、有無を言わさず行われた。地域の人間関係や差別的な意図から行われることも少なくなかった。

防空壕や退避壕が各地で作られ、地域単位で防空訓練が頻繁に行われた。ポンプから水をくみ取りバケツリレーで消火したり、火ばたきで焼夷弾を落としたり、むしろをかぶせて、その上に水や砂をかけるという内容で、これらの訓練は空襲の前に無力だったばかりか、逃げ遅れて被害を拡大するという惨事を生み出した。

徴兵年齢は昭和一八年に二〇歳から一九歳に引き下げられたが、昭和一九年には一七歳までさらに下げられた。年齢に達しない学生は働き手のいなくなった工場に動員された。女学生が工場で熱心に働く姿は雑誌でも紹介されて戦意高揚に利用された。

昭和一八年から男性は国民服、女性はもんぺを常用することが定められた。街からたちまち華やかさが失われていった。

昭和一九年一一月から一二月二〇日にかけて、苦楽座移動隊は再び『無法松の一生』を公演する。浜松の歌舞伎座をはじめに、静岡公会堂、岡崎劇場、名古屋中山工場、豊橋公会堂、金沢尾山倶楽部、小松日本館、福井加賀屋座、高岡歌舞伎座、新湊劇場、富山大劇、岐阜小劇場、関劇場、土岐津長久座、岡山千歳座、倉敷千秋座、福山大黒座と、いずれも短期で巡演し、最後の九州小倉だけ一二日間というまとまった興行を行った。芝居の舞台が小倉であることと、この地方の軍需工場が連合して切符を引き受けたためだった。

舞台は二月の公演から引き続いて、松五郎役は薄田研二、吉岡夫人役は恵子が演じた。行く先々で宝塚時代のファンが楽屋を訪れて、恵子に贈り物をしていたという（「原爆新比翼塚」）。

公演が終わると恵子は盛岡の家族のもとに戻った。年明けから苦楽座の稽古を盛岡市西部の繋《つなぎ》温泉で行うためで、その段取りも兼ねてのものだった。恵子は母とともに繋温泉の愛真館を訪ねて合宿稽古を頼んだ。愛真館の創設者で当時の主だった菊地善五郎は、祖父・政緒が松尾村村長だった時代から袴田家と付き合いがあり、末妹のミヨもここで働いていた。

この頃には東京でも頻繁に空襲が行われるようになり、ゆっくりと芝居の稽古もできないからというのが合宿の理由だった。善五郎は快く引き受けて、元日から苦楽座の合宿稽古が実現することになった。

そして、運命の昭和二〇年を迎えた。

第一一章　移動演劇の日々

昭和二〇年（一九四五）元旦から一月六日にかけて、苦楽座移動隊の一行は盛岡市西部にある繋温泉・愛真館で合宿稽古を行っている。

繋温泉は小岩井駅の南、五キロほどに位置し、盛岡駅から車で二〇分から三〇分の距離である。現在は御所湖《ごしょこ》というダム湖に面しているが、恵子たちが過ごした時代はまだダム建設前で、そこには雫石川《しずくいしがわ》という河川があった。

合宿に参加したのは、恵子の他、隊長の永田靖、丸山定夫、仲みどり、高山象三《しょうぞう》（薄田研二の息子）、利根はる恵、多々良《たたら》純、槙村浩吉、池田生二、演出の八田元夫などだった。同行した池田の証言が残っている（『さくら隊散る』）。

昭和十九年十二月三十一日に上野を発ちまして、元旦に盛岡へ着きました。先に帰っていた園井さんが迎えてくださって、馬橇に乗って行きました。川っぷちに一軒ある湯治旅館でしてね、ひっそりとしてお客さんはほかにいないんです。われわれさくら隊の者ばかりですね。演出の八田元夫さんも行きましたから、十日間稽古をしました。湯につかってはゆっくりした気分になって丸山さんも久しぶりにのんびりしていました。稽古は『獅子』と『虎の皮』でした。

この記述には合宿は一〇日間と書かれているが、池田自身の他の文章（「苦楽座移動隊（桜隊）日誌」）でも『園井恵子・資料集』に収録されている恵子の手紙や菊地サキ（当主・善五郎の娘）の証言でも一週間程度との記述で一致しており、合宿期間に関しては何らかの間違いと考えられる。文献を総合すると、苦楽座移動隊は一月五日まで愛真館で宿泊して、六日に後述の盛内政志の案内で盛岡駅の岩手県公会堂に移動し、そのまま盛岡駅近郊に宿泊して七日以降に帰京したと考えられる。

稽古していた『獅子』は三好十郎の原作で、この後、桜隊の代表作となる演目である。広島で被爆し隊が壊滅する直前まで演じ続けられた。

『獅子』のあらすじ――

農村を舞台にした一幕物の舞台である。主な登場人物は、恐妻・お紋と、尻に敷かれている亭主・吉春、娘・お雪である。

お紋は有力者・小宮山の息子のもとにお雪を嫁がせようとしている。お紋は、酒癖が悪く甲斐性のない吉春に苦労し続け、娘にはそんな苦労はさせたくない。そして、この結婚をきっかけに自分たちの生活も良くしたいと考えている。お雪にはずっと前から心を寄せた青年・圭太郎がいる。しかし気の弱いお雪はそれを母に言い出せない。

結納を前に、小宮山の親戚一同が顔合わせに来ることになる。お紋が出かけた合間に、吉春はこのまま結婚して本当に良いのかとお雪に尋ねる。二年前から酒を断ち、今や妻の言うなりでうだつの上がらない吉春だったが、芯が強く、かつては獅子舞の名手として一帯では知られた存在であった。吉春は言う。「人間、一生の一大事の時は、思い切って、崖から飛び降りる気で、自分のホントにしたいようにせにゃいかんぞ」。

お雪が心を寄せる圭太郎は今日、満州に旅立つ予定だった。お雪は吉春に獅子が見たいと言い、吉春もその気になるが、来客で見せずじまいになる。小宮山の親戚が到着し、お雪を呼ばないまま居間で小さな酒盛りが始まる。久しぶりに酒を飲んだ吉春はその勢いで、無理にお雪を嫁がせようとするお紋を責めはじめる。

その時、お雪が家のどこにもいないことに気付く。圭太郎と駆け落ちする書き置きを見た吉春は喜び、お雪と圭太郎が乗っている汽車に向けて獅子舞を踊り出す。

「お雪、しっかりやれよ、幸せにやれよ、あとのことは心配するなよ、人間一生の一大事の時は、自分がホントに正直に、したいと思うことを思いきってやらんならんぞ、それが人間の道じゃあぞ、それが人間の道じゃぞ、圭太郎君と仲良くやれようッ、お父つぁんは嬉しいぞう」

呆然と突っ立っている一同を後ろに汽車が走っていく。

恵子に与えられた役は「お紋」だった。脚本中にお紋について書かれた解説がある。

その引用――

お紋（四十六、七歳）。汚いながらキリリとした野良着に、紺のモモヒキに地下足袋がよく似合う。やっぱり育ちの良さそうな一脈の上品さを残しているが、しかし、百姓仕事に身を入れはじめてから一年や二年でないらしい事は、ガッシリとした身体つきにも見える。だが亭主の吉春をそれほどに畏怖させるほどのトゲトゲしい所はどこにも無く、井戸の方へ歩いて来ながら姉さまかぶりにしていた手拭いを取った顔など、毎日の野良仕事で色こそ黒いがまだまだなかなか美しく、情愛の深そうな顔である。ただ、稀《ま》れに感情が激した際不意にビックリする程に醜い鋭どい表情になることがある。語尾のハッキリした早口。

作中で深くは語られていないが、もともと吉春の家はそれなりに良い家柄だったらしく、家の再興という言葉も出てくる。お紋ももとは良家の出だったのだろう。しかし、劇で演じられるお紋はそのような背景を持ちつつも、自ら縁談を強く進めたり、婦人会の仕事に率先して出て行って「国策おかか」と陰口を叩かれたりしている。生活を良くするために懸命で慣習にもうるさい姿は、当時では一種の典型的な恐妻像かもしれない。

時に言葉は汚くヒステリックで欲が滲《にじ》み出る姿は、今まで恵子が演じたことのないタイプの人間だった。セリフも劇中の誰よりも多く、長くまくしたてるものも見られた。

いわば恵子にとってはじめての汚れ役だった。経験のない役柄に躊躇《ちゅうちょ》した恵子は演出の八田に相談した。自分よりふさわしい女優がいるのでないかとも思った。そんな恵子に八田は次のように答えたという。

「貴方は今迄やった事のない役柄かもしれない。凡《およ》そ貴方の持っている生活環境とは、かけ離れた生活内容です。然《しか》し自分の柄だけで考えてやっていたならば、俳優はいつ迄たっても成長しない。もう二十ぺんくらい読んで御覧。それからお百姓の生活を知ることだ。二、三日田舎に行って鍬をかついでくるんだね。モデルを真似ることではなく、農村の生活を肌で感じることだよ」（『戦禍に生きた演劇人たち』）。

覚悟を決めた恵子はお紋の役作りに没頭した。もともと集中すると他のものが何も目に入らなくなる恵子である。困難な役はかえって恵子をのめり込ませた。今までの自分を壊し新たな素地を作り出す作業は女優としての成長を実感させた。気が付くと、恵子からは迷いがすっかり消えて、稽古に打ち込むようになっていった。

一月五日、繋温泉で合宿稽古をする苦楽座移動隊の前に思いがけない客が現れる。当時、盛岡の中央映画劇場に勤めていて、地元の劇団ともパイプを持っていた盛内政志である。盛内は明治大学在学中に苦楽座の旗揚げ公演の楽屋に顔を出し、恵子と話し込んだことは前述した。大学卒業後は故郷の岩手に戻り、そこで就職していた。

盛内の用向きは、盛岡の県公会堂で地元の演劇人を呼んで公開稽古をしないかというものだった。当局が許可するはずはないから秘密裏にである。

もちろん、一介の勤め人である盛内が自らそんな危険な提案をするわけがない。盛内は郷里に帰った後、疎開していた作家の鈴木彦次郎、盛岡地検の長谷川瀏《きよし》検事正と「芝居を語る会」を時々開いては楽しんでいた。

長谷川瀏は明治二四年（一八九一）生まれで当時、五〇代に差し掛かったばかりだった。東京帝国大学を卒業後、横浜、広島、東京と地方検事局に務めるなど検察畑を歩んできた。昭和一六年から一八年にかけては東京保護観察所長も勤めていて、治安維持法違反を犯した元思想犯などを監視する立場でもあった。本来であれば、築地小劇場から系譜が連なる苦楽座移動隊を厳しく睨む位置づけだったが、一方で長谷川は大の芝居好きでもあった。

旧知の愛真館館主から苦楽座移動隊が稽古していると知らせを受けて、それなら盛岡でこっそり稽古をしないかと、盛内を使いによこしたのである。すっかり見る機会のなくなった本格的な芝居を見たくなったに違いない。

このエピソードが井上ひさし作の戯曲『紙屋町《かみやちょう》さくらホテル』（桜隊の広島滞在時を舞台にしている）の登場人物「長谷川清」のモチーフになっている。

長谷川は検察関係について多くの著書や文章を残していて、自ら司法関係の小説を書くほどだった。しかし演劇についての記述は残っていない。この時の様子については、盛内が『園井恵子・資料集』に次のような証言を寄せている。

二度目に会ったのが昭和二十年の正月。三好十郎作『獅子』を稽古中の苦楽座さくら隊一行を、長谷川瀏検事正のすすめで繋温泉・愛真館へ迎えに行ったときである。たいへん雪深い朝で、小岩井駅から乗った馬橇をつなぎ橋の手前で降ろされ、それから先は深い雪道を歩かされたのだった。

丸山定夫に添書を差し出すと、「隊長は永田ですから……」と、すぐ永田靖に取り次いだ彼の律義さが印象深く残っている。幸い、明大文芸科の講師に来ておられた八田元夫さんが演出で同行しており、私はおかげで、仲みどり、園井恵子らを加えた八田演出にかかる『獅子』の素稽古をつぶさに見せてもらった。

盛内が書いている「つなぎ橋」とは、現在の繋大橋よりも東にかかっていた橋で、御所ダム建設にともない現在は残っていない。つなぎ橋近辺の道も多くはダムの底に沈んでいる。盛内とともに恵子たちが歩いたであろう道の多くも、現在は主要道として使われていなかったり水面下となったりして、名残を感じさせる場所は少ない。

当時の地図を見ると、小岩井駅から南下する県道二一九号線は山と山の谷間で、左右には荒れ地があるくらいで、つなぎ橋周囲は田畑がほとんどである。小岩井駅から雪の谷間や山道を抜けて、つなぎ橋付近で急に周囲の景色が開けて、あとは川沿いに雪に覆われた田畑の中を歩くような道だったと考えられる。

明くる一月六日、苦楽座移動隊の一行は盛内とともに盛岡の岩手県公会堂へと向かった。公会堂は盛岡駅より徒歩三〇分程度、現在も昭和二年に建築された当時の趣きを残している。所在地の盛岡市内丸は庁舎のビルなどが並ぶ市の中心部だが、公会堂の道路を隔てた向かいには、桜山神社や岩手公園につながる内丸緑地の木々が繁っている。都会の排気ガスにまみれた熱さの中、その一帯は不思議な古き良き涼しさを残している。

長谷川や地元の演劇人たちが集まったのは現在の「第二十一号室」で、当時は大食堂として使われていた部屋だった。この場所も昔のまま残っていて、当時の様子を思いめぐらすことができる。すぐ近くが警察署であり、窓には暗幕が張られた。『獅子』や『虎の皮』の稽古が行われ、それが終わると丸山定夫が詩を三篇朗読した。外に漏れないか盛内が心配するほど、朗々とした名調子だった。恵子は故郷である岩手の懐かしい思い出を語ったという。

「この集いを開いてくださって、ありがとうございます。苦楽座のみなさんにもこんなに喜んでいただき、多分、良い思い出になることでしょう」と、恵子は嬉しそうな笑顔で盛内に礼を言った。

まもなく夜となり、恵子は油町の平野家に寄るため、公会堂の前で別れた。盛内は丸山たち苦楽座一行を駅前の旅館に送り届けた。これが盛内が恵子や丸山を見た最後の機会となった。


繋温泉で合宿稽古を終えた苦楽座移動隊だったが早々に困難に直面する。旗揚げの発起人だった徳川夢声と藤原釜足の脱退である。二人とも岩手の合宿に参加せず、その後も丸山が戻ってくるよう懇願しても首を縦に振らなかった。

二人が出ていったのは移動演劇隊の過酷さに逃げ出したというのが実情だった。戦時中の鉄道は物資の輸送が優先されて人員輸送は日増しに削減されていった。それにもかかわらず、食料の買い出しや集団疎開、兵隊の移動など客は増え続け、特に長距離をつなぐ基幹線の駅では人があふれて、列車に窓から乗り降りするような有様も見られた。

移動演劇隊も当然それを避けることはできず、人がひしめく中で立ち続けトイレにも行けない状況がずっと続いた。長い移動ではそれが二日間も続いた。

ようやく移動先に着いても食事も十分になく、お握りがあれば上等で、さつま芋が一本半ということもあった。ラジオや映画の人気俳優だった徳川と藤原にとって、移動演劇隊に残るという選択の方がむしろ不思議だったのかもしれない。

薄田研二もすでに移動演劇には参加しない旨を表明していて、理想を声高に語り苦楽座を旗揚げした人間がことごとく背中を向け、祭り上げられた丸山や誘われた恵子などが残って、後に広島で悲劇に遭遇するとはなんとも皮肉な話である。

看板役者を失った苦楽座移動隊だったが、岩手で稽古を重ねた『獅子』は息を潜めて、日の目を見るのを待っていた。

昭和二〇年一月二四日、隊長・永田靖、副長・丸山定夫、演出家・八田元夫他、園井恵子、仲みどり、槙村浩吉、水谷正夫、遠山義雄、池田生二、高山象三、利根はる恵、多々良純、島木つや子など計一七名の一行は、朝八時に東京駅に集合し、九時一〇分京都行きの各駅停車に乗り国府津《こうづ》へと向かった。

ここから三月までの動向については、前述の池田生二が記した「苦楽座移動隊（桜隊）日誌」（以下、日誌）が詳しい。戦時中の移動演劇の実情や劇団員たちの様子が事細かに記録されている。

昭和二十年一月二十四日（水）　曇、昼雪、夕方より晴。
移動先　国府津興亜工業（夜一回）
今日は神奈川県下航空機関係工場巡演の第一日也。
大政翼賛会主催の一億決起米英撃滅航空機緊急増産運動に参加する日本移動演劇連盟傘下の移動演劇隊として、苦楽座移動隊も八木隆一郎作『太平洋の防波堤』、三好十郎作『獅子』の二作をかねてより準備中なりし。

さらに日誌は続く。一〇時五〇分過ぎ、定刻に国府津に到着した一行は昼食をとると、会場とな

苦楽座移動隊集合写真（昭和20年1月27日）。前列左から島木つや子、園井恵子、永田靖、一人空けて丸山定夫。中列左から高山象三、仲みどり、八田元夫、多々良純、池田生二、利根はる恵、江守純子。慰問先がフィルム会社だったため記念撮影が行われた

る国民学校（現在の小学校）に移動し、さっそく舞台の準備に取り掛かった。この頃、雪が強く降り始める。この地方ではその年初めての雪だった。

> 会場は講堂にて、舞台の二重は教壇を借りたりし、渡り廊下の簀《す》の子《こ》を組み合わせるなど、奥行一間半、横二間半程度の二重となす。大小道具、衣装その他の荷を解き、まず『獅子』の舞台を組む。

会場の設営も自分たちでやらなくてはいけない。大道具、小道具も自分たちが東京から別便で送ったものだった。急仕上げの舞台装置は不備も多く、現場であれこれ調節してようやく体裁が整った。急だったのは舞台だけではない。役者たちも急な脱退などで十分に集まらず、出発直前にようやく人数が揃ったほどだった。東京では全員揃っての稽古は一度も行えていなかった。

演目は連盟指定の国策劇『太平洋の防波堤』が

四五分、幕間三五分、『獅子』が一時間四五分だった。力を入れているのは明らかに『獅子』だった。幕間に長い時間を要したのは、舞台装置の指定が多かったためと、恵子が役柄を変える際に準備で時間がかかるためだった。

入場者三百余名。舞台成果初日としては良と云うべし。非常に喜ばれたるも子供多し。寒空の夜、しかも火の気のない国民学校まで観に来る人の少なきは当然。かかる夜間公演の際、一度警報発令されたる場合の処置、行動など組織的かつ敏速になされるよう予め準備大切也。訓練すべし。

子供が多く騒がしいのが気になったが、暖房もろくにとれない国民学校において、三百人集めた初日公演は成功といえる出来だった。日誌にも言及されているが、この後の公演において空襲警報は悩みの種で、中断や状況によっては劇の途中で終了せざるをえなかった。それだけ日本本土への空襲は日常化していたのである。

この日は警報が一度もなく、苦楽座移動隊の幸先を明るく示しているように思えた。日中に降っていた雪も夕方には止み、日暮れには箱根の二子山《ふたごやま》に映える夕陽が美しく、帰宿時は煌々《こうこう》たる月光と星空の下、霜を踏みながら元気に歩いた。

しかし、移動演劇の日々は過酷なものだった。翌二五日は古川電気工業平塚工場、二六日は湯浅蓄電池小田原工場、二七日は富士フイルム小田原工場と、二月三日まで一一日間、ほぼ毎日場所を変えて公演を行っている。小道具、大道具を運び、行く場所ごとになんとか舞台を整えて、公演が終わったらすぐに撤収して翌日の移動に備える——恵子たち女性陣も男性に負けじと道具を運んだ。

夕食後や翌日の朝は演出の八田元夫のもと、駄目出しが行われた。厳しい環境下にあっても、良い芝居を作るという熱意は忘れられるものではなかった。この時の恵子の芝居について池田は日誌に次のように書いている。

園井さんのお紋、丸山さんに見られるようなうまさには欠け、難点もあるが、『獅子』では結局この人が一番よく演っているのではあるまいか。お百姓のおかみさんになりきろうと精一杯に演っている。体当りの熱演である。

新劇畑の役者に認められるほど恵子の演技は日増しに磨かれていった。宝塚での独特な演技から新しい境地を開きつつあったが、この熱演と厳しい日程が恵子の体力を奪っていった。

二九日の池田の日誌には「園井、連日のお紋の熱演で疲労、風邪気味、今日は特に身体の具合悪しき様子なり」と書かれている。二月一日の公演から体調はさらに悪くなり、二月二日、三日と恵子は公演を休まざるを得なくなる。

過去をたどると、幼少の頃から寝込むことが多かった恵子は、宝塚時代でも休演や体調不良が時々見られた。演技では力を抜くことができず、決めたら後先のことを考えずに没頭した。もともと体質的な弱さを抱えているところに、打算せずに突き進んでしまう気質が容赦なく体力を奪っていった。

運が悪いことに二日と三日は仲みどりと高山象三も体調を崩して休みであった。仲は演目の一つ『太平洋の防波堤』で主要な役だったから、『太平洋』『獅子』両方で主たる女優がいなくなってしまった。困った一同は、『太平洋』は代役を立て、『獅子』は『虎の皮』という男性主体の演目に変更して、なんとか窮地を乗り切った。

二月三日の終演時、関係者の挨拶の後に万歳三唱が行われた。一一日間続いた神奈川県での巡演はこうして終わったのである。

神奈川での移動演劇を終えた苦楽座移動隊だったが、五日後の二月八日から一八日にかけて名古屋巡演の予定がすでに決まっていた。

二月五日、池田の日誌には「十一時移動演劇連盟事務所に全員集合」と書かれている。しかし、恵子、仲みどり、高山象三の三人は体調が回復せず、この日も参加することができなかった。

この日は神奈川巡演時に体調不良者が出た苦い経験から、代役を手配してその人間も交えた稽古を行うつもりだった。さらに大道具の修理やメンテナンスも行う予定だった。しかし、肝心の代役候補の手配が間に合わず、さらに最終日の公演先から届くはずの大道具や設備がこの日になっても届かないという事態も重なり、結局何もできずに解散となった。

次の日になっても舞台道具は届かず代役も見つからなかった。翌日に名古屋へ出発なのに稽古もできず、舞台道具は修理できないどころか次の移動先に送れるかも疑問だった。恵子は病身のまま事務所に現れたが体調の悪さは隠せず、代役なしで移動演劇の長丁場をこなすのは不安視された。

結局、名古屋巡演は珊瑚座という他の劇団に代わってもらい、苦楽座移動隊はその次に予定されていた広島巡演に備えることになった。

この名古屋巡演を回避したことで恵子や高山象三の体調は徐々に回復し、再び移動隊に同行できるほどになった。仲みどりは間に合わなかったが、代役を手配してなんとか『太平洋の防波堤』も『獅子』も公演できる形にこぎ着けた。

広島での公演初日は二月二〇日に決定し、出発は一八日となった。一七日には移動演劇連盟事務所に集まり、出発の準備をして荷物も発送した。

この出発前後は日本全体にとっても大きな出来事が起こっている。池田生二の日誌にもそれは色濃く記されている。

二月十六日（金）曇後晴
午前七時空襲警報発令。敵小型機、房総半島より本土に侵入しつつありとのラジオ情報に始まり、空襲警報解除されたかと思うと、間もなく発令という有様で、終日次々と敵艦載機編隊の主として帝都周辺飛行場、軍事施設の爆撃を伝える。延べ千機余のグラマン、カーチスの爆撃機及び戦闘機の来襲也。爆音と高射砲の音一日続く。正に敵艦載機の大挙本土爆撃の初めなり。（十七年四月二十日に艦載機による初の爆撃ありしも、あの時は十数機のこと）。空中戦にて機の撃墜見ゆ。落下傘で降下する者を望見、敵兵なるべし。
今日は十時より四谷倶楽部で稽古の筈なりしも、交通半ば杜絶、乗車制限もあって、稽古場に会する者なく中止。

二月十七日（土）晴
　今朝もまた七時過ぎ空襲警報発令。再び敵艦載機の来襲也。爆撃目標は昨日同様、帝都周辺の飛行場並びに軍事施設と、交通機関。列車の銃撃などもありしと。午前中の来襲頻繁なりしが、十四時前に空襲警報解除となる。
（中略）敵アメリカ機動部隊が昨朝より硫黄島に大挙来襲、上陸を企図の由にて、昨日今日の関東地区への艦載機による大空襲は、そのための牽制との風聞也。今日の来襲機は延べ六百機余とのこと。銚子沖四十里位まで敵空母十隻以上が接近せりと。

二月一六日は日誌に書かれている通り、日本本土（那覇など島嶼部《とうしょぶ》を除く）に初めて空母から大規模な空襲が行われた日だった。これは日本の航空戦力を減少させるとともに、同時期に行われた硫黄島攻略の援護、陽動でもあった。

　昭和一九年にマリアナ諸島を制圧したアメリカ軍は、日本本土を直接空襲可能な距離に収めることに成功した。しかしマリアナ諸島の北に位置する小笠原諸島は依然日本軍が治めたままだった。そこからの監視により、日本軍はマリアナ諸島からのアメリカ空軍の出撃を察知し、本土で迎撃態勢をとることができた。また、最大航続距離に近い日本本土への飛行では少しのトラブルで帰還できない航空機が出て、さらに航続距離の短い護衛機を付けることもできなかった。これらの要因により日本本土への空襲はアメリカ側にとっても危険が大きかった。

　特に硫黄島は小笠原諸島の中でも日本軍の重要な拠点で、日本本土空襲のさらなる強化のためアメリカ軍は攻略に踏み切ったのである。

二月一八日、苦楽座移動隊は広島行き二二時四〇分の夜行列車にて東京駅を出発した。参加したメンバーは永田靖、丸山定夫、園井恵子、水谷正夫、池田生二、多々良純、利根はる恵、島木つや子、高山象三、遠山義雄に演出家の八田元夫などを加えた計一五名だった。

池田の日誌には「遠距離行列車は運転中止のものもあって、車内非常な混雑なり」と書かれている。

苦楽座移動隊が乗った列車は日が明けた一九日八時頃、名古屋駅を通過した。車窓から見える工場や建物の窓ガラスは破損がひどく、地面には直径二メートルほどの穴が開いて泥水がたまっていた。空襲の痕跡に言葉が出なくなる一行だったが、この後始まるB29の絨毯爆撃に比べれば、この段階ではまだ序章に過ぎなかった。

列車は予定時刻から四時間ほど遅れた二〇日午前二時に広島駅に到着した。東京を出発してから二七時間の鉄路だった。ここで移動演劇連盟の人間が迎えに来るはずだったがいくら探しても見当たらず、地理がわからない一行は途方に暮れてしまった。付近の旅館に宿泊を頼むも断られ、永田や丸山が連盟事務所を探す間、交渉して駅長室で休憩をとらせてもらうことにした。二月の深夜である。駅長室のストーブや湯茶は何よりの救いだった。女性たちはソファや椅子にもたれて仮眠についた。

永田、丸山が連盟事務所を見つけて、職員を連れて戻ってきたのが明け方近くだった。昨夜駅に迎えに来たものの、いつまでも列車が到着しないため帰っていたという。一行は職員に連れられて男女それぞれ別の旅館に入り、用意されていた夕食をとって就寝した。朝七時のことだった。

ようやく得た休息だったが、すぐ一〇時には起きなくてはいけなかった。一三時からさっそく公演の予定だった。一行は昼夜二回の公演をこの日だけ夜一回にできないか交渉したが、受け入れてもらえず「すまないが是非頼みます」と懇願されたのだった。

その理由は会場に到着してわかった。この日の巡演先は陸軍病院第一分院だったが、会場内には傷病兵とわずかな看護師であふれ、立ち見の余地もないほどだった。病院では以前に歌謡、浪花節、漫才での慰問はあったが芝居ははじめてで、八百人を超える人間が目を輝かせて待っていた。

一三時開始の予定だったが、一行が到着したのがすでにその時刻を回っていて、それからあわてて舞台準備を始めた。『太平洋の防波堤』が始まったのが一四時、『獅子』が終わったのが一七時であった。

池田の日誌にはこの時の様子が次のように書かれている。

　終演後隊長永田の挨拶の後、患者の代表が謝辞の中で曰く「人間一生のうちで本当にしたいと思うことがあったら、その時は崖から飛びおりるつもりでせにゃならんぞ」という台詞を聞いて、非常に感銘が深かった。一同も深く胸打たれることが多かったに違いないと確信します。――そんなふうに述べていた。『獅子』はこの傷病兵さん達に観て貰って始めて、作者の心持がそのままぴったり相手に伝わったのではあるまいか。そんな感じがこっちへも伝わって嬉し。

神奈川での巡演は移動先が工場で、観劇する人間も一〇代後半の少年工が多かった。『獅子』は社会の慣習やしがらみと自分の気持ちの間で葛藤に苦しみ、その中で自分の生きたい道に思い切って飛び込んでいく物語であり、そのような年代ではまだ実感として心情を共有するのは難しかった。それに比べて、陸軍病院の患者たちはそのような人生の辛酸を味わってきた者たちである。患者代表の挨拶の時もうなずく者が多かった。役者と客たちの間で優しい心地よい時間が流れた瞬間だった。

いよいよ別れの時、隊員一同が舞台に整列し、傷病兵とお互いに「さよなら、お元気で、ありがとう」と言い合った。池田は「お互いに真情が溢れていた。目が輝いていた。感慨深し」と書いている。これこそ、役者たちが苦しい移動演劇に耐えてでも求めていたものだった。

軍国主義と思想統制のもと、すっかり翼をもがれた日本演劇界において、『獅子』は静かな存在だったが確実に人間の自由や意志を訴え、それを見た人に小さいかもしれないが生きる希望を灯したのだった。

しかし、この陸軍病院も後に原爆により全壊し、職員、患者とも非業の死を遂げるのである。

一行は素早く舞台装置を撤収して、次の公演先である市内の工場にトラックで向かった。ここでは『太平洋の防波堤』終了後、『獅子』の舞台準備中に空襲警報が発令し、それが解けないうちに観客も帰ってしまったので、そこでやむなく取りやめとなった。その後、工場の社長たちが一行を歓待し、終電間近まで一緒に過ごすことになった。宿についたのは二三時半だった。

翌二月二一日は、前日と同じく昼は陸軍病院（陸軍三滝臨時病院）、夜は宇品《うじな》の船舶部隊（通称、暁部隊）を慰問した。昼の会場は病院講堂で千名を超す観客だった。『獅子』が終わって幕が引かれると「うまいな！」と感嘆の声が舞台まで聞こえてきた。

夜の会場は宇品凱旋館で、ここは出征する兵士や傷病して帰還した兵隊を慰問するために昭和一四年（一九三九）に完成した施設だった。

後の原爆投下時には爆心地から離れていたため、窓ガラスが割れる程度の被害で済み、ここに被爆者が多く避難してきた。しかし、ここも収容しきれなくなり、臨時野戦病院となった似島《にのしま》の検疫所に船で移送したという。同四九年（一九七四）に解体されて、現在跡地は宇品中央公園となり記念碑が残されている。

『獅子』の舞台。右から園井恵子、三人目が丸山定夫（移動演劇桜隊平和祈念会提供）

凱旋館では開演前の夕食にビーフステーキが出て、開演中も紅茶、干菓子、煎餅と甘味の差し入れが届けられた。施設も最新だけあって二千人もの観客を収容でき、舞台準備も兵隊が手伝ってくれた。

終演時には永田と丸山が呼ばれて肉筆の感謝状を贈られる。戻った丸山がそれを読み上げると皆は歓声をあげて喜んだ。

長い間、当局や軍部から弾圧を受けた新劇だったが、移動先では多くの人々が演劇を待っていた。そして『獅子』は個人の幸せのために生きるという、当時の日本とは異なる価値観を根底に謳《うた》い上げていたが、それは軍隊でも十分受け入れられた。むしろ、戦争の矛盾や苦しみと直接対峙している末端の兵隊たちにこそ、その価値観は心を揺さぶるものだったのかもしれない。

病院、軍事工場、鉄道局など、苦楽座移動隊は連日、一日二度の公演を続けた。舞台の運搬から設営、撤去まで自前で行う移動演劇は確実に体力を奪っていったが、脱落者もなく何とか持ちこたえていた。時に空襲警報で中断や中止はあったが、当初の予定通り公演は続けられていた。

鉄道局では終演後、煤煙で真っ黒になった少年機関庫員たちと一緒に風呂に入り、池田は「芋洗うばかりの混雑。煤煙に首から上と手首から先が真黒のまま風呂につかる少年達、我々と互いに好奇の目で見合う、愉快なり」と記している。過酷ながらも移動演劇ならではの趣きに身を浸していた。

二月二六日、広島駅前の宿舎に中国新聞の記者が取材に訪れた。永田、丸山、恵子などに広島に来た感想を聞きに来たのだ。この時のインタビューの内容は、二月二八日の中国新聞の二面に丸山の談話として掲載されている。「私の見た広島」というシリーズ記事らしく、副題に「誠心を失っている市民」と付けられている。記事から一部を抜粋する。

たとえ広島の町が東京あたりに比べて、遥かに悠長で豊かそうだからといって、それぞれの町にはその都市としての全国的な位置や特殊性があり、東京、大阪の人たちよりも広島人の方が戦局の現状について暢気だとは思いません。必要な瞬間にはこの広島も完全な戦闘配置につきうることは、現在日夜盲爆をうけている各都市が空襲以前における防空態勢とを比較してみてより以上に緊張しているのをときどき見聞してもわかります。

ただ何百年も経験したことのない爆弾の洗礼が戦局の険しさを加えつつある今日かならずあると思いながらもぎりぎりに追いつめられるまで平和のなかにひたっているため、焼け跡にたってはじめて覚醒するような状態に陥りやすく、この決戦をおぎなう唯一の武器はほとばしり出る誠心の発露であり、広島市民にもっとも必要なのはこの誠心ではないでしょうか。

各都市の空襲が相次ぐ中、広島にはまだ本格的な空襲がなかった。その市民に対して戦時下の緊張を求めた談話であり、軍隊の精神論を後押しするような内容である。丸山の本心がどのようなものだったかわからない。しかし、このような発言をしなくては当時の日本で芝居ができなかったのは間違いない。

一緒に取材を受けたはずの恵子については、新聞のどこにも触れられていない。この時どのような話をしたのか、残されていないのが残念である。

広島巡演の最終日は三月二日で、移動先は広島市暁部隊だった。日誌には詳しく書かれていないが、公演初日の暁部隊とは別部隊のようである。この公演は当初予定になかったが、途中、鉄道局での最終日に「うちの部隊でもぜひ公演してほしい」と交渉があり急遽決まったものだった。部隊は五千名にのぼるとのことで屋外での公演を予定していたが、当日は大雨で国民学校の講堂に会場を変更した。しかし、講堂では五千人もの人数は収容しきれず、多数の兵隊が軍に逆戻りした。

引き返す兵隊に申し訳ない気持ちを胸に、最終日は『太平洋の防波堤』『獅子』ともに無事に公演を終了した。

終演後はビーフステーキ、数の子、飼育している家鴨《あひる》の卵焼き、ほうれん草のおひたしなど、兵隊たちの手料理で歓待された。食後にも菓子や煎餅が出され、それらは当時の世間では口にできない食べものばかりだった。

さらにその日の夜行列車で帰京する隊員には二食分四個の大きなおむすび、さらに土産として一同にカステラ風の菓子も持たせてくれたという。

宿舎に戻り、隊員たちは大道具その他を荷造りして東京に発送した。そして隊長の永田より挨拶があり、ここに広島巡演は終了した。その日の夜のうちに永田、丸山、遠山、島木などは列車で出発し、翌日には恵子、水谷、池田、多々良、利根、高山などが広島を去った。恵子は神戸で下車し中井志づ宅に向かった。

広島での巡演はたくさんの観客が訪れて喝采も多く受けた。それは受け入れ先が熱心で、演目に対して適した年齢層が多かったことが理由として考えられる。同時に神奈川から続いた公演の中で、各々が腕を上げていたことも事実だろう。移動演劇という過酷な環境下であっても、舞台に上がれば役者たちは心血を注いで芝居に打ち込んでいたのである。

しかしこの広島公演での好感触が、皮肉にも後の広島行という悲劇につながるとは誰しも想像していなかったのである。

第一二章　広島への道

昭和二〇年（一九四五）三月一〇日は戦争の凄惨さと残忍性を今も歴史に強く刻んでいる。その痕は人間の運命や矛盾を鋭く我々に問いかけ、突き詰めるものでもある。

三月九日夜に日本上空に侵入したB29爆撃機の大編隊は、日付の変わった一〇日午前零時過ぎ、現在の東京都墨田区、江東区、台東区など住宅や工場の密集した下町地区に爆撃を開始した。超低空から高性能の焼夷弾を大量に投下するという今までにない爆撃方法だった。これは木造家屋の多い日本に向けて立てられた作戦で、住宅の瓦を突き破り家の内部で発火する焼夷弾により、一帯は火の海と化した。延焼があまりに速く逃げ場を失った多くの市民が、男女子供の区別なく焼き殺された。死者は一晩で一〇万人を超したといわれている。翌日、日が明けると黒焦げた焼死体が一面に転がっていた。人の輪郭をかろうじてとどめていたが男女の区別も難しいほどだった。工場を住宅ごと殲滅するという名目こそあれ、実態は無差別殺戮だった。

これを機にその後の空襲は焼夷弾による集中爆撃となり、それは軍も市民も関係なく街を焼き尽くそうとするものだった。都市の機能を失わせるだけでなく、徹底的に追い詰めて日本全体の戦意までも失わせようとしたのである。

この三月一〇日の空襲では国民新劇場（元築地小劇場）も焼失した。かつて駆け出しの頃を過ごした丸山定夫や、そこで新劇に触れた恵子たち苦楽座の一同はこの知らせをどう聞いたのだろうか。池田生二は日誌で「惜しむべし。思い出限りなし。空爆憎むべし。されどいつの日か、新生日本に必ず再生の日あらん」と書き残している。

三月一二日、一九日は名古屋、一三日、一四日は大阪、一七日は神戸と大都市が立て続けに爆撃を受けて大きな被害を出した。

三月中旬には事実上、アメリカが硫黄島の機能を制圧した。その後も戦い続けた守備隊であるが二六日には玉砕している。硫黄島は本土を守る上で最後の防衛線であり、いよいよ日本の守りは失われ、その身体は敵の前にさらされたのである。

これら戦況の激化は恵子たちの移動演劇にも影響を及ぼした。三月一一日から東京近県の農村を巡演する予定だったが、上記の空襲により鉄道の被害も大きく中止となった。一六日は千葉の農村で公演予定も空襲の恐れがあるためにこれも中止、二〇日から九州地方に巡演の予定で荷造りまで済ませたが、四国、中国、関西地方の空襲が予期されるとのことでこれも中止となった。

移動演劇連盟はこの激しくなる空襲下で、その都度劇団を移動させることの難しさを考えた。空襲で鉄道が分断されたり機銃掃射を浴びたりして、長距離の移動は危険が大きくなっていた。

三月下旬、連盟は各劇団の代表者を呼び出した。連盟本部の建物も一〇日の空襲で焼失して永田町の手狭なバラック小屋に仮住まいだった。

そこで下されたのは「劇団疎開」という命令だった。分担して各地方に劇団を停留させてその一帯で演劇活動をさせようという方策である。それなら移動距離が少なく空襲被害による中止も最小限にできる。

そこまでして連盟が移動演劇の存続にこだわったのは、各地での公演の反響が大きかったからである。当局が都内の劇場を一斉に閉鎖した昭和一九年は公演回数三千九百回、観客動員は四五〇万人を超えていた（『戦禍に生きた演劇人たち』）。娯楽が失われた戦時下では移動演劇を多くの人が待っていたのである。

しかし、劇団員にとってこの疎開命令は厳しいものだった。劇団ごと決められた場所に引っ越しろということで、縁も馴染みもない場所で一から生活をスタートさせなければならない。家族を持っている者にとっては特に過酷な命令だった。家族を置いていけば、この厳しさを増す戦時下ではもう二度と生きて会えないかもしれない。

劇団を脱退する者が相次ぎ、いくつかの劇団が存続できなくなった。残ったのは苦楽座、文学座、吉本隊、瑞穂座、珊瑚座、くろがね隊など一二で、それらで移動先の分担を話し合うことになった。

連盟から提示された候補地は札幌、仙台、山形、長野、石川、名古屋、広島などだった。この中でも広島は敬遠する劇団が多かった。まず東京から見て広島は遠かったし、すでにアメリカ軍が沖縄に上陸しており、西から攻略を進めることが予測された。それに広島は日本有数の軍都でありながらこれまで大規模な空襲が行われていない。災厄が降りかかることを恐れてどの劇団も二の足を踏んだのである。しかし、逆に連盟としては広島こそ穴を空けるわけにはいかなかった。戦時協力としての移動演劇なのである。

その中で手を上げたのが丸山定夫だった。当時、連盟総務課に勤務していた俳人の安住《あずみ》敦は証言している。

あの先生どうしてだか、広島をしきりに好んでいた方で……移動演劇連盟が方々に分散疎開する話が起こりました時、これは連盟の中での会議ですが、丸山先生は「じゃあ広島はおれが行くよ」とはっきりおっしゃって。

（桜隊原爆忌の会・昭和六二年会報）

丸山が広島行きを決めたことについて池田生二は日誌の中で次のように分析している。先の巡演ですでに土地を経験して好評も得ていたこと、巡演後の住居もしっかり確保されていたこと、連盟が強く要望していること、隊長・永田の家族が広島に近い四国に疎開していたこと、丸山の出身地も四国だったこと、丸山が役者生活を広島で始めていたことである。丸山は築地小劇場で新劇生活に入る前に、広島の青い鳥歌劇団に在籍していて、そこは思い出深い土地だったのである。

丸山が決めた広島行きであったが、苦楽座移動隊の内部でもその行く先を危ぶむ声は少なくなかった。池田生二もその一人で、丸山から話を聞くと一路、故郷の長野県諏訪に向かった。広島ではなく長野を移動先にするように翻意してもらうためである。

池田は土地の有力者や疎開中の演劇関係者に会い、移動演劇の受け入れについて打診した。反応は良好で、住居はすぐに心当たりを当たっても良い、さらに諏訪だけでなく長野や山梨の農村、工場の巡演、食料のことなどいろいろ乗り気になって話してくれた。

さっそく池田は東京に戻り丸山にそのことを伝えたが、連盟が一度決めた移動先が覆ることはなかった。多くの人々の疎開先だった諏訪はすでに住宅が手狭になっていて、当座は分散間借りか地元の劇場の楽屋が仮宿舎になる見立てだった。食料についても公演の予定についても地元が協力してくれるとはいえ不明な部分が多かった。それに比べて広島は連盟が率先して勧めるだけあって宿泊先も巡演も保証されていた。

池田はあくまで広島行きに反対して苦楽座移動隊を脱退した。

他ならぬ恵子も広島行きは気が進まなかった。正直なところ、過酷な移動演劇からも身を引きたかった。一度は新劇の演劇人たちと一緒に舞台を作れることに喜びを感じ、大映の専属契約を断った恵子だったが、苦楽座からは脱退者が相次ぎ、その決断も正しかったのか自信が持てなくなっていた。

一方、苦楽座移動隊にとって恵子は欠かせぬ存在で、名優の丸山定夫がいたとしても、その相手ができる看板女優が必要だった。先の岩手での合宿稽古も、恵子の意欲を引き出して劇団に引き留める意味合いも強かった。

広島行きを渋る恵子を永田や丸山は必死に説得した。作家の三好十郎に頼んで移動演劇に引き留めようともした。その様子は恵子が中井志づに宛てた手紙に書かれている。

東京に最後までとどまり、先生（筆者注：河崎なつ）のおそばで勉強させていただくつもりでしたのに、広島へ劇団疎開することに決まり、私も一緒にまいることになりました。

「生きていくうえは、いま死んでも、悔いない生活でなくてはならない」。このごろ盛んに謳われている言葉ですが、ほんとうにいま死んでもいい生活をしている人が、幾人いるでしょうか。求め求めて、とうとう広島行きとなりました。

これが、ほんとうの生き方かどうかわかりませんが、できるだけ、いいえ、できるまでやります。

私が、東京に残るため広島行きを断ったら、劇団を解散するとか何かとごたごたして、三好十郎先生にも、「あなたは、芝居をやめる人ではない、とにかくやりなさい。選ばれた人は、最後までやめてはいけない。苦楽座の集まりのないときでも、私と話にいらっしゃい」とすすめられ、二日ぐらい考えたあげく、永田氏に負けました。

丸山さんは、黙って廊下に座って、頭を下げられました。

これからは、丸山さん、永田さんに引きずられるのではなくて、私がひっぱってまいります。やわらかく、強く手綱を取っていくことにしました。

このあいだから、私のほうが次々入れられるようになりました。

ひとつには、発表することができるようになったゆえもあると思います。

大人になってきたのですね。

(『園井恵子・資料集』)

広島行きは恵子にとって小さいことではなかった。永田と丸山に返事はしたものの迷いはぬぐいきれず、この四月から広島に出発する六月にかけて様々な行動を起こしている。宝塚少女歌劇時代の同級生、桜緋紗子に急に会いに行ったのもそのひとつである。

桜の証言――

当時の名称「大東亜戦争」勃発後、私がまだ東京・上目黒にいたときだから、昭和十八、十九年だったと思う。なぜ私の住所を彼女が知ったのか不明なのだが、突然訪ねてきてくれた。彼女は東宝劇団に、映画に活躍していたから、私はまた名優揃いの新派の話などで話題はつきなかったが、例によって「ウーウー」と空襲警報が鳴った。それっとばかり二人は近くの防空壕へ飛び込んだ。

幸い爆音は遠ざかった。小高い丘の横穴の壕の中は二人きりだった。

ハカマちゃんが話したことは、今度の広島はお断りしたが、丸山先生たっての依頼で、お断りできなかったこと、これを最後に脱退するつもりとのこと、それからじつは、といって話は宝塚時代に戻り、たいへん誤解されたある先生と、自分は全然深い交際がなかったこと、あなたにだけは話すけど信じてほしい、三回ほどビールを一緒に飲んで語り合っただけ、このこと言っておきたかった、と強調していた。

またいつ会えるかわからないけど元気でね、では行ってくるね、と言って強く手を握りしめ、空襲解除になった街へ出て行ったハカマちゃんは、あれがお別れに来てくれたのだった、とのちになって、なつかしく切なく思い出す……。（同書）

ここには「昭和十八、十九年」と書かれているが、広島行きが決まった後なら昭和二〇年でなければ辻褄が合わない。「誤解されたある先生」とはおそらく宝塚音楽歌劇学校でピアノ・声楽を教えていた須藤五郎のことであろう。

それにしても、恵子のこの時の様子を後から考えると、桜のように「お別れに来た」と感じても不思議ではない。後の運命を恵子が知っていたはずはないが、少なくとも容易ならぬ旅路であることは覚悟していたのだろう。

広島行きは決定したが、出発するまではいくらか時間が残されていた。その時間を恵子はかねてから望んでいた通り、河崎なつと過ごすことにした。世田谷区成城の河崎の家に転がり込み、寝食をともにする生活を始めた。

その時の恵子の様子を河崎が文章に残している。『人としての園井さん』という自筆原稿で、苦楽座、桜隊の演出家だった八田元夫の遺品の中から見つかった。その原稿には何度も手を入れた跡が見える。

「園井さんが私のところにいたのは、二十年の三月なかばから六月なかばまでのほんの三ヶ月ではあったが、戦争末期の東京大空襲の真っ只中、生死をかけたあの日々夜々を一つ屋根の下で生き抜いた、たった一人の同伴者としての経験を私は決して忘れない」との文から原稿は始まる。そこには恵子が広島に旅立つまでどのように過ごしたか、生き生きと書かれている。

園井さんは宵っぱりの朝寝坊だ。早寝、早起きの私が畑仕事を終り、家の周りを掃き、洗濯物を干し、ご飯と味噌汁と昼の弁当を作り、さて園井さんの部屋の雨戸を外から叩き「起きなさいよ」と言うとやっと九時頃起きて来て手水だけで食事する。

終わると食卓でお化粧だ。私は園井さんの年を知らないが、二十五、六と思える素顔にクリーム、おしろい、紅、眉墨と段々重ねていくと、草むらにくっきり咲いた山百合の楚々たる二十娘になる。それから暫く雑談し、十一時を回ると弁当を持って園井さんは市内へ劇研究に出掛ける。夜はいつ帰るのか知らないが、十二時より早くはないようだ。そして暫くは読書するらしい。

食後、出発までの二時間が二人の交渉時間だ。当初「まあ嬉しい。先生とこ畑があるわ」とジャガイモの芽を摘んでた私に「岩手の母もそうしてた」と左手で土中の芋を守りながら右手で芽を上手に摘んでいく。しかも楽しそうにセッセと。全く園井さんはなんでも自らすすんで、歌でも歌いながら明るく立ち向かう。額の汗も拭かずにとうとう五万株の芽摘みをみな手伝ってくれた。私が溜め肥を汲み出すと「ウチやります」とサッと手伝う。「私なんでも体当たりさ」と言いながら。

畑仕事だけでなく恵子は防空壕も掘っていた。「先生、防空壕をもっと広げましょう。ウチ始める」と裸足で外に駆け出すと、さっそくシャベルで掘り出した。「先生は原稿の締め切りだからあちらにいらっしゃい」と言い、苦楽座の稽古がない日は一人でひたすら掘り続けた。友人を誘って二人で掘っていた時もあった。ある日、誇らしげに河崎を防空壕に入れた恵子は、台所から持ってきた缶詰と米壺を並べ、それを眺めると「これでせいせいした」とニッコリした。

空襲警報が鳴ると、この防空壕が二人の過ごす場所になった。

四月二三日は二四時頃に警報が鳴った。寝入りばなの恵子を起こして防空壕に入ると、北の空が真っ赤に燃えているのが見えた。「ほら、浅草、池袋、牛込、小石川あたりが焼けてますよ」と河崎がつぶやくが返事がない。振り向くと、恵子は頭を壕の壁にもたげてすやすやと眠っていた。その無邪気な寝顔が河崎の肩の力を抜けさせた。どうやらここは大丈夫だったらしい。無事をかみしめながら、しばらく恵子の横に腰かける河崎であった（なお、河崎の原稿には二三日と書かれているが、その日に東京の大規模な空襲はなく、内容を考慮すると城北大空襲と呼ばれる一三日の間違いではないかと考えられる）。

五月二五日二三時半頃、空襲警報と同時に頭上をB29の大編隊が通過していった。ドーンドーンと爆弾の落下音も近い。「先生、早く早く」と恵子が河崎の手を引く。防空壕に入ると、急に入口が明るく光った。外をのぞくとそこは真昼のようで、強く青白い光がゆらりゆらりと落ちてくる。「先生、あれなんでしょう?」「照明弾らしいわね」。続いて、その明かりに導かれるように青い火がシュルシュルと音を立てながら線状に降り注いだ。数十、数百と小さな火の玉が尾ひれをつけて空から落ちてくる。そのひとつが近くに斜めに落ちてきた。いよいよかと恵子と河崎は覚悟して、手を取り、目を閉じてうつむいていたが、その後は静かなままだった。その日も標的は別の場所だったらしい。

一息ついて防空壕の外に出ると、近所の人とお互いの無事を安堵した。そこに「学校が燃えてます、街の方もバケツもって来てください！」と叫ぶ声が聞こえた。学校とは近所にあった成城学園のことである。河崎たちが躊躇していると、「学校が焼けたら子供がかわいそう、ウチ行きます」と恵子が駆け出して行った。

その果敢な姿に近所の人々も感心した様子だった。河崎から恵子の素性を聞かされると「あれが園井恵子さんですか」とますます驚いた様子だった。

間もなくして戻ってきた恵子のズボンは水浸しだった。「水が遠いのでこんなになって」とつまんで見せた。その日焼けたのは学園の小、中学部、幼稚園、体育館だった。河崎は縁もない学校のために真っ先に走っていった恵子の心意気に感動した。同時にすぐに足が向かず恵子に任せてしまった自分たちを恥じた。

五月二九日、その日は午前一〇時に空襲警報が鳴った。その前からアメリカ軍は「東京の虎狩りはじき直します」というビラを配っていて、河崎としても不気味な予感がしていた。防空壕の中で身を潜めていると轟音とともにB29の編隊が空を覆っていた。

空いっぱいに爆音を震わせて五、六十機の一隊が陽に輝く。クッキリと白いB29だ。「きたな」と首を縮めたが、近付くにつれ東京をはずれ、狙いは横浜らしい。ドーンドーンと鈍く重い音が響く。その一つ一つに応えるように黒い大きな煙の固まりが幾つかムウーッと上がっていく。ひとしきりかきたてて、一隊は東の空に消えていった。房総から洋上の母艦に悠々帰っていくのだろう。西の方から一隊、また一隊と次々に来て、真南の上空で鈍く重い音を響かせて行く。その度に空が黒く、暗くなる。まさしく波状攻撃だ。十隊ぐらいが帰った後、そらはすっかり真っ黒だ。あの黒煙下で今幾十万の母と子、妻子が呼び交わし、走り、倒れ、焼かれる生地獄が現出しているのだ。ジイッジイッと見つめていた園井さんが「先生！　戦争はいけません！　戦争はいやです！　戦争をやめましょう！」と大声で怒鳴り出した。三ヵ月後に自分が更に強力な炎で広島で焼かれる予感に襲われたかのように――。（前掲書）

広島行きが決まってからも、恵子は嫌な予感に心を占められていたらしい。その運命から逃れようとしているようにも見える。

その頃、エノケン映画や『綴方教室《つづりかた》』『ハワイ・マレー沖海戦』『加藤隼戦闘隊』などで知られる映画監督の山本嘉次郎《かじろう》は、『無法松の一生』を見てすっかり恵子に惚れ込み、自分の作品にも出てもらいたいと考えていた。それは恵子を想定した映画脚本まで書く熱の入れようだった。しかし、肝心の恵子は移動演劇に出ていて行方が分からず、連絡のつけようもなかった。東京にいるという噂は聞いていたが、当時は大規模な空襲が続く混乱期で、住所も知らない恵子を探し当てるのは困難だった。気が付けば恵子を探し始めて二ヵ月ほどが過ぎていた。

とうとうあきらめて、恵子の役を原節子にしようと東宝撮影所の事務所に行くと、幹事が「園井恵子さんが来ていますが、何か用はありませんか」と聞くので、驚いてすぐに呼ぶように頼んだ。話によると、恵子はまた移動演劇に出なくてはならないが、こんな空襲の激しい時に長い旅行をするのは嫌だから映画の仕事があったらやらせてほしいと頼みに来たとのことだった。しかし、恵子はどこを探しても見当たらず、幹事は延々と撮影所中を探し歩いた。

「帰ってしまったらしいです。いや、さっき、別にいまはどうって仕事がないからと断ってしまったのでね」幹事は肩を落とした。すぐに門衛に電話をかけてみると、それらしい人が二、三分前に裏門を出て行ったと言う。あわてて幹事が自転車に飛び乗り駅に向かった。東宝撮影所から最寄りの交通機関は小田急の成城学園前駅しかなく、女性の足で一五分、自転車なら三分ほどだった。追いつけないはずがなかった。

しかし、駅についても恵子の姿は見えず、どこかで寄り道をしているかと思い、一時間ほど待ってみても姿を見せることはなかった。

結局、その映画は原節子に振り替えて撮影が開始された。しかし、途中で終戦となり完成することはなかった。恵子はそのまま広島に行き悲劇の死を遂げることになる。

「なぜ、一言、私におっしゃらなかったのですか？」

戦後、山本の妻は悔しそうに言った。

前述の通り、この頃の恵子は河崎なつ宅で過ごしていて、後を追った人間が駅で会えなかったのも、恵子が河崎宅に帰ったからだった。山本の妻が悔しそうに言ったのは、実は彼女も仕事で毎日のように河崎宅を訪れていて、その度に恵子と顔を合わせていた。それを知らずに山本は毎日恵子を探し続けていたのである。

もし、山本が妻に一言でも恵子のことを話していれば二人は会うことができて、おそらく広島行きは避けられただろう。

「本当に惜しいともなんとも……なぜひとこと言ってくださらなかったんでしょうね」

かく言う山本の妻もまた恵子の大ファンであった。


運命の岐路はこれだけではなかった。『無法松の一生』の監督で、恵子と一緒に仕事をした稲垣浩も後年に悔いをもらしている。

稲垣は昭和二〇年当時、片岡千恵蔵や阪東妻三郎の映画を撮っていて、恵子と会う機会がなかった。八月、面白い企画もなく、仕事もせずに持て余していたところ、ちょうど、大佛《おさらぎ》次郎作『乞食大将』を大映で映画化する企画が出た。朝日新聞に連載されて評判を取っていた小説で、松田定次《さだつぐ》が監督をすることも決まった。

しかし、『乞食大将』は主演女優がなかなか決まらず、制作はそこで止まっていた。そんな折、ぶらりと稲垣が大映の企画部に立ち寄った。話を聞いた稲垣はすぐに恵子の名前を出した。大映の俳優たちも『無法松の一生』を見ていたから、頼めるならぜひお願いしたいということで、一同賛成で恵子を探すことにした。しかし、恵子はすでに移動巡業に出てしまった後で行き先もわからなかった。方々《ほうぼう》に聞いて回ったがとうとう連絡を付けることができず、女優は中村芳子に決まった。

稲垣は思った。もし、もう少し早く『乞食大将』の配役について耳に入っていれば、あのような悲劇を避けることができたのではないか。恵子は死なずにすんだのかもしれないと……。


実際、恵子は映画に出たいと言えば引っ張りだこの状態だった。しかし、ほんの少しの時間差でどのチャンスも手から離れていった。それは運命としか言いようのない皮肉な時間のずれだった。


広島行きが決まった四月から実際に赴任する六月までの間に、苦楽座移動隊はその名称を「桜隊」に変更した。

一月の岩手合宿の時から、当初の苦楽座とはすっかり体裁が変わったので名前を変えようという話が出ていて、広島巡演を機に正式に改名することになった。

名前だけでなく、その中身も大きく変わっていた。隊長の永田靖、多々良純、水谷正夫が軍に招集されて脱退し、一度は抜けた池田生二が懇願されて呼び戻された。

新しい隊長には丸山定夫が就くことになった。以前から隊の中心が丸山であることは周知の事実だったが、本人がそれを嫌い永田にその任を押し付けていた形だった。しかし、その永田が抜けたことでとうとう責務を引き受けざるを得なくなった。

六月二二日、恵子は成城の河崎なつ宅から広島へ向けて旅立っている。その様子は前述の『人としての園井さん』に書かれている。

桜隊の広島行きが迫った頃園井さんは「私なんだか行きたくない。瀧澤修さん達は北海道というのに誰が広島なんかに決めたのか」とさびしそうに言った。いよいよ六月二十日出発と決まり、いっぱい詰まった大型リュックを背に、弁当四回分を持って「行ってきまあす！」とそれでも元気に出て行ったが夕方思いがけず「只今あ」と大きな声で帰って来た。「どうしたの」「汽車が出ないんで一日のびたの。芝居の稽古をしてきたわ。お弁当は皆食べました」。なんでもいい。私は嬉しくて辺りがパアッと明るく見えた。

昨日の荷物は隊に預けてきたと、今日は又新しい包みと弁当を持ち「行ってきまあす」と出掛けたが、夕方ひょいと帰ってくるかと門の辺りを見ていると「只今あ」と一散に駆け込んできた。思わず二人は抱き合った。どうしたのか、又汽車が出ないという。行かない方がいいとのしるしかも知れない。「奪還祝いだ」と思わず叫び、嬉しくなって秘蔵の白ブドウ酒を出し、園井さんが得意のオムレツを作り幾度もカチカチと杯を合わせた。

二十二日は三回目の出発だ。包みと弁当を持ち「今度は本当に行ってきまあす」と珍しくバイバイと派手に握手して出て行った。そして本当に、とうとう永久に帰ってこなかった。

出発日については、文献によって若干の違いがあるが、いずれも出発直前で鉄道が出発せず、何度か延期したことが書かれている。河崎と恵子にはそれが不思議な力でとどまらせているように思えたのだろう。そして、運命の鉄道はとうとう広島に向けて旅立ったのである。

河崎なつは恵子のことを次のように評して原稿を締めくくっている。

その才能、その英知を、いわゆる学校という所で磨いたのではなく、人生街道の辻々で体当りで、自分の手で自分の力を磨き磨きして園井さんはあのように成長したのではなかったのか。あえなくガンマ線に焼かれたが、個性を生かし、人間らしく生きられる今日なら一層いい芝居が出来てさぞやもっと輝いたろうに、口惜しくて口惜しくて仕方がない。

河崎なつは戦後、参議院議員を一期務め、以後も日本母親大会の実行委員長を務めるなど、女性の権利や生き方を生涯のテーマとした。そして、恵子が亡くなってから二一年後、七七歳の生涯を閉じている。もし、恵子が戦後も生きていたら——芝居にも邁進《まいしん》しただろうが、それとともに、河崎のもとでさらにその生き方を学び続けたに違いない。

第一三章　桜隊

劇団疎開による広島行きは決して明るい展望ではなかった。むしろ、今後大規模な空襲が起こるのではないかと、不安が先立つ見方の方が強かった。その中で足を踏み出した者たちはそれぞれ葛藤して、それでも広島に活路を求めたのだった。

広島に出発した桜隊のメンバーは隊長・丸山定夫、事務長・槙村浩吉、仲みどり、高山象三、森下彰子《あやこ》、田辺若男《わかお》、水谷正夫、池田生二、遠山義雄、島木つや子、笠絅子《けいこ》、羽原《はばら》京子、小室喜代に恵子を加えた一四名だった。槙村、田辺、水谷、池田、遠山については八月六日の前に広島から離れたため難を逃れたが、他の九名は原爆投下直後に即死したか、あるいはその場は助かったようでも八月中に亡くなっている。

丸山定夫はこの春に二人目の妻と別れて独り身となっていた。妻の他に愛人も抱えて、自分が蒔いた種とはいえ、女性関係に煩《わずら》わされて劇に集中できないこともあったという。空襲で家は焼かれ、文字通り東京で築いてきた全てを清算して、身ひとつで広島に向かう覚悟だった。

仲みどりは恵子と丸山を除けば、唯一、苦楽座発足当初から残ったメンバーだった。

明治四二年（一九〇九）東京都出身の当時三六歳、浅草の剣劇団「明石潮一座」で女優としての第一歩を踏み出した後、築地小劇場内のプロット演劇研究所の第一期生となり、劇団東京左翼劇場、京都・大映を経て苦楽座にたどり着いた。

がっちりした体格で男勝り、研究所では意地悪な先輩に対して、同僚をかばって喧嘩するような性格だったという。

苦楽座で一緒に過ごした佐野浅夫によると、恵子が正座で化粧をしている隣で、仲はステテコをはいて胡坐《あぐら》をかいてるような威勢のいい女優だった。恵子から分けられた羊羹を食べていると「男の子がそんな甘い物を食べるもんじゃないよ」と言われたと後に笑いながら話している（「平成一九年桜隊原爆殉難者追悼会」）。

高山象三は苦楽座の発起人だった薄田研二の息子で、プロット演劇研究所が企画した少年劇団に所属していたこともあり、幼い頃から新劇に触れていた。

薄田は象三と姉・つま子の二人の子供がいて、どちらも役者にしたくなかったが、つま子は新築地劇団に入って女優となり、象三も日本大学芸術科に進学し、演出を専攻する青年となった。岩手繋温泉の合宿から行動をともにして、最後まで桜隊の一員として運命に殉じた。大正一三年（一九二四）生まれで、当時二一歳だった。

高山には結婚を約束した女性がいた。女優、利根はる恵である。高山と同様に岩手での合宿から名前が見られるようになる。あるいは高山と一緒に苦楽座に身を投じたのかもしれない。大正一三年生まれで同い年だった。

利根は両親が奉天にいたため、そちらに向かい広島巡演には同行しなかった。高山は東京駅での別れ際、三ヵ月経ったら嫁に迎えに行くからと、利根に自分の日記帳を渡して続きを書くように言った。

なぜ、高山が三ヵ月と言ったかは定かでないが、朝鮮には高山が尊敬する演出家の村山知義がいて、それを頼って行くつもりだったのではないかと利根は後に証言している（『さくら隊散る』）。

森下彰子は昭和一八年（一九四三）の苦楽座第二回公演に参加し、それ以後は名前が見えなかったが、昭和二〇年四月から再び苦楽座に合流した。もともとは成女学園（女学校）三年時に宝塚歌劇団を受験しようとするも親に反対されて、家に近い日活を受験し入社した。その後、学校は転校したものの卒業し、映画女優としての活動も続けていた。大正一一年（一九二二）東京都出身、当時二三歳だった。

『獅子』の娘役・お雪を演じていた利根はる恵が去ったことで、丸山が後任を探してようやく見つけたのが森下だった。所属していた大映（昭和二〇年時、日活は戦時統制による合併で「大映」と名前を変えていた）と交渉して九月まで期限付きで参加することが決まった。

広島行きには親が大反対し、森下自身も迷ったようである。森下のもとには苦楽座の他に「くろがね隊」という移動演劇隊からも声がかかっていた。決めかねた森下は八王子の当たると評判の占い師を訪ねた。占いの結果は大映に残るのが一番良く、次がくろがね隊、苦楽座は最も悪いとされた。

それでも苦楽座を選んだのは演劇への思いだった。森下は一度くろがね隊に帯同していて、そこでは自由にやらせてくれて重要な役も与えてくれた。しかし、連盟の専属劇団だったくろがね隊は演目も指定されたものだけで、演技に対して指導もなくどこか物足りなさを感じた。森下は同じ四谷に住んでいた丸山を何度か訪ねていたが、そこではいつも演劇のことで話が弾んだ。森下が何か質問するときちんと答えが返ってきて、そこにはくろがね隊にはない充足感があった。

良家の出で外見もお嬢様らしい森下だったが演技への情熱は激しいものがあった。役所から女子挺身隊《ていしんたい》の件で呼び出しを受けた時、森下は役人から「女学校まで出て、芸者のような仕事をするとは情けない、早く定職に就きなさい」と説教を受けた。それに対して森下は「俳優は、人間の屑じゃなくって、人間の宝がなるものなんです。ですから、私は女優という仕事に就いていられることを誇りに思っています」と言い返した。「人間の宝」とは小山内薫の著書の一節である。

そんな森下だったから、様々な不安に目を瞑《つぶ》って桜隊に参加したのかもしれない。猛反対する両親は丸山が自ら出向いて説得した。

それと森下には不思議な縁があった。この時、彼女はすでに結婚していたのだが、相手の川村禾《か》門《もん》は映画『無法松の一生』で吉岡敏雄の青年期を演じていた。つまり、恵子演じる吉岡未亡人の息子を演じた俳優だった。森下と禾門は昭和一九年七月三日に結婚するが、夫はその三日後に京城に出征した。森下は丸山や恵子との縁を感じ、そして広島は夫のいる京城に近いという思いを抱いていた。

島木つや子（本名・笠つや子）は大正一二年（一九二三）福岡県に生まれる。父が公務員で東京に勤務したので一家で上京、女学校卒業後「劇団東童《とうどう》」に入る。そこで講師として指導に来ていた山本安英《やすえ》を知り師事。「東童」には薄田つま子や川上夏代（後に俳優座）がいて親友となる。在籍二年に満たない頃に三人で退団し、以後は山本の自宅に集まって新劇女優になるための基礎的な勉強をしていた。

薄田夫妻に可愛がられ、その縁で苦楽座第二回と第三回の公演に参加した。親友だった川上は「つやちゃんは私より一つ年上でしたが、小柄で愛くるしい夢見勝ちの、色で言えばさくら色、花で言えば乙女椿のような感じの少女でした」「つやちゃんは俳優丸山定夫に強くひかれていたと思います」と語っている（『櫻隊全滅』）。

笠絅子はつや子の母で、広島行きの当時、夫は満州に施政官として赴任していたため、母娘で付いていくことになった。絅子は他の隊員の面倒もよく見て母親的役割を果たしていた。演出家の八田元夫は著書『ガンマ線の臨終』の中で「このママの参加で移動隊の空気がどれだけ和らげられたことか」と書き残している。

羽原京子は広島県福山市生まれ。年齢は森下彰子と同年と推定されている。昭和一六年（一九四一）に奈良県立奈良高等女学校を卒業、その時、日本大学と奈良女高師（奈良女子高等師範学校）に合格した。出身校から奈良女高師に合格したのは一〇年ぶりで、親も教師もそちらへの進学を勧めたが羽原は日大に進学する。その後、大映に進みそこで森下と一緒になり親交を深める。映画雑誌に「未来の星・福山の紙問屋の娘さん」と紹介されたこともあった。

広島行きに同行したのは、仲の良かった森下が一緒だったのと、出身地が近かった縁だといわれている。「目鼻立ちのはっきりとして大きい明るい感じの人だった」(『櫻隊全滅』)、「楽天的な、いつも笑顔を忘れない明るい女優さんだった」(『ガンマ線の臨終』)と印象が残されている。

小室喜代は、桜隊の事務長だった槙村浩吉の妻で、笠絅子と同様に裏方として帯同した。大正四年(一九一五)生まれで当時三〇歳。女学校卒業後、宮城県女子専門学校を経て小学校正教員免許を取得する。昭和一三年福島県の穂積小学校、一四年東京市立麻布尋常小学校に奉職、槙村とは一六年に結婚する。昭和二〇年五月の大空襲で四谷の住居が焼けて、すでに学校の生徒も強制疎開で地方に移動しており、二人には子供もいなかったことから、桜隊の広島行きに夫婦で同行することを決める。

後に夫・槙村が不在中に被爆。その亡骸を夫が掘り出すことになる。

桜隊の広島行きには、演出家・八田元夫も同行した。すっかり軍部の骨抜きになった日本演劇界で、桜隊の『獅子』は個人の尊厳を謳い上げ、唯一残った灯にも感じられた。それを演出家として育ててきた八田は最後まで見届けたいと思った。それに捨て身で演劇に取り組もうとする盟友、丸山を近くで見ていたいという気持ちもあった。

取り締まりを受けた過去から演出家としての活動は禁止されていて、道具係としての参加だったが、舞台設定など現場を仕切るのは八田の役割だった。丸山や恵子とともに桜隊の中心として活躍した。

『櫻隊全滅』によると、桜隊の一同が広島に到着したのが六月二二日、理由は不明だが仲みどりだけ一二日に広島に着任している。仲が母に宛てた手紙には「十二日に広島に着きました。こちらは静で、映画も芝居も満員、食物屋なぞもチラチラあり驚きます」と書かれている。

広島市内は二月の巡演で来た時よりも空襲の危機感が街を覆い、中心部では建物疎開が行われていた。しかし、それらが及ばない地域では本屋、写真館、食堂などが営業を続けていた。また映画も上映していて、客で賑わっていたのは隊員たちを驚かせた。さすがに新作の上映はなく旧作の再上映ばかりだったが、空襲で焼け野原となった東京からは失われた活気がそこにはあった。森下彰子はここで、夫の禾門が出演した大映のスパイ映画『あなたは狙われてゐる』をこっそり観ている。

桜隊の宿舎になったのは市内中心部、堀川町九九番地で、地元の名士・高野一成の家が提供された。中庭もある立派な門構えの邸宅で、もとは県会副議長も務めた一成の父・一歩が建てたものだった。高野家は当時疎開していて、留守になった邸宅を寮として利用したものだった。

二日間の稽古の後、桜隊は広島市近郊の軍需工場、県東部の農村、山口県へと巡演する予定だったが、七月に入り巡演予定だった山口県下松市が空襲に遭い、途中で広島の宿舎に引き返す事態となった。

七月四日には一度は隊を脱退した池田が合流した。桜隊は山口県の巡演が中止となり、そのまま宿舎で待機していた。

広島で桜隊の宿舎だった高野一成邸（移動演劇桜隊平和祈念会提供）

この時、森下が四〇度二分、笠綱子が三八度余の高熱を発症し、医師の往診を受けている。食当たりと旅の疲れとの診断だった。森下については慣れない旅の疲れもあっただろうが、四月に苦楽座に入って以来、『獅子』のお雪役を果たすために連日の厳しい稽古に耐えて、五月二五日には空襲で家を焼け出されていた。身体が悲鳴を上げても不思議ではなかった。

恵子も森下や笠の看病をしていたようで、森下が戦地の夫・禾門に宛てた手紙には「園井さんに随分御世話をかけてしまいましたわ。園井さんは因縁浅からぬ仲だわねって仰って下さって、よく面倒を見て下さいます」と書かれている。さらに「三日の日（筆者注：森下の結婚記念日）に、高山の象ちゃんと園井さんから、こけしの夫婦雛と、家財道具一式を戴きましてよ。フフ。みんなが、それぞれの形で、私達のことを喜んで下さいました」と続いている。「因縁浅からぬ仲」とは、夫・禾門が『無法松の一生』で息子役、森下が『獅子』で娘役だったことを示しているのだろう。

看病する他の隊員とは別に、丸山は移動演劇連盟の事務員とともに厳島に出かけている。次々に日本中の都市が空襲される中、広島が標的にされるのも時間の問題だと噂されていた。せめて広島市内から離れようと別の駐留先を探していた。

池田生二の日誌には、丸山はいくつか家屋を見て目星が付いたので一週間くらいのうちに隊員の荷物を移す予定だと書かれている。しかし、この引っ越しは棚上げされたのか進展せず、次に話が出てくるのは七月も末になった頃である。

七月五日、男性隊員は町内の勤労奉仕に駆り出され、防空壕掘りや建物疎開の取り壊し作業を手伝った。夜は広島放送局のラジオドラマに出演、池田の日誌では題目は『戦果は薯《いも》から』と書かれているが、七月五日の中国新聞には「詩劇『みんな手をかせ芋が行く』丸山定夫外」と紹介されている。この劇は丸山と森下が主演を務めるはずで、森下自身もラジオの電波は夫のいる京城まで届くというのでとても張り切っていた。しかし前日からの熱が下がり切らず、丸山の相手は島木つや子が務めることになった。二人の他にも、恵子、槙村、池田、高山、仲、羽原が声の出演をした。

ラジオ放送が終わると一行は巡演の準備に取り掛かった。昼のうちにあらかじめ、持参しない荷物は防空壕の中に移して、日付の変わった七月六日午前二時、広島駅から下り列車で石見《いわみ》益田駅に向かった。島根、鳥取の山陰地方を一〇日ほどで回る予定だった。この巡演は結果的に桜隊最後の移動演劇となり、恵子にとっても最後の舞台活動となった。

山陰地方の巡演については八田元夫『ガンマ線の臨終』の中に「山陰移動日記抄」という項がありそれに詳しい。

六日午前二時に出発した桜隊一行は、途中、小郡《おごおり》駅と石見益田駅で乗り換えて高津に到着した（高津駅というのは島根に存在しないので、石見益田駅からバスか他の交通手段に乗り換えたと考えられる）。

この巡演は最初からつまずいていた。深夜の広島駅で列車を待っている間、いつもは明るい丸山が一人ぽつんと改札口の柵にもたれてかがみこんでいる。心配して声をかけると、明らかに顔色が悪い。額は燃えるように熱く、体温を測ると三八度二分だった。

八田、恵子、高山らが丸山を囲んで巡演の中止を提案した。しかし、丸山は「風邪でも引いたんだろう。明日はきっとけろりだ」と聞こうとしない。そうこうしているうちに改札が始まってしまい、なし崩しに列車に乗り込んでしまった。

東京で交通機関が途絶する中、丸山は慣れない自転車を使って自ら隊員たちの連絡係をしていた。その中で女学生の自転車を上手く避けきれず衝突したことがあった。その時は痛みは引いたが、東京を出発する時も丸山は胸のあたりが痛いと言って、事情を知っている面々はその事故のことが頭をよぎった。その時のケガが十分に癒えていないのではないか——広島の宿舎でも他の隊員に良い寝場所を与えて、自分は隅で縮こまって寝ているような男だった。普段から弱音をはかないだけに周囲は不安だった。

高津到着後、午前は宿泊先で休憩し、午後から人麿神社近くの高津劇場で公演。体調が十分でない丸山は演技に息切れも見られた。芝居が終わった後も三九度の熱があり、地元の人の歓待もそこそこにして、薬局で手に入れた解熱剤とまむしの薬を飲ませると床に就かせた。寝苦しそうな顔に玉のような汗が浮かんでいた。

翌七月七日は浜田市役所主催の慰問公演だった。しかし、浜田駅に着いても誰も迎えに来ず、電話をしても全く要領を得ない。仕方なく丸山、槙村が市役所に出向いたが、市役所は何も準備をしておらず、「そういえば、そんな紙切れが二、三日前に来ていたようですが」という対応だった。あわてて学校の二階を会場として舞台設定をしたが、予告もしていなかったため客も集まらず、小学生がかき集められて騒がしい中で公演は行われた。このような公演で余計に丸山の体力は消耗した。市役所に向かう時、八田は自分が代わろうと言いたかったが、当局に睨まれている身分ではかえって迷惑をかける恐れがあった。何とももどかしい巡演だった。丸山の熱は三九度五分にさらに上がった。

七月八日は木次《きすき》線の木次での公演だった。ここで思いもよらぬ客が現れる。軍に召集されていた多々良純である。配属先の九州部隊から三泊四日の休暇をもらい広島を訪れたが桜隊はすでに出発していて、木次に行くと知って居ても立ってもいられず後を追ってきた。恵子たち女優陣は「純ちゃん！」と言って駆け寄った。丸山は多々良の顔を見ると涙を流した。多々良は「苦しんでいるんだな……」と感じた。体調も十分でない中、責任を一身に背負う丸山の胸中を察した。

多々良は張り切って軍服のまま舞台設営を手伝った。丸山の病気や前日のどうしようもない公演で気持ちが停滞しそうな中、多々良の若さは乾いた砂に雫が落ちるように一同の心を潤した。準備が終わると、八田とともに客席に入り込みじっと食い入るように舞台を見つめた。軍服をまとっていてもそれは演劇青年の多々良と何も変わりはなかった。「ガンさん、いいですね、良くなりましたね」を繰り返した。病に負けまいとする気迫が舞台を張り詰めたものにしていた。

翌日の松江公演まで多々良は同行した。恵子は松江城に誘ってそこの天守閣から城下を見ながら多々良と語り合った。別れ際の「多々良さん、死なないでよ」という恵子の言葉が多々良の耳に残っている。

この日は宿泊先の二階にたまたま医師が停留していて丸山の容態を診てくれた。湿性肋膜炎《ろくまくえん》でずいぶん水が溜まっているという診断だった。部屋で安静にしていれば三八度台に保てるのだが、芝居後は四〇度近くまで跳ね上がり、脈も百を数えるようになった。止めても聞かないことは誰もがわかっていた。医師は薬の注意をいくつか話して出ていった。

七月一〇日、安来《やすぎ》での公演で島根県の巡演は終了となった。翌一一日は次の目的地である鳥取の移動先と上手く調整がつかず、そのまま安来に滞在した。安来は港町で、波止場にはまだ海産をふるまう食堂が二、三開いていた。食糧難のため、この巡演中は食事提供も十分でなく空腹の辛さに耐える毎日だった。そのような中、安来での休息は腹も満たした有難いものになった。

一向に良くならない丸山の病状を見て、隊員たちは巡演を島根で打ち切ることを提案したが丸山は承知しなかった。

七月一二日、鳥取巡演一日目は大山《だいせん》ふもとの小さな村だった。さびれた駅からさらに二里ほど歩き、木立に囲まれた寺がこの日の会場であった。この村にはかつて三〇年前に一度歌舞伎が来たきりだという。

寺の講堂にまだ舞台を作らないうちから村の人々が集まってきた。子供の数は少なく六〇、七〇代の女性が多かった。この日の丸山の演技を八田は「殆んど我が意を得たものに近かった」と書いている。『ガンマ線の臨終』から――

最初は何か笑いさざめきながら見ていたお婆さんたちがぐんぐん舞台に引きつけられて行く。後半になると、作者の意図したところがそのまま素直に受取られて行く。丸山の演技を通して、こんな観客を決して見下ろさない深い愛情が感じとられる。稽古以来八ヶ月、獅子ははじめて初日を出し得た感じだった。幕切れ近く、疲れに打克とうとしている丸山の演技をみていると、知らず知らず、目頭があつくなってきた。

岩手での合宿に始まり、神奈川、広島、島根と各地を回ってきた『獅子』は、移動演劇の終わり近くでようやく完成されつつあった。それは評論家も新劇の仲間も見ていない鳥取の小さな村だったが、八田はその目に焼き付けていた。

七月一三日は午後が東伯《とうはく》郡社《やしろ》国民学校（昭和二八年に合併して倉吉市立社小学校）、夜は神戸製鋼倉吉工場寮内の小ホールでの公演だった。夜は途中で空襲警報が発令されて、間もなくそれは解除されたが、どこか拍子抜けして「気の抜けたビールのような客席と舞台だった」と八田は記している。

七月一四日、桜隊を乗せた列車は鳥取を過ぎて岩美駅に到着した。駅には小学校高等科の女子たちが裸足でリヤカーを引いて荷物を受け取りに来ていた。

岩美駅は当時、明治四三年（一九一〇）に建築された木造駅舎のままだった。その後も平成に入って一度は改築されているが外観は現在もほとんど当時のままである。桜隊が通った当時の幹線道路は岩美駅周辺こそ民家や建造物が集まっているが、歩みを進めるにつれて周囲に山、川、田んぼが広がるのどかな田園風景となる。車がすれ違うこともできないほどの道幅となり、その途中には大正～昭和初期ほどの建築であろう古民家が点在していて思わず眺めてしまう。現在は車の往来は新しい道路が引き受けて、桜隊の歩いた場所は静かな田舎道となっている。

公演場所の大岩国民学校まではおよそ四キロの道のりだった。現在は他の小学校と統合されて廃校となり、跡地は「鳥取産業」というカニの缶詰工場となっていたが、現在は地図に名前が明記されておらず経営されていない様子である（建物跡は残っている）。
　大岩国民学校跡地へは、現在は山陰本線・大岩駅が最寄りであるが、昭和二〇年当時は開業前であり岩美駅が最寄りだった。

　平成三年（一九九一）、桜隊原爆忌の会事務局長だった加藤博務《ひろむ》は、昭和二〇年当時に学校で助教として勤めていた奥田敬子を取材している。
　奥田は桜隊来訪時、講堂の入口に立って女生徒たちが運ぶリヤカーを迎えた。その時の女優たちのきれいでまぶしかったのを取材当時もはっきり覚えていた。迎えに行ったのが女子だったのは、男子は農作業に従事して手が離せなかったためで、特にこの地域では七月、八月に海水を汲んでの製塩作業が忙しく、ちょうどその最盛期だった。奥田が芝居で記憶に残っているのは『獅子』の終幕近くの列車の轟音と、そこに乗る娘・お雪に向かって恵子が呼びかける「おゆきー！」という絶叫であった。「それからしばらくは、子供たちの間で『おゆきーっ』という遊びがはやりました」という（加藤博務、丸山由利亜『草の花』その七）。恵子の演技は子供たちにも印象的だったのだろう。

　公演が終わると桜隊一行は海岸近くにポツンと取り残されたような宿舎に入った。八田は次のように書いている（『ガンマ線の臨終』）。

　宿は庭先から砂丘続きになっていて、目の下は岩山にかこまれた、ささやかな湾を形づくっている。昼一回の芝居も片づいて、ほっと一息ついていると、さっさっと寄せ返す波の彼方に、ぽつりと光るものがあった。おやと思って見ていると、迫ってくる宵やみの中に、その火のまたたきは次第に数を増し、暮れきった海にイルミネイションのようなきらめきを見せはじめた。烏賊取舟の漁火《いさりび》だとわかったのは暫くたってからであった。日夜空襲に追われて旅から旅を歩いていた私たちに、この灯の色が無性になつかしい和いだ気持をとりもどしてくれた。やがて、一人二人と浜へ消えて行った。波音と点滅する漁火とは、戦争の下とは思えない旅情をよみがえらせたのであろう。三々五々さまよい歩く者、砂浜にのびのびと身体を横たえる者、唄を誦んでいる者、波うち際近く槙村が久方ぶりに夫婦だけの語らいをしている後姿が漁火越しに見うけられた。

八田だけでなく、鳥取の海岸の風景は心にこびりついた戦争の疲れや傷を癒してくれたに違いない。それは桜隊にとって束の間の休息だった。

翌七月一五日、八田元夫は一人東京に戻るために宿舎を出た。不足がちな俳優の補充のためだった。特に今回は丸山の病気があり、ここまで何とかやり遂げたものの、今の隊員構成では続けていくことに不安があった。

日本海を背に一人松林のある砂丘を上って行くと、後ろから小走りで追ってくる人影が見えた。恵子だった。「先生、送ってあげる」と言うと一緒に横を歩き始めた。玄関まで見送ってくれた一同の中に恵子がいなかったので、八田は不思議に思っていた。二人は特に会話を交わすわけでもなく黙って歩いた。

八田は思い出した。恵子は占いや自分の直感を信じるだけでなく、それを他人にも重ねるところがある。何か自分に思うところがあるのだろうか。恵子自身は占いで一〇月二日に大きな空襲があり、よほど気を付けないと逃れることができないという言葉を信じていた。占いを抜きにしても一度別れたら次に会えるかわからない時世だった。八田も恵子も新劇でともに生きてきた盟友である。黙って歩いてもどこか会話しているような気持ちがした。一緒にいる時間が貴重に思えた。

砂丘を降りきって村の入口まで来たところで、恵子は「黙って出てきたから帰ります」と言った。八田が手を差し出すとギュッと強く握って「途中、気をつけていらしてね」ときびすを返した。

少し恵子の後ろ姿を見送ったものの、再び八田は駅に向かって歩き出した。日差しが容赦なく照りつけてくる。一人になったことをようやく実感し、ふと寂しい気持ちにおそわれた時、後ろから「せんせーっ」と恵子の声がした。

振り返ると遥かかなたの砂丘のてっぺんに恵子の姿があった。「せんせーっ、さようならぁ！」と大きく手を振って叫んでいた。

八田と別れた後、桜隊は郡家《こおげ》で最後の公演を終えて広島に戻っている。

丸山の病態は回復せずにそのまま安静となった。隊員の池田生二は明日来るかもしれない空襲を考えて、移動演劇連盟の職員に新しい宿舎を求めたが、なかなか話はまとまらなかった。広島中の人々が空襲を恐れて避難先を求める中、劇団のような大所帯を受け入れられる空き家は簡単に見つかるはずもなかった。

一方で次の巡演先も見つからず、そのうちに池田は家族の疎開先である沼津が空襲を受けたとの知らせを受けてそちらに向かった。田辺、水谷、遠山らは次の仕事の目途が立たないと知って家族のもとに戻った。槇村は役者を探しに行った八田の応援に東京に出発した。

残ったのは丸山、恵子、仲、森下、高山、島木、羽原、笠、小室の九人だった。笠、小室は裏方であり、高山も本来は演出家希望で役者の経験は不十分だった。役者の不足は明らかであり、しかも中心の丸山が病身では次の巡演はますます難しくなった。鳥取から帰って以降、広島から出たくても行く先はなかった。

そんな中、悲劇から逃れる最後の機会が訪れる。その様子は乃木年雄の手記である『移動演劇さくら隊原爆殉難記』にうかがうことができる。乃木は当時、桜隊と同じく広島に派遣されていた移動劇団「珊瑚座」の座長だった。珊瑚座は桜隊と同じ宿舎を使っていたがそれぞれ交互に巡演に出る形にしていた。

広島市発行『広島原爆戦災誌』第二巻から乃木手記の要約の一節――

そのうちに戦局は苛烈の度を加え、広島もいつ空襲されるかわからないという切迫感に、郊外へ疎開する市民が多くなった。

劇団もいよいよ疎開することになり、珊瑚座の女優沢道子さんが、厳島（宮島）の実家から通勤していたので、彼女から宮島の梅林義一町長に頼み、島内の存光寺（住職・梶谷寛禅師）の庫裏十畳と六畳二間を借りることになった。

七月三十一日に、桜隊も珊瑚座も全員が厳島に疎開する予定で、荷造りも終わっていたが、桜隊の女優が「厳島の寺は狭くて芝居の勉強もできないうえ、食料事情も大変よくない。米や野菜の買出しも、船で中国筋へ渡らねばならないから不便、親戚が広島市の近くにいるからそこに当たってみよう」と言ってゆずらないため、丸山定夫隊長も困って、「とにかく珊瑚座さんだけ一応厳島へ疎開して下さい。私の方は郊外を今一度探して、もしなかったら厳島へ行きますから」という。八月一日、やむなく珊瑚座だけが赤星駐在員（筆者注：移動演劇連盟から派遣されていた職員。疎開先を探す任も与えられていた）と食事係の若い婦人と計十一人、存光寺に移った。

同じ広島に派遣された移動劇団でも桜隊は市内の中心部に残り、珊瑚座は厳島に疎開して難を逃れた。その差は運命としか言いようがない。

ただし、女優たちが厳島への疎開を断ったのは決して当人たちの意思とはいえなかった。『戦禍に生きた演劇人たち』の著者・堀川恵子が存光寺を実際に取材したところ、与えられた部屋は一一名の珊瑚座だけでも限界の狭さであり、桜隊の九名がさらにそこに入るのは物理的に不可能だという。堀川は桜隊にとって厳島への疎開話は「最初から無理な話を持ち掛けられて『断らざるを得なかった』と言える」と書いている。

病身の丸山を抱えているという事情も条件をさらに難しくした。桜隊古参の恵子や仲みどりは丸山の世話と料理当番を若い女優に任せて、広島県北部の芸備《げいび》線沿線まで疎開先を探しに行ったというが、とうとう移ることは叶わなかった。やはり広島から出たくても行く先はなかったのである。

このわずかに開いていた希望の扉が閉められた時、恵子は広島ではなく神戸の中井志づ宅にいた。中井家は宝塚退団後、関西での自宅のような場所で、実母や家族が岩手に戻ってからは、志づは母親代わりのような存在だった。鳥取での移動公演が終わった後、次の巡演が未定と聞いて恵子は休息をとりに中井家に戻っていた。それは自宅に戻るように恵子にとっても中井家にとっても自然な行動だった。

宝塚歌劇団の後輩である内海明子もこの時に顔を合わせている。その様子を平成一五年の「園井恵子さんを偲ぶ会」で話している。

私は昭和一九年一二月、戦争中に結婚したんですけど、中井さんの家の近くに新居を構えたものですから、園井さんがどこかからお帰りになって中井さんのおうちにいらっしゃる時は私を必ず呼びに来てくださるんです。そして昭和二〇年、広島にいらっしゃる前ですから七月ですね。七月の終わりごろ、中井さんのところにいらして、これから広島に行くとおっしゃって……広島はまだ空襲も何もされていないから、危ないから行かないで行かないでって言ったんですけど、非常に芸熱心な方ですから……。

それに園井さんはちょっと易に凝ってらっしゃいまして、易者が広島に行くと火事に遭うよって言われたんですけど、火事って言ったってそんな原爆みたいなものが落ちるとは思いません。だから私たちの言うことを聞かないで広島にいらして……。

内海明子は昭和一九年一二月に宝塚歌劇団の演出家・内海重典と結婚して中井家近くに新居を構えていた。恵子が中井家を訪れると内海のもとにも知らせがきて、恵子のもとに駆けつけるのがいつもの決まりになっていた。ただし、易のエピソードについては、神戸滞在時の話でなく浅草のそろばん占いだったとされている（内海本人が岩手町の佐々木光司にそのように話している）。

恵子は八月二日、「明日が招集日」と言って、お土産の小豆を手に広島に出発した。六日の誕生日は桜隊の隊員たちに祝ってもらうと話していた。

そして、運命の八月六日を迎えた。

第一四章　八月六日

昭和二〇年（一九四五）八月六日、この日は午前零時二五分に出された空襲警報が二時一〇分に解除されて、さらに七時九分に再び警戒警報のサイレンが鳴るが、これも何事もなく三一分に解除された。人々は安堵して、防空壕や避難場所から帰宅して遅い朝食をとったり、仕事に出かけたりと、それぞれの一日を始めようとしていた。町内会の役員や警防団員は警報のために詰所に出続けでくたくたに疲れていた。ようやく解放されたと思い、自宅に帰るかその準備をしていた。大きな軍需工場や施設では、出動していた兵士たちも防空体制を解いて帰営した。

今まで多くの空襲は夜間に行われていたので、とりあえず心配が過ぎ去ったと胸を撫でおろしたのである。

広島は快晴だった。街の中を市電が走り、わずかに残った商店は開く準備を始め、勤労動員の学生たちは持ち場に歩いた。その中には市外から出てきた一〇代前半の学生も多くいた。

セミが鳴き、市内を流れる太田川は青空の光をその水面に輝かせて、厳しい時代ではあったけれど、昨日と同じような一日がまた繰り返されて、終わるはずだった。

堀川町九九番地——桜隊の宿舎では朝食を終えた時間帯だった。丸山はまだ身体が癒えず二階で寝ていた。恵子は洗面所に向かって廊下を歩いていた。高山は食事を終えて二階廊下の籐椅子に座って煙草を吸っていた。一階の仲、森下、島木、羽原、笠、小室も食事を終えて、台所で片付けや、洗濯に取り掛かろうとしていた（ただし、これら原爆投下時の様子については当事者同士の証言にもいくらか違いがあり断定はできない）。

八時一三分、NHK広島中央放送局に「中国軍管区情報、敵大型機三機が西条上空を西進しつつあり、厳重な警戒を要す」という緊急情報が入った。アナウンサーはさっそく放送室に入りブザーを押した。

ラジオから「西条上空を……」とまで声が流れた八時一五分、B29爆撃機「エノラ・ゲイ」から投下された原子爆弾は、当時は産業奨励館と呼ばれた建造物（現在の原爆ドーム）の南東一五〇メートル、島病院の上空約六百メートルで炸裂した。

瞬く間に広島市内を閃光と熱線が包み、爆心地周辺の地表面の温度は三千から四千度に達した。ガラスをも溶かす熱線が降り注がれ、続けて時速八百キロの爆風が四方を襲い、あらゆる建造物を破壊した。

爆心地五百メートル圏内では閃光と衝撃波がほとんど同時に襲った。巨大な爆風圧が建築物の大半を一瞬にして破壊、木造建築は全て全壊した。島病院の建物も一片の壁を残して完全に吹き飛ばされ、院内にいた職員と入院患者全員が即死した。鉄筋コンクリート建築である産業奨励館も本体部分がほぼ全壊、中央ドーム部分の枠組みと外壁のみが残った。

一キロ圏内では、塀や建物などの遮蔽物の陰にいた者は熱線の直撃は避けられたが、そうでない者は熱線を受け重度の火傷を負った。屋内にいた者でも爆風で吹き飛んだガラス片を浴びて重傷を負う者や、倒壊した家屋に圧し潰されて亡くなるか、脱出できずに焼死した者が多かった。

爆心地一キロ以内にいた人々はその日のうちに半数が息絶えて、三ヵ月以内に九割が死亡したといわれている。

桜隊が滞在していた堀川町の宿舎は爆心地から七百メートルほどの地点にあった。

この時の様子を恵子自身が筆に残している。それは即死を免れて六甲の中井家に逃れた直後、母・カメに当てた手紙である。この手紙は現存していないが、一部が写真で残されていて、そこには原爆投下直後の様子が書かれている。

　警報も出なかったのでゆっくり朝ご飯を食べた後、ちょっと洗面所へと思って廊下を歩いている時、バッ！　バッ！　と音がしたと思ったらガラガラグラグラと崩れてきて、すっかり家の下敷きになってしまいました。ズボンは履いていましたが、袖の短いブラウス、靴下も履かず、もちろん靴もなし。それでおでこを壁で強く打っただけで何のケガもなく、裸足のまま山に逃げました。

桜隊の宿舎だった高野邸も一瞬で崩壊した。

仲みどりは爆発音を聞いたと同時に身体は跳ね飛び、圧し潰されて気を失っていた。気が付くと真っ暗でガス臭いにおいがした。パチパチと木が焼けようとする音が聞こえて、夢中であたりを掻き分けると外に這い出すことができた。気が付くとそこは裏のどぶ川の淵だった。激しい吐き気に襲われて何度も川に吐いた。炎がすぐ近くまで迫っていて、反射的に火のない方向に逃げた。

丸山定夫は二階で横になっていた。閃光が見えた後、轟音とともに家が圧し潰されてきて、そのまま下に叩きつけられた。「おーい」という仲の声が聞こえて「仲さん！」と呼び返したがそのまま気が遠くなった。気が付くと辺りは真っ暗で、ブスブスと燃えている感触があった。独特の焦げる匂いもして、自分を押さえる柱や板を懸命に外して、釘の刺さったシャツを引きちぎり何とか這い出した。あたり一面火の海で夢中で周りの人と走った。

仲、丸山とも炎が迫ってきたことで、他の仲間を助けることもできず、そのまま逃げざるを得なかった。熱閃光によって木造部分が自然着火したり、炊事の残り火が燃え移ったりしたことで市中はたちまち炎に包まれた。『広島原爆戦災誌』第二巻によれば、宿舎のあった堀川町では八時二〇分には火が燃え始めた。それは原爆投下後わずか五分のことだった。

恵子は一階の廊下にいて家の下敷きになったが、階段の陰にいたことで運良く柱と階段の隙間に入って助かった。脱出したそばには高山象三もいて二人で身を寄せるように逃げたという。仲や丸山と同様、迫る炎から夢中で逃げたのだろう。

この四人以外の森下、島木、羽原、笠、小室は崩壊した家屋から脱出することができなかった。直後に圧死したか、迫ってきた炎により焼死したと考えられている。

その時、恵子は廊下を歩いていた。薄暗い廊下を光が包んだかと思うと、身体が一瞬浮かび上がり、轟音とともに家全体が崩れ落ちてきた。気が付くと暗闇の中、折れた柱や瓦、土砂、粉々に散ったガラスの破片に身体が埋もれているのがわかった。わずかな隙間で身をくねらせ、這い出ようとすると高山象三の声が聞こえた。

「おい、誰かいるか？」

「ここにいます」

身体をひねって必死にもがいていると光が見えた。すると男の腕が見えて、持ち上げた柱の隙間から恵子の腕をつかんで引っ張り上げてくれた。高山であった。

「象《しょう》ちゃん！」

高山も少し安堵した顔だった。その顔の向こうにある世界を見て恵子は目を疑った。黒煙が雲のように空を覆い、それは地上の火で赤く照らされていた。あたり一面、焚火の近くにいるように火の粉が舞っていた。太陽は煙幕で遮られ、さっきまでの快晴が嘘のように薄暗かった。街並みは跡形もなく消えていてそこは瓦礫の山だった。わずかに残ったコンクリートの建物も骨格を残して、それも鉄骨がねじ曲がったり一部が崩壊したりして、中身は完全に吹き飛んでいた。辺りには全身火傷を負った、いまや動かない塊となってしまった人が転がっていた。近くの瓦礫からは火が燃え始めていた。

西を見ると業火が迫る勢いで、追われるように人が逃げてきた。その人々がまた凄まじいケガだった。

髪がちりぢりに焼け付き、服は破けて肌は露出して、その肌は焼けただれていた。顔が一面、粘土を塗ったように潰れている女性もいた。何人かの人が幽霊のように手のひらを胸の前に上げたまま垂らしていた。強い熱線により皮膚下の水分が一度に蒸発して皮膚を焼けはがしていた。その皮膚を落とさないように手を上げながら逃げていた。

我に返ると火は周囲に燃え移っていて、瞬く間に火の海となった。恵子は無傷、高山も足の指先に少し傷がある程度だった。崩れた邸宅には仲間が残っているかもしれないが、逃げるのを躊躇できないほど火の勢いは強かった。恵子と高山は身を寄せ合って、周りの人と一緒に火の反対方向に逃げはじめた。

歩いても歩いても建物はことごとく吹き飛んでいて、一体何事が起こったのか恵子にも高山にもわからなかった。火傷で赤黒くただれた肌をむき出しにしている人、全身に割れたガラスが突き刺さっている人、腕が折れて垂れ下がっている人、泣き叫びながらそれでも生きようと必死に逃げていた。

ある石段は白く変色していたが、一部だけ人型に黒く変色していた。そこは原爆投下時、人が座っていた場所だった。熱線の凄まじさを物語っていた。

建物の下敷きになった家族を救おうと、逃げずに柱や瓦礫を必死にどけようとする人たちもいた。自分一人で助けられないと知ると避難者にすがったが、誰もが他人を助ける余裕などなかった。火の手が迫り、そのような人たちは家族を見捨てざるを得なかった。冷酷な運命に、人は半狂乱のようになっていた。中には逃げずに家族とともに焼死する人もいた。地獄というものが存在するとすればこんな世界ではないのか、そう思わせる光景だった。

恵子の足裏にチクッと痛みが走った。小さなガラスの破片が刺さっていた。高山が落ちていた靴を拾ってきてくれた。片方が地下足袋、片方が男用の短靴だったが、すぐに履いた。靴の持ち主がどうなったかは考えなかった。途中、壊れた水道管から滴る水をガブガブ飲んだ。

無我夢中で歩く先には、川とその向こうに比治山《ひじやま》が見えた。比治山は最高度約七〇メートルほどで山というより丘に近い。頂上に広い公園があり、丘の傾斜には所々に防空壕が掘られていた。そのひとつは以前に自分たちが奉仕して作ったもので、そこなら安全かもしれないと心に浮かんだ。

太田川の分流、京橋川のすぐ東に比治山はある。川に到達するまで五百メートル以上歩いたが、それでも建物はほとんどが崩壊していた。傾斜しているだけの家屋もあったが、それにも火が燃え移って今にも崩れ落ちようとしていた。

京橋川にかかる鶴見橋は無事だった。あやうく出火しかけたが避難者が砂をかけて何とか鎮火していた。恵子と高山が橋から川を見ると灰で薄黒く濁っており、河原には中学生ほどの男子が一団で砂にまみれて死んでいた。近くの建物疎開を手伝っていた学生らしく、ここまで来たが力尽きたとのことだった。川の水面に焼けた身体を浸している人もいた。血だらけの人、焼けて膨れ上がった人、倒れてそのまま川に流される人もいた。鶴見橋を渡った川岸も別の学徒たちが横たわり苦しさに悶えていた。

上流の柳橋が焼け落ちたため、避難者がこの鶴見橋に殺到した。そのため一帯は多くの重症者や死者が倒れる凄惨な光景となった。軽症者は飲み水を施したり、延焼を食い止めたり、下敷きになった者の救助に当たるなどして、せわしなく動いていた。

比治山は爆風で松や桜の大木が根元から倒れていたが、一部を除いて延焼からは免れていた。そのため頂上の比治山公園や防空壕には多くの避難者が身を寄せた。恵子と高山もその一人だった。山頂から周囲を眺めると、西と北の建物は多くが崩れて火災が起きていたが、東側の建物は損傷しているものの全壊には至っておらず、火災も起きていなかった。この七〇メートルの丘が原爆の爆風を遮り、西北と東の運命を大きく分けていた。

日が暮れ始めても市街の火災は止むことがなかった。西側登山口にある多聞院本堂は爆風で瓦が全て吹き飛び屋根の一部も損傷していたが、何とか建物としての体を保っていた。そこに福山に出張していた県知事の高野源進が入り、救援要請など県防空本部として機能し始めていた（翌日、本部は東警察署跡に移転、その後の多聞院は臨時救援所に充てられた）。おむすびなど救援物資が届けられて避難者は空腹を癒すこともできた。

恵子は無傷だったが高山は腹痛を訴えていて、無理はせず比治山で夜を明かすことにした。

朝、悪い夢を見たときれいな部屋で目覚めればどんなに救われるだろうか……空襲の跡を何度も見た恵子にしても、この日の出来事は地獄以外の何物でもなかった。しかし目を覚ました場所はやはり比治山で、それは地獄が現実だったことを二人に容赦なく突きつけるものであった。

八月七日、恵子と高山は桜隊の人たちが避難していないか比治山を探したが、見つけることはできなかった。周囲の人々にそれらしい人を見なかったか尋ねたが、それも手掛かりなしだった。宿舎の跡に戻って探そうとも思ったが、危ないからやめるよう止められた。中心部は二日経っても鎮火しない場所もあり、この時点でも火は残っていた。

二人は捜索をあきらめて東の海田市町《かいたいち》（現在の海田町）に向かうことにした。二月の広島巡演時にそこで食事の歓待を受けたことがあり、その知人を頼ることにした。もしかしたら、桜隊の他のメンバーもそこに避難しているかもしれない、広島を離れる後ろめたさにそう言い聞かせた。

天気は快晴だった。恵子と高山は比治山の東側に下り、被害の少なかった場所を通って海田市町を目指した。

比治山の東に当たる段原山崎、東雲町《しののめ》といった地域は、爆心地からいくらか離れていることと、前述の通り比治山の陰で爆風の影響が減少したことで、建物は全壊を免れて火災もほとんど起きなかった。しかしそれでも負傷者は多く、また他の地域から避難者が押し寄せて、救護所は徐々に重症者で溢れるようになった。

地理に不慣れな恵子たちはいちいち道を尋ねる必要があったが、その都度、損傷した家屋や負傷者を目にして被害の大きさを感じた。

高山は気丈にふるまっていたがどこか体調が悪そうだった。歩く速度も遅かったが、すぐに疲れて休みたがった。巡演時に先頭を切って舞台の準備をしていた姿からすると、どこかおかしいのは恵子から見ても明らかだった。

知らない場所で高山を気遣いながら歩いていると、恵子は広い世界で取り残されたように感じた。ふと上空に目をやると青空に雲がゆったり流れていた。それはゆっくり東に向かっているようだった。はるか昔にどこかで同じような光景を見た気がしたが思い出せなかった。しかし、雲はどこか自分を勇気付けているようだった。

恵子は気持ちを奮い立たせて再び歩みを進めた。海田市町は広島市街から五キロほどの道のりだが目的の知人宅に到着した時にはすでに日が暮れかけていた。

海田市町の知人は驚き、迎え入れてくれた。恵子と高山は一晩そこで世話になったが、翌日の昼にはすぐまた出発することにした。不通になっていた山陽本線が復旧されると知らせが届いたからである。知人はもう少し休んだらどうかと引き留めたが、少し無理をすれば「六甲のお母さん」と慕う中井志づ宅に戻れる。中井宅は自宅同然で、そこならわがままも聞いてもらえるし、気兼ねせず高山と何日でも身体を休めることができる。

二人は丁重にお礼を言うと、汽車賃を借りて海田市駅に向かった。復旧第一号列車は広島を一六時四二分に出発、海田市駅には平常であれば一五分ほどで到着するが、線路に不安があった上、相当な混雑だっただろうからだいぶ遅れたかもしれない。後述するが仲みどりもこの列車に乗っていた。

恵子と高山は海田市駅から三宮駅に向かい、そこから阪急電車に乗り換えて西灘駅（現在の王子公園駅）で下車した。

＊　昭和一九年一二月の時刻表によれば、広島―三宮間は急行で六時間、普通で九時間ほどかかる。海田市に停車したことを考えると、恵子と高山が乗った列車は普通扱いであり、三宮に着いた時刻はすでに日付をまたいでいた。すでに書いたように復旧後の最初の列車ということを考えると、運行はだいぶ遅れたと考えるのが自然であり、乗り換え先の阪急電車が終電を終えていたため、恵子と高山が阪急西灘駅に到着したのは八月九日の朝と考えられる。

やっとの思いで西灘駅のホームに降り立った時、恵子は目を疑った。その目に映ったのは無残な空襲の痕だった。五日夜から六日早朝にかけて西宮一帯に行われた空襲の余波を受けて、この地区も爆撃を受けていた。西灘駅一帯も痛ましい焼け跡が広がっていた。

恵子の背筋が凍った。中井家にも何か起こったのではないだろうか――自分たちを襲った地獄の業火が、遠くこの六甲の人たちにも及んだような気がして、瞬く間に恵子の心は不安でいっぱいになった。

　二人は中井家に向かって歩きだした。北に六甲山が悠然とそびえ、遠く南には海が広がっている。石垣に囲まれた昔ながらの邸宅、緑に包まれた神社、古い六甲山麓の街並みは本来であれば心を癒したはずだが、恵子は気が気でなかった。走っていきたい気分だったが、高山の体調を考えるとそういうわけにもいかない。気持ちだけが焦って前に向かっていた。この家は無事だ、あの家は焼けている、ひとつひとつ確かめながら道を進んだ。

　ふと見上げると、六甲山の手前にぽっかりひとつ雲が漂っていた。どこか見た覚えがある雲だった。広島から海田市町へ向かう時の雲もあのような形ではなかったか、ゆったりと浮かぶ雲を見ているとどこか心が和んだ。

　大丈夫に違いないと踏み出した足が止まった。中井家の南側、近所一帯がことごとく焼けて灰と化していた。恵子は言葉を失った。

　そして焼け跡の向こうに見慣れた中井家が朝日に照らされて建っていた。

「助かった」

　生きて帰って来られた、恵子はそう思った。


八月六日、原爆により桜隊の宿舎は全壊した。そこにいた九人のうち、脱出できたのは恵子と高山象三の他、丸山定夫と仲みどりがいた。その二人はその後どうなったのか。

　以下は丸山定夫が八月一二日に捜索に来た八田元夫や槙村浩吉に話した内容である。

丁度、朝飯の済んだとこだったな。部屋に戻って一息ついて間もなく、ピカッとするどい光が目を射た。追っかけるようにグワーンガラガラとものすごい音がして眼先が暗くなったのと一緒に、天井が圧しつぶされたように落ちかかってきて、そのままどしんと叩きつけられた。思わずおおいッと叫んだ。後ろの方で、おおいガンさんって声が聞こえた。仲さんの声だ。おおい、今行くぞと言いかけるうちに、くらくらと目の前が真っ暗になってねえ、深い底へ引き込まれるようにわからなくなってしまった。死ぬっていうのは、きっとあのことをいうんだね。

それから何時間たったのか分からない。気がつくと、どっかでパチパチという音がする。キナ臭い匂いがつうんと鼻をついてきた。とっさに恐怖を感じた。目の前は真っ暗だ。柱や板が首をしめつけている。夢中になってにじり出ようとした。パチパチと燃える音は近づいてくる。煙くていられない。夢中でもがいた。シャツが釘にひっかかっている。そいつを引きちぎって這い出した。ずうっと遠くに隙間があって、うっすらと青い空が覗いている。無茶苦茶に目の前を掻きわけた。釘だのささくれが、容赦なく身体を引っ掻きむしった。このままでは死ぬぞと、這い出た。ぽっかり青空の下に出るとまわり中は一面火の海だ。人が走っている。沢山の人がかけ出している。恥ずかしいが誰のことも考える暇はなかった。駆けた。まわり中がぼうぼうと燃えている中を無我夢中で駆け出した。ながくながく駆け出した。それからとうとう山のようなところへ、もう火の追いかけて来ないところへたどり着いて、そのまま倒れてしまったんだね。どのくらい時間がたったか分からない。人声がする。ガンさんと呼んでいるようだが、今考えると本当に呼ばれたのか、夢の中か、さっぱり分からない。何時間も何時間もたったと思う。揺り起こされた。皆並ばされた。番号をかけさせられた。長い長い道を一列に並んで歩かされた。電車に乗せられた。いやバスだったかな。それから船に乗せられた。大きな建物の中に入れられた。丸山定夫です、ここはどこですかと尋ねた。タイビだと言われた。

（『ガンマ線の臨終』）

丸山が最初にたどり着いた「山のようなところ」とは一説には比治山ともいわれている。だとすれば、恵子や高山と同じ場所に避難したことになるが、意識を失うような状態だったから、恵子や高山の目から漏れてしまった可能性はある。

「タイビ」というのは現在の広島県安芸郡坂町鯛尾《たいび》のことで、広島駅の南東六キロほど、広島湾の東側で岬のように突き出ている地区である。丸山はそこの収容所に運ばれていた。

丸山は横に寝ていた人が軽傷で家に帰ると言うのでメモを託すことにした。厳島の存光寺には、連盟から一緒に広島に配置された珊瑚座がいる。ちぎったボール紙に「タイビ島にいる。レンラクたのむ、ガン」と鉛筆で刻むように記した。

その後、丸山は鯛尾からさらに南の小屋浦（現在の坂町小屋浦）の小屋浦国民学校に移されたが、そこで捜索に来た八田、槙村と再会することになる。

東京にいた八田と槙村は、広島がやられたという知らせを聞いて、その後の情報も待たず、すぐ現地に向かった。広島の惨状を見た後、厳島の存光寺に向かい、そこで丸山が託したメモを見たのである。

最初は鯛尾に船で渡ろうとしたが、途中、収容者の名簿から丸山が小屋浦に移されたと知りそちらに列車で向かった。小屋浦国民学校に到着したのは八月一二日の昼前だった。八田は収容所の様子を次のように書いている（前掲書）。

ポプラの並木に囲まれた小屋浦国民学校はすぐ分かった。校庭を横切って、受付に立った私たちはその入口を透してのぞかれる光景にグッと胸をふさがれてしまった。顔半分が崩れたように火傷の血膿を流している人、片袖のちぎれた肩から手首まで一面に黄色く膿んだ手を痛そうに下げながら丈夫な片手で壁につかまりつかまり歩いている人、さまざまな人混みの中から数知れぬうめき声が大きな不協和音をお経のように響かせ、赤ん坊の引き裂くような泣き声がその騒音を縫うかの如く、きしませて響いてくる。屍臭に汗と垢との不潔さの混じったむかつくような悪臭が建物の外まで漂ってくる。（中略）

一部屋一部屋探し求めていくその窓の中には、この世の者とは思えない生きながらの屍が、絶え絶えのうめき声を発して、ゴロゴロと並べられている。さがしあぐんでのぞいたどんづまりの部屋のその窓の下に全く土気色になった丸山の顔が死んだように眼をつぶって横たわっている。

八田と槙村は顔を合わせた。再会は奇跡のように思えた。丸山は二人の顔を見ると涙を流した。前述の丸山の話はここで話したものである。

丸山は一緒に連れていってほしいと訴えるが、巌島に歩いて帰れるようにはとても見えなかった。明日、担架を持ってくるからと説得したが丸山は聞かなかった。軍医はここにいても大した治療はできないからと退所を許可した。

試しに丸山を立ち上がらせると、くらくらと目眩《めまい》がして、首の骨がボキッと音を立てて「痛い」

と言う。両脇から抱えて、恐る恐る歩かせてみたものの、数歩歩いては休みの繰り返しだった。これではとても帰れないと、明日まで待つように言っても「そんなこと言わないで連れて行ってくれよ」と丸山は懇願した。

二人は覚悟を決めて丸山と一緒に帰ることにした。梯子段を下りるのには一〇分かかった。五百メートルほどの駅までの道のりを三〇分以上かけて歩いて、駅構内に着いた時、丸山は椅子に死んだように横になった。

二時間ほど待ってやって来た列車では、車内も空いていたため、丸山は通路に大の字で寝ることを望んだ。その電車も広島まで行かず、途中の駅でさらに数十分の待ち時間を挟み、広島に着いた時には日がすっかり暮れていた。さらに西の宮島口駅まで移動し、そこから連絡船で厳島（宮島）に渡った。船上を吹く夜風は丸山には厳しく、八田と槙村が自分たちの衣服をありったけ被せても震えは止まらなかった。

やっと宿舎の存光寺にたどり着くと、丸山は住職に頭を下げて「私はもう亡者です、どうぞよろしく」とおどけて見せた。午前零時過ぎ、医師が丸山を診察しにやってきた。医師はほとんどが広島や周囲の収容所に派遣されて、やってきた女医が唯一人島に残っていた。女医は肋膜炎がだいぶ進んでいることを指摘して、他に「だいぶガスを吸っているようですので十分にお気を付けて」と言い残して帰っていった。原爆から一見生き残ったように見えても、その後亡くなる者が後を絶たなかった。原爆症の正体がわからない当時は、それがガスの影響ではないかと噂されていた。

八月一三日、丸山の記憶をもとに広島の桜隊宿舎跡を捜索することにした。丸山の看病に八田が残り、槙村や珊瑚座の男性、移動演劇連盟の職員らが広島に向かった。

八田と槙村、珊瑚座の俳優たちは以前にも一度、宿舎跡に足を運んでいた。珊瑚座が前に訪れたのは八月一〇日で、広島電鉄宮島線が復旧したと聞いて桜隊の安否を捜索しに行ったのだった。その時は宿舎が灰と化しているのを確認して、比治山の防空壕を一つ一つ回ったが手掛かりは得られなかった。ただ、比治山に向かう途中で、恵子と高山らしき二人を見たという人物と会うことができた。それは宿舎の三軒隣、散髪屋の主人だった。顔の皮膚が垂れ下がり、手の皮も剝げて肉が露出している重症で、珊瑚座の俳優たちも向こうから言われるまでその人と分からなかった。散髪屋の主人は恵子のことを「阪妻の無法松に出てた人」と記憶していた。この主人も一三日には亡くなっていた。

また、それとは別に「男のような女優さんが裸で逃げていた」という情報があり、それは仲みどりと考えられた。しかし、残る森下、島木、羽原、笠、小室の安否の情報はなく、この日は宿舎の焼け跡を詳しく調べることにした。丸山の当時の記憶をたどり、隊員たちがいた位置の見立てをして一行は出掛けていった。

うっすら日が暮れかけた頃、槙村たちは戻ってきた。どうだったかと八田が視線を向けると「駄目でした。五人分の骨が出てきました」と槙村は肩を落とした。骨は森下彰子、島木つや子、羽原京子、笠絅子、小室喜代の五名だと推測された。槙村は亡き妻と思われる骨をハンカチに包み、そっと懐にしまっていた。丸山は掘り起こした時の様子を唇を嚙みしめながら聞いていた。喉を震わすようにして「すまない、俺はどうすればいいんだ、どうすれば……」と涙を流した。八田はその深く絶望した姿を見るに忍びなかった。丸山たちの部屋はそのまま通夜の席となり住職の読経が行われた。

やがて、住職も珊瑚座の隊員も引き取って、丸山、八田、槙村だけになった時、丸山はうねり出すように言った。「もし、もし、あのパチパチという音で息を吹き返し、はい出すこともできないで焼け死んだのならどうだったろう。圧し潰されて、息がとだえて、そのまま焼けてしまったのなら、いや、それでも、火が迫ってくれれば気付いたろう。女の力では這い出せまい。火がじりじりと迫ってくる。もしそうだったらどんなだったろう。ああ、地獄だねえ、地獄だねえ」

八月一四日、丸山の熱は四〇度を超していたが身体はまだ動き、トイレにもなんとか自分で行っていた。「身体が熱い」という訴えを繰り返して、手拭いで冷やすくらいでは耐えられず、丸山は他の者の目を盗んで井戸端に行っては水を頭から浴びた。

一五日、熱は下がらず、それに加えて朝からしゃっくりが続いた。食事は喉を通らなくなり、口も聞かなくなっていた。しかし、熱いと言って水浴びをするのは止まらなかった。何度も繰り返し水を浴びるので、それを見た者は気が狂ったのではないかと思った。身体に障るからと止めても聞かなかった。

この日の正午にはラジオから玉音放送が流れた。丸山は終戦を知ると「もう一〇日、早く手を上げたらなあ」とつぶやいた。そして周りに「これからはいい芝居ができるようになりますよ」と言って励ました。

一六日、八田はまだ行方がわからなかった恵子、高山、仲の捜索に出掛けた。「今日も行くのかい、昨日一日留守だったんだ、今日はいておくれよ」と引き留める丸山を「早く帰ってくるよ」と言い含めての出発だった。広島の近郊はすでに調べ尽くしたので、芸備線といい広島から北東に向から路線に沿って、避難所になっていた国民学校を順番に尋ねていった。どこも負傷者で溢れていたが手掛かりは何もなく、寺に帰ってきたのは夜一一時頃だった。八田が丸山の様子を見に行くと、寝息さえ立てない静かさで半眼が開いていた。おかしいと思い身体に触れると、すでに体温は失われ身体は冷え切っていた。女医を呼んだが死亡を確認するのみだった。近くで寝ていた槙村によれば三〇分ほど前までは異常がなかったといい、亡くなった時間ははっきりしなかったが一六日午後一一時とされた。「新劇の団十郎」といわれた名優・丸山定夫はこうしてこの世を去った。

丸山の臨終に立ち会った珊瑚座の諸岡千恵子（当時一八歳）は平成二二年（二〇一〇）、堀川惠子の取材に次のように語っている。

八田先生が「皆、起きて、丸山がおかしい！」と言われて飛んでったら、もう息も殆どないようで、苦しそうに喘いでから、そいでスゥーッと……。皆が「丸山さん、丸山さん」って呼んでも応えもなく、そのまま静かになくなりました。

（『戦禍に生きた演劇人たち』）

珊瑚座の乃木年雄は手記『移動演劇さくら隊原爆殉難記』で、丸山の死亡日時を一五日深夜から一六日零時過ぎとしている（後に本人が一六日夜と訂正）。さらに八田と槙村は外出していて、死亡時に見届けた者は誰もいなかったとした上で、死の直後の丸山を「ものすごい形相で口を大きくあけて、右の目を大きく見開き、左の目はつむっている。手はつっ張ったように虚空をつかんで。足に掛けてあった毛布は蹴散らして、苦悶の姿が目に写った」と書いている。

丸山定夫の臨終の様子や細かい日時については証言する者によって違いがある。発見者の違い、亡くなった前後の様子、その後の火葬時のことまで、八田元夫、槙村浩吉、乃木年雄、諸岡千恵子など多くの証言者がいるがその内容には大小の隔たりがある。真相について断定は難しく、江津萩枝『櫻隊全滅』、新藤兼人『さくら隊散る』、八田元夫『ガンマ線の臨終』、乃木年雄『移動演劇さくら隊原爆殉難記』などを読んでいただき、それぞれの判断に委ねたい。

証言の違いはあれ、共通しているのは丸山の急な死が周囲にとって予期しないものだったという点だろう。丸山は身体が弱っていたものの、脱毛や皮下出血といった外観上の異常は目立たず、体内の苦痛を訴えることもなかった。自分で井戸の水を浴びるくらいであり、周囲からすれば、このように亡くなるとは思ってもみなかったのではないか。だから八田は外出し、槙村も珊瑚座の面々も死後、あるいは死の直前まで異常に気付かなかったのだろう。

原爆投下時、桜隊の宿舎からは恵子と高山象三の他、丸山定夫と仲みどりが脱出に成功した。それでは仲みどりはその後、どのような運命をたどったのか。

なんとか宿舎の瓦礫から這い出した仲は、迫りくる火と反対方向に逃げた。行き着いた先は恵子と高山も逃げた鶴見橋で、橋に人が群がっているのを見て仲は京橋川の中に入った。おそらく火から逃れるためだろう。吐き気や胸の苦しさが治まらず、川に吐いたがそれは血が混じって黒かった。川の水が身体に当たる感覚で、仲はズロース一枚の裸だったことに気が付いた。そして手を肩から背中に回した時、ザラザラとしたものが当たってチクリとした。台所のガラスが刺さっていたが大きなケガではなかった。

体力も尽きて意識がもうろうとし始めた時、仲は一隻の船に引き上げられた。それは宇品の船舶部隊で、そのまま宇品の臨時収容所に搬送された。

収容所に運ばれたものの、もともとそこは医療施設ではなく、患者に対して何の処置もできるものではなかった。これはほとんどの収容所に言えたことで、設備も薬もなく、原爆の被災者の治療に当たるにはあまりに無力だった。人々は苦しみながら次々に死んでいった。

周囲の人が次々に亡くなるのを見て、仲も不安に思っただろう。自身も吐気、倦怠感、胸の苦しさなど症状に悩まされていた。被爆から二日目、ここにいても死を待つのみでないかと思い始めた頃、上り列車が復旧するとの知らせが収容所に届いた。仲は東京に帰ることに決めた。着るものもなく、破れたシーツを身にまとい、収容所の受付で草履を用意してもらった。

宇品から広島駅までは五キロほどの距離がある。宇品近くは爆心地から離れていることもあり建物も残っていたが、広島駅に近づくにつれて、木造の家屋は焼けて跡形もなくなり、鉄筋の建築物も多くが爆風によって破壊されていた。あたりには焼けた死体が転がっていて、この世の果てとも思える光景が広がっていた。

広島駅は構えこそ残していたが、屋根は崩れ落ちて窓は根こそぎ吹き飛ばされていた。内部も火事で全焼し、それは廃墟のようだった。南側の駅前広場には行き場のない多くの負傷者が野ざらしで過ごしていた。

被爆者は無料だとラジオで聞いていた仲は、収容所で被災の証明書を受け取っていた。

車内はたいへんな混雑だったことが推測される。列車の中で仲は座っていられず、身体を横たえた。混雑していたにもかかわらず、仲の周りは人が寄ろうとしなかった。伝染病か何かと勘違いされたらしい。周りに何を思われても、仲にとってはそれどころではなかった。

復旧上がり列車が広島を出発したのは午後四時四二分、この列車には前述の通り、恵子と高山が海田市駅で乗車している。二人は三宮で降りて仲と会うことはなかった。

思えば、丸山も含めた四人は避難の先々で微妙なすれ違いをしている。いずれも被災直後は同じ鶴見橋に立ち寄っているし、恵子たちと丸山は比治山に避難していた。ここでも恵子たちと仲は同じ列車に乗っていた。もし顔を合わせたとしたらどんなに嬉しかっただろうか。助かった奇跡を喜び合ったに違いない。しかし、この悲劇の役者たちの運命が二度と交差することはなかった。

列車が東京駅に着いたのは、九日の夜一二時を回っていた。当時はすでに終電は過ぎていて、駅で時間を潰したのか、とにかく仲はそこから乗り換えて荻窪駅で下車、天沼の母の家にたどり着いた。「自宅にて傷口にマーキュロ（赤チン）を塗った」と後に入院先で話している。

八月一〇日から一五日の記録はないが、生還したことの喜びを込めて何通かハガキを出している。その一通が作家の水木洋子宛で、そこには「広島から助かって帰ってきました。これからはまた芝居をやりますから、どうぞよろしく」というような文面だったという。また、高山象三の両親（薄田研二夫妻）の家にも顔を出し、被爆時や広島脱出時の様子を伝えた。当時は高山の安否もわからなかったから、夫妻は仲の話を聞いて生存に一縷の望みを得たのか、絶望に覆われたのか、感じるものがあっただろう。

一五日には演劇研究所時代の同期の家を訪ねている。その時の様子は「何となく来て帰ったが、明日入院するというようなことを言い、用事があったのかどうかその時はわからなかった。何しろ、終戦になったその日だったから」と伝えられている。

どの人も仲が死ぬとは思っていなかった。原爆症でよく見られた脱毛もなく、重症にも見えなかったから、その時の印象もほとんど記憶に残していない。水木洋子も助かったものと思い込み、ハガキを失くしてしまった。

しかし、身体の衰弱と胸の苦しさ、食欲不振、脱力感、めまいなどはおさまらず、不安に襲われた仲は八月一六日、東京帝国大学附属病院に向かう。母と一緒に不慣れな東大病院近くを迷っている時、通りかかった医学部の学生が声をかけた。仲は「自分は広島で被爆して逃げてきた者だが、東大病院に入院したいと思いここまで来た。どうすれば入院できるだろうか」と尋ねた。当時、一般には原爆のことは知られていなかったが、東大の医学部生たちは、終戦日に都築正男教授から広島に落ちた爆弾が原子爆弾であることを聞かされていた。学生はすぐに病院に行って相談した。相談を受けたのは当時医学部四年の清水善夫だった。清水は都築教授の医局に所属していて、自分の担当ベッドに仲を入院させることにした。当時は医師の多くが戦地に駆り出されて、学生たちも診療の戦力として携わっていた。

仲は東大病院に入院できた安堵からか元気に見えた。当初の診断名は「全身擦過《さっか》症」で、背中のかすり傷と皮下出血が目立つ程度と見られていた。都築教授も「罹災後ちょうど一〇日目で、その間の経過は極度の食欲不振以外にさした障害はなかった」という見解だった。しかし、入院してすぐの血液検査で白血球数が極度に少ないと分かると、その異常な事態に都築は顔をこわばらせた。最初、清水が白血球の値が四百しかないと報告した時、「それは検査の間違いだろう」と都築は測り直しを指示した。成人の基準値はおよそ三千五百から九千ほどで検査結果は一桁足りない。しかし何度測っても白血球は四百ほどで変わらず、自分で調べてみても値は三百しかなかった。都築は外科医であると同時に放射線と腫瘍が専門だった。原子爆弾と放射線の関連を結びつけ、原爆症という巨大な闇が開かれた瞬間だった。

入院翌日の八月一七日。仲の体温は三八度三分に上がり脱毛が始まった。都築は「抜け毛は一本残さず集めて保管するように」と指示を出した。背中の傷口も急に悪化し始めた。

一八日、仲は医学部の臨床講義で聴講の対象となる。当時、医学部の学生だった中村克郎（元「わだつみ会」理事長）はその時の様子を次のように証言している。

都築外科では伝統的に赤い毛布を使っていたのですが、運搬車で運ばれて来た仲さんは赤い毛布の上に横たわり、上にまた赤い毛布を掛けられていました。仲さんはほとんど何も話すこともなく、都築教授が「こうですね」と言うのにかすかにお答えになったかもしれませんが、明瞭なご返事はなかった記憶があります。

都築さんが入ってこられ、「本日諸君に供覧するのは、世界で最初にしてそして絶後であるべき原子爆弾症についての臨床講義であります」とおっしゃいました。「世界で最初にしてそして絶後であるべき原子爆弾症」という表現に、我々も固唾を飲んで伺いました。（中略）講義で印象に残っているのは、都築先生が、「この患者の白血球数は四百、普通七〜八千個、盲腸とか肺炎とかになると一万何千個になる。白血病になると何万、何十万になるけどそれがたったの四百個しかない。清水君がそう言うので、検査違いと思い私が調べたら、三百しかありませんでした」

とおっしゃったのをはっきり覚えています。これだけ減少していると、どこが化膿してもおかしくないという意味です。それから「この状態では脱毛が起こるのですが、この方はあまり著明ではありません。おそらく頭にタオルを被っておられたのがよかったのではないか」ともおっしゃいました。

そのとき仲さんはおわかりにならなかったでしょうが、都築先生は「プログノーゼ（見通し）はゼア（まったく）シュレヒト（悪い）」この患者さんがどういう経過をたどっていかれるか、見通しは完全に悪い。わかりやすく言えば、百パーセント死ぬであろうということです。「プログノーゼ・ゼア・シュレヒト」、そうおっしゃいました。

（桜隊原爆忌の会『資料集　仲みどりの生涯と、そのカルテの行方』）

その後の記録や証言を追うと次のようになる。

八月一九日、体温三八度九分、背中の傷口の悪化が止まらない、胸腹に苦悶。
二〇日、体温三九度五分、脱毛甚だしい。背、左肩の傷悪化、皮下出血を見る。
二一日、体温三九度九分まで上がる。脈拍九〇、傷の周囲に硬結、悪性腫瘍のごとし、苦悶著しい。
二二日、体温四〇度、脈拍九八。
二三日、体温三九度八分、脈拍九九、注射部位に汚らしき創を生ず。体幹に散在性米粒状の点状出血を見る（溶血現象）。

状態は目に見えて悪化していった。注射による薬剤投与、点滴、輸血と処置がとられたが、手の施しようがないのが実情だった。その頃に仲を訪ねた者がいる。桜隊の隊員で兵役に召集されていた佐野浅夫である。

仲みどりさんが東大へ入院したというニュースを、同じ補助憲兵（筆者注：佐野は兵役解除後憲兵となった）から「あんたの劇団の女優さんが帰ってきて東大病院に入っているらしいぞ」と聞きました。これ幸いと軍服の威を借りて東大まで行きました。「女優さん入っているそうだね」、「はっ」、僕は憲兵だからね、「どうぞどうぞ」と入れてくれた。僕はここで苦楽座の様子が知りたかった。仲さんが東京まで帰ってくることができたのならば、劇団はどういう状況かを知りたかった。お見舞いじゃない。仲さんの顔を見たかった。病室に案内されました。しかし、全然反応がない。仲さんの面影もない。四十度近い高熱でしょうね。顔も青いのか赤いのかわからない……「ぅう、ぅう」これぐらいの声しか聞けない。問いかけても返事はない。無念でした。

（前掲書）

八月二四日朝、体温三九度八分、脈拍一〇〇、昨日までの苦痛が和らぎ、ベッドの上に座ることもできたという。清水にも「少し元気が出た」と話し、微笑むこともあった。

しかし、昼になり病状は急に悪化した。体温は四〇度四分まで上がり、脈拍は一五八を数えた。清水が昼食をとるために病棟を離れて、病院前のテニスコートの向こうにあった食堂に着くまでの間だった。仲の病状が急変したと看護師から連絡があり、急いで病室に戻ったがすでに仲は亡くなっていた。

死後一時間で病理解剖が行われ、その時の外観は「顔及頸部やや膨腫せり死斑は背部に現る」「全体で十二、三個の暗紫色に着色せる鳩卵大迄の膿胞様或は中心に痂疲を被る腸胃潰瘍存在す」などと記録されている。

清水は「仲さんの印象として今も残っているのは、ニッコリと笑った時の顔だけで、苦痛の時の表情は思い出せません」と話している(『櫻隊全滅』)。

当時、多くの原爆被災者の状況を考えると、東大病院に入院できた仲はそう多くないであろう手厚い医療を受けた存在といえる。最後の日に微笑んだことからも、不安や恐怖はありつつも、穏やかで安らかな最期だったのかもしれない。

仲の診断名は当初の「全身擦過症」に二本線が引かれ、「原子爆弾症―四肢爆創」と書き改められた。それは世界で最初に認められた原爆症ということを意味していた。病理解剖された仲の臓器はホルマリンに漬けられて標本にされた。やがて進駐軍が日本を占領すると、原子爆弾に関するデータは多くが没収されて、仲の診療記録や臓器標本もアメリカに渡った。返還されたのは昭和四八年(一九七三)である。

その後も仲の肺と大腿骨は、東京大学医学部の標本室に保管されていて、江津萩枝(『櫻隊全滅』著者)が取材で足を運んだ際も確認している。

仲の身体の一部は、標本室の闇の中で今も昭和二〇年八月二四日のまま、時間を止めている。

第一五章　夢の終わり

仲みどりの死から時間と場所を少し戻す。

昭和二〇年（一九四五）八月一九日、神戸市灘区の中井家である。恵子が「六甲のお母さん」と慕う中井志づは洗濯物を干しながら首をかしげていた。視線の先は家のすぐ近くの上空で、雲がひとつぽっかりと浮かんでいた。

（あの雲、昨日もあったような……そういえば一昨日やその前からずっとある気もする）

不思議に思っていると、玄関を叩く音が聞こえた。

「八田先生でしょう、ハカマちゃん大変お待ちかね。象ちゃんもご一緒です」

娘が応対する声が聞こえた。志づはあわてて玄関に向かった。ひげを蓄えた眼鏡の男、八田元夫が玄関に腰を下ろして靴を脱いでいた。八田は丸山定夫の火葬をすませると、後を槙村たちに任せて、自分は恵子と高山の捜索に向かっていた。もしかしたら恵子はここにいるのではないかと直感でたどり着いたのだった。

恵子は廊下奥のふすまに身を持たせて、じっと玄関を見ていた。八田にはその目が「なんでもっと早く来てくれなかったの」と責めているように見えた。

「昨日まで元気でしたのにねえ。今日はどうしたのでしょう。八度の熱が出ているのです。それに象ちゃんが一昨日の晩から急に悪くなりましてねえ」

志づは言った。八田は恵子のもとに近寄ると「良かったね、どう」と声をかけた。恵子はそれには答えず「ガンさん（丸山）は？」と尋ねた。いつものニコリとした顔ではなく、まとわりつくような表情だった。「ハカマちゃんは失礼して」と、志づは奥の間に恵子を促した。恵子は言われるまま用意されていた布団に横になった。

八田は二階に案内された。そこには高山が寝ていた。頬は痩せこけ、鼻の穴は何やら赤黒いものが詰まり、顔は青白かった。枕元には短い髪の毛がこびりついていた。高山は八田に気付くとニコリと笑みを浮かべた。何か探しているような表情で周囲を見回していて、八田は水が欲しいのだと思い半身起こすのを手伝った。コップに水をついで、うがいをさせると吐き出した水にはどす黒い血の塊が混じっていた。冷ましたお茶を渡すと、喉をぜいぜいさせて飲み干そうとするが、黒い血とともに吐いてしまった。再び横にしようと触れた後頭部は焼けるように熱かった。

「どうだい、苦しいかい、負けちゃ駄目だよ。大丈夫、ゆっくり治そうね。もう戦争は終わっちゃったんだもんなあ」

「象ちゃん、よかったですわねえ、先生、見えて、もう安心よ」

こくりと頷いた高山はやがて安心したように眼を閉じていった。

八田と志づが一階に下りると恵子が起きようとしていた。あわてて駆け寄ると、二階で休みたいと言う。二人は恵子を支えて二階に上がった。「先生が見えたら丈夫なところをお見せしたいと申しておりましたのに、ねえ、ハカマちゃん」、志づが不安そうに言った。

布団に横になると、恵子は丸山の最期が知りたいと言った。八田は自分が広島に着いてから丸山と会い、亡くなり、そして神戸に来るまでをポツリポツリと話した。恵子は静かに聞き入っていた。そして八田の話を聞き終わると、自分たちがどのように広島で被爆したか、どのように逃げてきたかを話し始めた。

中井家にたどり着くまではすでに書いた。ここからは中井家に到着した直後から八田と再会するまでを書く。


八月九日の朝、中井志づが玄関を開けるなり恵子は「助かったのよ、私、助かったのよ」と思いを吐き出した。志づはボロボロの服をまとい左右違う靴を履いた女性を、最初誰か分からなかったが、恵子だと気付くと手を取って喜んだ。広島がやられたと聞いたものの詳しい情報は入ってこず、心配しきっていたところだったから、無事に帰って来たことは中井家全員を喜ばせた。

志づはすぐにお湯を沸かして風呂に入れた。高山はすぐに床についたが、恵子はやってきた内海明子の相手もして元気だった。内海が中井家の玄関を開けると恵子がニコニコした姿で出迎えたので、あまりの嬉しさに抱き合って喜び合った。恵子は八月六日の様子を内海に話すなど疲れを見せなかった。

八月一〇日、高山の状態に変化が起こり始めた。喉が詰まり呼吸が苦しいと訴えた。歯も痛み出し発熱も見られたが、もともと高山は扁桃腺が腫れやすく、風邪の症状だろうと志づも恵子もそれほど心配していなかった。

一一日、高山の歯の痛みが治まらないため、恵子は大八車に乗せて歯医者まで連れて行った。炎天下を動いたのが身体を刺激したのか、その後高山の熱はさらに上昇し、恵子はその看病に当たった。志づは高山の両親に電報を打つが、この後三回ほど繰り返すも返事はなく、戦争末期で通信状況も悪く夫妻にはなかなか届かなかったと考えられる。

高山は医師の診察を受けるがジフテリアという診断だった。当時は原爆症という存在自体が認識されておらず、医師がそのような診断をしたのもやむを得ないことだった。

一五日、終戦の知らせを聞き、恵子はまた芝居が出来ると喜んだ。一方で高山の病状は一向に回復せず看病を続けた。まだ恵子の身体には症状らしい症状は出ていなかった。ただ、髪が抜けやすいので頭に触らないようにと気を付けていた。

一七日、恵子は盛岡の家族に、避難直後に続いて再び手紙を出している。これが恵子の最後の手紙となった。こちらも原本は失われたが内容は全て記録されていて『園井恵子・資料集』にも収録されている。少し長いが全文を引用する。

先日、お手紙書きましたが、まだ高山さんの熱が引かなくて、いまだに中井さん方にご迷惑をかけています。

丸山さんと仲みどりさんが助かったとの報告を、いま連盟本部の方から知らせていただきました。

本部と、関西支部から同時に、お使いの人がみえて、

「園井さんが助かって、神戸に来ておられるかもしれないというので、おうかがいしました」と

のことでした。

盛岡へ帰るつもりだったのが、そんなわけでまた東京で仕事をするようになると思います。戦争も、こうした形で終わりになるとは思ってもおりませんでしたし、いまのところ、体も精神もくたくたの有様です。高山さんが元気だと、もっとスムーズになんでもできたと思いますがいまのところ、六甲のお家の方々に、お世話やら、ご迷惑やらおかけしている次第です。

いつか赤山さんが、「丸山さんは南へ行くと頭を打つ」と言われたことがありましたね。首の骨を強く打たれたそうで、いま、厳島で養生していられるそうですが、熱が高くて、うわ言みたいなことを口走っていられるし、ロクマクに水がたまっているので、それをとるので大変らしいんです。

高山さんも、熱で歯が痛くなり、のどが痛くなり、今日は朝からお水も通らなくなりました。三十九度、四十度の熱が続いて（十日間）、食物はおも湯、クズ湯、スープ、卵ぐらいしか、それも、たまにしか通っていないので弱る一方です。

しかし時局がこういうときですから、いつまでも中井さんのお家でご迷惑をおかけすることも心苦しいし、いまのところ、私は元気になりつつありますが、どうにも仕方がありません。

中井さんのお家も六日の明け方、すぐ裏の家まで焼けたので、大騒ぎなさったあとだったし、町会長の方が焼け出されたので、その方の家族をおいてあげて、応接間を事務所に貸してあげて、バタバタしていらっしゃるところへ、私たちまで押しかけて、母さんは疲れていらっしゃるのに、何かと大変です。

申しわけがないと思いながら、どうにもなりません。

東京へは、今月末ごろまいることになりましょう。

お会いしたくて、たまらなくなりました。

ほんとうに九死に一生を得たとはこのことです。

母さんや、赤山さん、油町のおばさん、おりつおばさん、それにみよちゃん、きみちゃん、哲ちゃん、康さんまでが、いつも私のことを心配していてくださる。その気持ちが、今度のこの幸せを生んだものと思います。

三十三年前の、しかも八月六日、生まれた日に助かるなんて、ほんとうに生まれ変わったんですね。

時局のこうした流れのなかにも、日本国民として強く立ち上がるようにと、神様の思し召しかもしれないと、おおいに張り切っています。

ほんとうの健康に立ちかえる日も近いでしょう。そうしたら、元気で、もりもりやります。やりぬきます。

これからこそ、日本の国民文化の上にというよりも、日本の立ち上がる気力を養うための、なんらかのお役に立たなければなりません。

皆さんお元気で、食料増産に励んでください。

いよいよきみちゃんのお望みのお百姓時代が来ました。

母さんと、みよちゃんと、三人でどうぞしっかりおやりください。

哲ちゃんと康ちゃんは、うんと勉強してください。

何でも知ることです。何でもやることです。

実行し、反省、そして実行です。元気で頼みます。

皆さんによろしくお伝えください。

母さんへ　八月十七日

この手紙では「私は元気になりつつあります」「ほんとうの健康に立ちかえる日も近い」などと書かれていて、自身の健康について不安な様子は全く見られない。しかし、この手紙を書いた直後から恵子の体調は急に下降していく。血尿、血便が出始めて、体温も三八度を超えた。目に見えて身体が言うことを聞かなくなっていった。

八田が中井家に到着したのはそのような時だった。


八田が恵子から話を聞いていると、ガタリと音がした。気になって奥の間をのぞきに行くと、高山の布団がもぬけの殻になっていた。襖の開いた先をのぞくと隣の板敷き部屋で大の字になっている高山が見えた。

「そんなところに寝ちゃだめだよ、象ちゃん」

八田が布団に戻そうとしても、首を左右に振って板の間に寝転がってしまう。体が熱くて背中を冷やそうとしているらしい。八田は死ぬ直前に井戸の水を頭から浴びていた丸山を思い出して身震いした。

高山の病状はいよいよ深刻になり、うがいすると黒い血の塊がべったりと出てきた。「ママ、ママ」と母親を呼び、「朝鮮に行きたい」と繰り返した。八田が「朝鮮？」と怪訝な顔をすると「トムさん」とつぶやいた。八田は朝鮮に渡った演出家・村山知義を高山が尊敬していたことを思い出した。

「もうじきトムも帰ってくる。それよりか、もうそのうち日本で大手を振って、僕たちの芝居のできる時代が来たんだよ。だからね、おとなしくしてね、体を早くなおして、一緒にいい芝居をしようねえ」

なだめて一旦わかったようでも高山はすぐまた「朝鮮に行きたい」と繰り返した。八田は知る由もなかったが、本当は奉天にいる婚約者・利根はる恵のもとに行きたかったのだろう。

夕方になり、主人である中井義雄が会社の車を使って医師を連れてきた。簡単に恵子を診た後、下された診断名はやはりジフテリアだった。

中井家の二階は一室を高山、もう一室を恵子に当てることになった。連日、ろくに寝ずに看病を続けていた志づに替わって、この日の夜は八田が二人の看病をすることになった。恵子の体温は三九度まで上がり、関節の痛みを訴え始めた。八田は恵子の言うがまま身体をさすった。その間、頻繁に隣部屋から音が聞こえた。高山はじっとしていることができずによく動いた。熱くなった身体を板の間で冷やし、口の中をきれいにしたくて風呂場に下りることもあった。八田は急いで高山のもとに駆け付けて、なだめて布団に戻した。高山の相手をしていると、隣の部屋から「センセ」と言う恵子の声が聞こえる。二つの部屋をひっきりなしに往復しているうちに空は徐々に明けていった。

八月二〇日、うとうとしかけていた八田は部屋に入ってくる日差しで我に返った。この日も快晴だった。八田は窓から外を眺めて「おや」と思った。家のすぐそばの空に雲がひとつぽっかりと浮かんでいる。「あの雲、来た時もなかったかな?」何の変哲もない雲だったが、不思議とどこか見覚えがあるように感じた。

ぼんやり雲を眺めていると、二つの人影が玄関先に見えた。薄田夫妻だと期待して階段を下りたが、それは西宮に住む高山の叔父と叔母だった。親戚が西宮の市役所に勤めていると聞いて、中井夫妻が手を尽くして連絡を取ったのだった。

高山の叔母は変わり果てた甥の姿を見て半泣きになり、「象ちゃん、まあどうしたの」と半身抱きかかえた。最初は驚いた様子だった高山も、叔母だということに気付き安堵の表情に変わっていった。ちょうど内海明子も中井家に来て、八田は二人の世話をこの叔母と内海に任せて、これまでの経緯や東京への連絡について叔父と話した。「象三、もう叔母さんが来たから大丈夫だぞ。もう一度東京に電報打つからな」と叔父は励ましの言葉をかけると役所に出勤していった。

恵子も高山も時間を追うごとに症状が悪化していった。恵子の体温は三九度八分まで上がり、胸の苦しさを訴えた。その胸元は毛細血管が紫色に滲み皮下出血していた。前日に医師が刺した左腕の注射痕は大きく腫れて、紫色の斑点ができていた。脇や背中を痒がって掻くのだが、そこがまた皮下出血となり痕が残った。高山は朝から四〇度五分、四一度と体温の上昇は止まることがなく、何と言い含めても布団の上で寝ようとせず、仰向けのまま手と足で畳をかきむしり、隣の板部屋まで体をよじらせて、そこでも体の熱をどうすることもできず右に左に身体を転ばせた。床を鈍く叩く音は隣の部屋にも聞こえ、「象ちゃん、苦しそうね」と朦朧とした恵子も心配した。

昼を過ぎて高山の苦しみは断末魔のそれへと高まっていった。喉の渇きを訴えて、水を口に運んでも喉には一滴も通らない。黒く固まった血はぬぐってもとめどなく後から吹き出し、その都度、身体を波打ちくねらせた。もはや這って動く余力もなく、布団をかきむしるように、のたうちもがいた。

やがて、全身がけいれんを起こし、しきりに動かしていた足が静かになった。大きく脈打っていた拍動も触れなくなり、高山は動かなくなった。二一歳の命が燃え尽きた瞬間だった。

若者の悲劇と自分たちの無力さに、囲んでいた者たちの目から自然と涙があふれてきた。

しかし、ゆっくり悲しむ間もなかった。肉親の叔母と中井志づの手で湯灌《ゆかん》が行われた。北を枕に静かに寝かせ線香も備えた。組ませた手の上に香煙がすっとかかった。

高山は亡くなったが、八田も志づもうかつに悲しむ姿を見せられなかった。隣で寝ている恵子には、その死を伏せておくことにしたのである。高山が息を引き取った二〇日の午後、すでに恵子も自力で起き上がれなくなっていた。知らせたショックで急に容体が悪化するのが恐ろしかった。

眠っている恵子の横で志づと内海が小声で話している。八田が聞くと、月経は終わったはずなのに出血があると言う。内臓が破壊されているためではないかと、八田はますます不安にかられた。

熱は下がらず、恵子は肩、胸、手足と身もだえしながらかきむしった。引っ掻いた痕は内出血を起こした。左腕の紫色の斑点は葡萄ほどに膨《ふく》れ上がり、周囲の皮膚は薄黒く変色し始めていた。しきりに喉の渇きを訴えて、水で割った果汁を吸い飲みから美味しそうに飲み干した。

すっかりあたりが暗くなった頃、恵子が「お香のにおいがする」と言い出した。隣部屋では高山の通夜が行われていた。八田は「さあ、下で蚊やりでも焚いてるんじゃないかな」とごまかした。

「象ちゃん、どうしてるかしら、静かになったわねえ」

「うん、今眠っているよ、夜中近いからね」

「……」

恵子は何か言いたそうだったが、言葉は出てこなかった。通夜は読経も弔問客もなく静かなものだった。そんな中でも、恵子に気付かれないように故人を偲ぶ会話でも言葉に気を遣っていた。

その夜も八田が恵子を看病することになった。一二時を過ぎて、恵子の病状はますます厳しくなっていった。身体中に激しい痛みを訴えはじめ、苦しみのあまり手を差し伸べてくる。その手をとれば四〇度の熱の病人とは思えぬ力で握り、キリキリと歯を食いしばって、荒々しく息をはずませた。八田が手を強くとって励ます。

「辛抱だ、もうひとときの辛抱だ、この熱に勝ちさえすれば大丈夫だ、負けちゃ駄目だよ、せっかく助かった人だ、負けちゃ駄目だよ」

息も荒く朦朧《もうろう》とした目つきで恵子はつぶやいた。

「あ、ガンさんが」

その声に八田は思わず背筋が冷たくなるのを感じた。

「ガンさん、よかったわね」

恵子の口元に笑みが浮かんだ。幻覚を見ているらしい。

と思えば、急に視線がしっかりして八田を見つめた。その眼は明らかに困惑している。

「母さんを呼んで」

「もう休んでらっしゃるよ」

「そう……」

恵子は近くにあった便器に身をよじらせた。再び下血したのだった。八田はあわてて志づを呼びに行った。

時計が二時を回っても恵子の苦しみは続いた。うめき声で呼吸は途切れ、一拍おいて苦しそうに吐き出した。汗があふれ、よじれた眉間が苛烈な痛みを訴えていた。それがようやく収まると、今度は身体中が痛痒さを覚えるらしく、激しい息遣いで掻こうとする。八田は片手を握りしめたまま、さすりつづけた。


空が白み始めた頃になって八田は目覚めた。丸山の世話の時からまともに寝ておらず、疲労の蓄積した身体は睡魔に抗うことができなかった。あわてて恵子の方を向くと、恵子もまた疲れきった眼差しで見つめていた。

「ごめんごめん、つい寝てしまった。起こしてくれれば良かったのに」

「だって先生、何度呼んでも起きないんですもの」

「すまんすまん、苦しかったろう。悪かったね。もう大丈夫だ。明日の晩は一晩中、頑張って起きててあげるよ」

恵子から笑みがこぼれた。しかしその微笑みも力のないものだった。やがて苦しそうに眼を閉じると、声にならないうめきを上げながら身をよじった。身体の中から痛みがこみ上げているようだった。

「……象ちゃん、どうしたの？　今日はおとなしいのね」

自分がどれだけ苦しくても隣の高山が気になる様子だった。

八月二一日、その日もまた夏の暑い一日だった。胸や腹からの痛みはおさまらず、熱は四〇度ほどで一向に下がる気配はなかった。黒紫色の皮下出血が身体中で見られるようになり、紫色の斑点は杏子《あんず》ほどになりまるで腫瘍のようだった。左腕全体が薄黒く倍ほどに膨れ上がった。

この日も内海明子が看病にやって来た。身体の異常が普通でないことに不安になったのか、恵子は「四〇度以上熱があるのよ、阪大病院に入りたい」ともらした。「熱が下がったら行こうね」、困った内海がそう答えると恵子は黙って頷いた。額に手を当てると焼けるように熱かった。恵子の意識は朦朧として、夢の中と現実を行ったり来たりしているようだった。

隣の部屋では中井家の主人・義雄や八田が高山を座棺《ざかん》に入れていた。恵子に気付かれないよう担ぎ上げる時も声を押し殺した。男たちの額から汗がしたたり落ちる。物音に細心の注意を払いながら、そろりそろりと棺は階段を下りていった。

恵子はうわ言で「象ちゃん、象ちゃん」と繰り返し呼び続けた。

昼を過ぎてしばらく経ったころ、薄田研二夫妻が恵子の病床に現れた。夫妻は高山が出棺してから三〇分ほど遅れて中井家に到着した。あわてて火葬場に追っていったが、一足遅くすでに亡骸は焼かれた後だった。戻ってきた当初、夫妻は刺激を与えるのを控えるために恵子と面通りはしないつもりだった。しかし、いよいよ恵子の病状が深刻になると、意思を変えて会うことにしたのだった。

志づ、八田、内海らが見守る中、薄田夫妻が恵子に近づく。その顔を見て、うつろだった恵子の目がハッと開いた。

「ハカマちゃん、どう？　ママよ、わかる？　薄田のママが来ましたよ」

薄田夫人が声をかけた。夫人は苦楽座の役者たちにとって母親的な存在で、恵子も親しみを持って接していた相手だった。

「あっ、ママさん」

喉がかすれる中、必死に絞り出した声だった。

「象ちゃんは、象ちゃんは？」

怯えたような声で恵子は聞いた。

「象ちゃんですか、象ちゃんはあちらで楽に休ませていただいてますよ」

薄田夫人の顔を見て恵子の眼の色が変わった。

「嘘！」

悲しみと悔しさが入り混じった眼差しだった。一筋の涙が目じりからこぼれた。志づと八田は顔を見合わせた。それを恵子は怒ったように見つめて叫んだ。

「嘘つき！」

志づが中に入り優しくなだめた。

「ハカマちゃんに心配させまいと思ってね」

恵子は弁解を受けつけない顔だった。そして薄田夫人の顔を見ると、

「ごめんね、ごめんね」

せきを切ったようにはげしく泣き出した。起きようとするので、志づ、内海、薄田夫人がそっと

寝かせて落ち着かせた。興奮したせいか呼吸は早く苦しそうだった。それからは薄田夫人も看病に加わった。

恵子の容態は悪化の一途をたどった。左腕に膨れあがった紫のできものは注射針でちょっと触っただけで、ぷすと音をたてて崩れ、黒紫の血膿がとくとくとほとばしり出た。しかし、恵子はもはやそれすら気にできない様子だった。意識があるのかないのかわからない時も多かった。

中井家には井戸があり、そこの水で手拭いを絞って身体を冷やしたが、恵子の熱ですぐに生温かくなった。内海は何とかならないものかと氷を探すことにした。

当時は氷を手に入れるのも難しく真夏の中を歩き回った。何軒も断られた末、ようやく事情に同情してもらい、豆腐二つほどの塊を手に入れることができた。新聞紙に包み、少しでも溶かすのが惜しくて六甲の坂道を必死で走った。

中井家に戻り、氷でガーゼを冷やして恵子の鼻と口元を冷やすと、弱々しく「あー、気持ちいいわ」と言った。内海は枕元で涙が止まらなかった。

夕方になり内海は一時自宅に戻り、看病は志づと薄田夫人が行っていた。視線は宙をさまよい、うわ言を繰り返した。熱にうなされながら、ふふ、と夢を見ているように笑みを浮かべる時もあった。しかし、いよいよ日が暮れてきてから、恵子に笑みが消えて、今までになく苦しい様子になった。志づは皆を部屋に呼び寄せて、内海にも使いを走らせた。

内海はすぐにやって来た。手に札束を持っている。夫の内海重典から受け取ったものだった。恵子は宝塚歌劇団を去る時、退職金を受け取らなかった。当時、他の劇団に移って退団した者には退職金を出さない規則があったからだが、重典が現状を話して、見舞金という形で急遽出されたものだった。

「しっかりして、歌劇団から退職金が出たのよ」

内海は恵子の枕元でそれを見せると手に触れさせた。恵子は見つめるとニコリとした。かつて岩手から単身やって来た青春の歌劇団を思い出したのだろうか。

凝視した眼差しが斜視になり、苦しみに足をバタつかせた。「まあ、あんなに身だしなみのいいハカマちゃんが……」と、薄田夫人がすぐに足を押さえた。呼吸が切迫したものとなり、頭を何度かのけぞらした。内海が握っていた手から拍動が弱くなり、ついには失われた。「ハカマちゃん！ハカマちゃん！」と周囲が声をかけたが何の反応もなかった。

こぼれる涙をこらえつつ、内海、志づ、薄田夫人の手で恵子に薄化粧がされた。

恵子の顔に斑点など出ていなかった。生え際が少し薄くなっていたが、決して醜い顔ではなく、眠っているようで美しかったと後に内海は証言している。

故郷の岩手から単身、宝塚少女歌劇の門を叩き、その後も女優の道に光を求めつづけた恵子の夢はここに終わった。三二歳であった。

翌二二日、中井家では恵子の納棺が行われた。

その際には宝塚歌劇団の春日野八千代や神代錦も見守ったと、内海重典が『歌劇』昭和二八年四月号に書いている。春日野や神代は当時も歌劇団に在籍していたが、他にも近隣の退団した生徒たちが恵子とお別れをしたのかもしれない。

恵子の入った棺を大八車に乗せると、八田元夫が前で引き、薄田研二と内海重典が後ろから押して、春日野墓地の火葬場へと進みだした。女性たちはその後をついていった。墓地へ向かう坂道を男たちが汗を流しながら大八車を押す。後ろを歩く女たちも汗をにじませていた。

その日も太陽が照りつける快晴だった。そして、ずっと中井家の上空にいたはずの雲はいつの間にか消えていた。誰からも気付かれず静かに消えていた。

エピローグ

恵子がこの世を去ってから、しばらくはその存在を思い出す向きも見られた。

雑誌『歌劇』でも、刊行を再開した昭和二一年（一九四六）のものには戦時を回顧する対談中に恵子の名前が出ているし、一〇月号には春日野八千代が「亡き友を思ふ」という恵子への思いをつづった文章を寄せている。春日野は回想記の連載もしていて（「私の宝塚日記」『歌劇』昭和二三年一月〜二四年一二月号）、そこでもわずかではあるが恵子のエピソードを紹介している。昭和二八年四月号には友人、黒田弘子が「くろつばき」のペンネームで「その日の園井恵子」という寄稿もしている。

昭和二七年（一九五二）九月、東京目黒の天恩山五百羅漢寺に桜隊の慰霊碑が建立された。一二月に除幕式が行われ、桜隊で被爆死した九人の分骨が納められた。

昭和二八年八月六日には法要が行われ、都知事の安井誠一郎ら参列者約二百名が焼香した。

同年の『オール読物』三月号には徳川夢声の「原爆新比翼塚」が掲載された。これは徳川が在籍した苦楽座時代や帯同した移動演劇の様子、さらに伝え聞いた丸山、仲、恵子の最期も書かれている。

昭和三三年（一九五八）、かつて恵子が阪東妻三郎と共演して、その名を全国に知らせた『無法松の一生』が監督は稲垣浩のまま、三船敏郎の主演でリメイクされた。恵子が演じた吉岡未亡人役は、かつて『わが家の幸福』で共演した高峰秀子が演じた。この作品はヴェネツィア国際映画賞で金獅子賞を受賞した。稲垣浩は日本に「トリマシタナキマシタ」と電報を打った。

その後も、八田元夫が『ガンマ線の臨終』を昭和四〇年（一九六五）に発表すると、翌年、桜隊の隊員だった池田生二が雑誌『新劇』七月～九月号に当時の日記を寄稿（「苦楽座移動隊（桜隊）日誌」）、さらに築地小劇場内のプロット研究所で仲みどりと同僚だった江津萩枝が昭和五五年（一九八〇）に『櫻隊全滅』を刊行した。

昭和五〇年には「桜隊原爆忌の会」が結成され、同年一〇月に第一回桜隊原爆忌が行われた。以降は羅漢寺の工事など事情を除けば、毎年八月に法要と追悼会が行われ現在も続いている。第一回、第四回には恵子の妹・ミヨも出席している。

しかし時代が経つにつれて、世間から園井恵子の名は聞かれなくなっていった。同じ時代を生きてきた人たちが高齢になり、少なくなっていく中でそれは自然の成り行きだった。戦争も遠い過去とされつつある時代に、戦前、戦中を生きた一人の女優の記憶が時の流れに抗えるはずもなかった。時間という堆積の中で、恵子もまた深く埋もれていくように見えた。

昭和五七年（一九八二）七月三一日、渡辺春子は新聞を見て息をのんだ。「原爆の女優、無念の遺品」という題で、恵子の写真と遺品が大きく載っていたのである。

小学校高等科時代の友人だった春子は女学校卒業後に上京し、恵子の東京公演時に度々会っていた。恵子と春子が『ピノチオ』東宝公演時に顔を合わせたのが昭和一七年、夫と満州国に渡るために別れを告げに行ったのが最後となった。

渡辺夫妻は終戦を現在の中国瀋陽で迎えた。終戦の日のことは忘れられない。その日を境に周囲の人々の態度が百八十度変わり、日本人に対して何をするかわからない危険さが若い春子にも伝わってきた。夫は情勢をいくらかつかんでおり、危険を事前に察知していた。その日から祖国に帰るための逃避行が始まった。

途中、夫とはぐれたこともあった。鉄道ではこの先で検問があるからと、停車直前に飛び降りたこともあった。身ぐるみをはがされて、寒い中、露天商をして食いつないだこともあった。機転を利かせて生き抜こうとする夫を見て、春子は結婚してはじめて頼もしいと感じたという。

命からがら日本に帰ってきて、恵子が死んだことも知った。しかし、宝塚歌劇団にも演劇関係にも人脈がない春子には、死の前後の様子を詳しく知る手段がなかった。現代と違いインターネットなどない時代である。春子も他の人間と同じく、新聞や雑誌などで情報を得るしか方法はなかった。

それだけに新聞の記事は引きつけられた。それは読売新聞社が大阪のデパートで開く戦争展の予告記事だった。春子はこの時すでに六九歳になっていた。

八月五日、戦争展開催の初日、春子は一番に原爆展示室に入った。溶けたガラス、ねじ曲がった鉄などが足元に並べてあり、原爆の恐ろしさを伝えていた。奥の方にガラスの陳列ケースがあり、そこには恵子の遺品が展示されていた。

見覚えのある帽子など、生きて会っている時が思い出された。母に宛てた最後の手紙では読み始めから涙があふれ、興奮で体の震えが止まらなかった。

壁には『無法松の一生』のスチールや大写しにされた顔写真などのパネルが並んでいた。その中でニコリと笑った恵子の写真が、春子に語りかけてくるように思えた。

「いっちゃん（筆者注：春子の旧姓が市村）、私、あんな最期と思われたくない、あんなこと書かれて嫌だわ……」

春子にはずっと気に掛かっていることがあった。それは徳川夢声の「原爆新比翼塚」での恵子の臨終間際の描写だった。


「それはもう、私らも見てはおられんでした。あのたしなみの好い園井君が、股もなにもオッぴろげて、七転八倒でしたからね」

と、高山トウさんは帰京してから私に報告した。

全身の皮膚の色が、なんとも言えないドス赤や、ドス紫や、ドス鉛色のまだらとなって、唇や、鼻腔や、眼の中が、つまり粘膜という結膜が、充血して、充血して、腫れ上がり、むくれ上がり、はては毛細血管が破れて血を吹き出す。文字通り、園井君の腫れた眼ぶたから、血の涙がタラタラと流れ出したという。

高山ママさんが、夢中になって頭をふる園井君の、髪の乱れに、櫛を入れてやったら、ゾロリゾロリと毛がぬけてしまった。

ろうたけく美しき吉岡夫人は、四谷怪談のお岩さんとなって悶死した。

春子にはこの醜い臨終の描写が恵子の在りし日と重ならず、どうしても違和感を覚えていた。この「原爆新比翼塚」については、ゴシップ的な内容を多く散りばめて面白おかしく書いた節があり、隊員たちの臨終についてはいずれも伝聞をもとにしている。内容が事実と違うとは、長年、恵子の友人だった黒田弘子や実際に恵子の死去前後に立ち会った内海重典も指摘している（『歌劇』昭和二八年四月号）。

春子は新聞社の協力を得て、遺品の提供元である中井家に電話をかけた。応対したのは志づの娘・美智子だった。大きな疑問はやはり、あの描写が真実かということだった。

「それは嘘です」

美智子はきっぱり言い切った。そして、恵子が広島から逃げてきた様子から話し始めた。

「私の母は、園井さんのファンでしたの。お国の遠いあの方がお寂しいでしょうと、親代わりのようにお世話をさせてもらっておりました。八月八日でした（筆者注：この点は八月九日の記憶違いと考えられる）。神戸の母の家に、片方ずつ違う男物の靴をはいた園井さんが突然とび込んで来ましたの。私、助かった、助かったのよと、母に抱きつきましてね、またお芝居ができると、とても喜んでいましたのに、だめだったんです。一〇日ほどして、髪がごっそり抜けましてね、驚きましたわ。それから高熱、出血と続いて容態が急変したんです。桃が食べたいという声はうわ言のようでした。桃がお好きでしたからね。そして八月二一日の夜でした。私どもが見守るなか、静かに息を引き取られました」

「それでは、週刊誌はでたらめだったんですね。見たような嘘を書いたのですね」

「ええ、嘘なんです。園井さんは最後まで苦しいとか、痛いとか、ひと言もおっしゃいませんでしたよ。とても綺麗なお顔のままでした。女優さんらしい綺麗な……」

春子は電話を置くと、心の落ち着きが戻ったことを感じた。恵子が静かな最期を迎えたという美智子の言葉が何よりありがたかった。

翌年の昭和五八年（一九八三）、春子は盛岡・恩流寺にある恵子の墓を訪れた。昭和一七年（一九四二）に別れてから四〇年ぶりに会う思いだった。途中の花屋で口紅水仙があったのが嬉しかった。この花は他所で見たことがなかったので、春子は盛岡の花と思っていた。純白の花の芯に目立たない紅がのぞいていて、その清純さが恵子にふさわしいと思った。

墓に花を飾って手を合わせると、小学校時代の思い出が脳裏に鮮やかによみがえった。いつまでも思いが尽きずに、春子はずっとたたずんでいた。

その間もなく後、春子は新聞紙上のある広告を見つけた。それはＩＢＣ岩手放送の「第四回ノンフィクション大賞」の募集で、テーマは「私の昭和史」だった。春子は恵子への思いを書くことにした。

『女優・園井恵子を偲んで』と題された手記は入選となり、制作部の目にも止まった。同年七月一九日にラジオで放送され、こんな女優が岩手にいたのかとスタッフの関心を引いた。地元岩手の放送局でも園井恵子は忘れられた存在だった。

昭和六〇年（一九八五）、ＩＢＣ岩手放送は園井恵子をテーマにしたラジオドキュメンタリー「夏のレクイエム～女優・園井恵子と『桜隊』の記録」を制作、放送した。この作品は昭和六〇年度日本民間放送連盟賞教養番組部門・最優秀賞、第二三回ギャラクシー賞ラジオ部門・奨励賞、第一二回放送文化基金賞ラジオドキュメンタリー部門・本賞と高い評価を得て大きな反響を呼んだ。

そして、故郷岩手を中心に、園井恵子を再び世に送り出そうとする機運が高まった。当時はまだ恵子と関わった演劇関係者や親族、友人、幼なじみなども健在で、足跡をたどる作業が行われた。

世間から名前が聞かれなくなっても、恵子と関わった人たちは思い出を大切にその後を生きていた。

昭和三六年（一九六一）の一七回忌では同期の安宅関子、月影笙子、泉川美香子、先輩の門田芦子、後輩の昇道子、稚乃花匂子《ちのはなにおこ》、内海明子が集まり、アルバムを開きながら恵子との思い出を語り合い、供養している。

『プリンセス・ナネット』の時、夕暮れの校舎で恵子と二人、台本を持って練習に励んだ桜緋紗子は、離婚、女優復帰などを経て、昭和四〇年（一九六五）、突然、仏門に入ると発表して世間を騒がせた。その後、元箱根・日輪寺での尼僧生活を経て、「小笠原英法」となり滋賀県の尼寺・瑞龍寺に入った。昭和四六年（一九七一）に出版した著書『愚女一心』には恵子のことも多く書かれている。

桜はいつも突然やって来る恵子に驚かされた。防空壕で思い出を語り合った最後の時もそうだった。また、そのうちふらりとやって来て、ニコリとした顔を見せるのではないか、そう思わずにはいられなかった。

恵子の初舞台の当日、先に楽屋に入って化粧をしていた同期・泉川美香子は、歌劇団退団後は故郷の大阪府で過ごし、宝塚卒業生の同窓会組織「宝友会」の会長も務めた。後のことになるが、平成二五年（二〇一三）の園井恵子生誕百年祭、翌二六年の宝塚歌劇団百周年では祝いの言葉を送った。当時、百歳の元タカラジェンヌとして世間でも話題になった。宝塚百周年を見届けてすぐの八月五日、自宅で亡くなっている。

戦前宝塚の大スターであり、あこがれの先輩だった小夜福子は、寮の一室で歌劇団に入れるか不安に思っていた恵子を励ましたり、『無法松の一生』ではヒロインに推薦したり、その人生に大きな影響を与えた。小夜は恵子の死後、多くを語らないまま平成元年（一九八九）に亡くなっている。しかし、恵子を『無法松』に推薦した時、「こんなに大きいんですよ」と言ったお腹に宿っていた胎児は、後にジャズシンガー・東郷輝久となり、宝塚歌劇団の八千代環《たまき》を妻とした。八千代は宝塚退団後、芸名を流《ながれ》けい子と変えてミュージカルの世界で活躍することになるが、奇しくも恵子の銅像建立のために奔走し、生誕九〇周年、百年祭など記念事業に多く関わり続けている。

恵子が幼少期から「油町のおばさん」と慕っていた平野スエ、その娘・ヤスも恵子のことを忘れられない一人だった。ヤスは恵子にあこがれて宝塚歌劇団を目指すが、当の恵子に反対されて挫折、昭和二〇年に結婚した。しかし終戦後、芸が忘れられずに日本舞踊を続け、新橋演舞場、歌舞伎座、国立劇場の舞台にも立った。その時も頭には芸一筋だった恵子のことが浮かんだ。昭和六一年（一九八六）に夫が亡くなると、ヤスは盛岡の平安商店を受け継ぎ、盛岡の名物女社長として手腕をふるった。平安商店はヤスの死後の現在も営業を続けている。

中井志づは、毎年恵子の命日になると、死ぬ前に食べたいと言っていた赤飯と桃を霊前に供えて祈った。志づが高齢になると、内海明子が後を継ぐように供養を続けた。瑞龍寺に関係者とともに足を運び、僧となった桜緋紗子のもとで冥福を祈った。志づは娘・美智子のもとで昭和六一年七月、九二歳で亡くなっている。内海はその後も講演や取材などで在りし日の恵子の様子を伝え続けた。平成三年（一九九一）、人々の恵子への思いを連ねた『園井恵子・資料集』が発行された。この書籍は詳細な年譜も付き、恵子の人生を知る上で貴重な資料となっている。

五〇回忌を迎えた平成六年（一九九四）、生まれ故郷である岩手県松尾村に「ふれあい文化伝承館」（現八幡平市松尾ふれあい文化伝承館）が開館した。恵子の着物、浴衣、文箱、卓上鏡など遺品が展示されて、さらに友人や関係者から送られた資料を収集している。

同年にはさらに、恵子が幼少期を過ごした岩手町の有志を中心に「園井恵子を顕彰する会」が結成された。会は後にメンバーの高齢化にともない自然に解消される形になったが、その流れは「園井恵子を語り継ぐ会」に受け継がれ、現在も恵子に関する情報発信や窓口的な役割を担っている。ほぼ毎年、恵子にまつわる企画を立案、実行し、生誕や没後の節目には記念事業も運営している。

平成八年（一九九六）八月二五日には「働く婦人の家」の隣接地にブロンズ像が建立された。園井恵子の象徴的なモニュメントとして、美しく凜とした姿でその人生を讃えている。

現在も園井恵子は企画展やメディアなど、毎年どこかでその名前を取り上げられている。戦前に活躍した女優としては稀有な例といえよう。

その流れは小学校高等科時代の同級生・渡辺春子の短い手記から始まったのである。

平成一五年（二〇〇三）生誕九〇周年を記念して、資料展とともに恵子とゆかりのあった人物を招いて「園井恵子さんを偲ぶ会」が開催された。会ではその人物たちが並んで座り、それぞれ恵子との関わりや思いを話した。工藤剛嗣、平野ヤス、袴田綾子、中井美智子、黒田弘子、内海明子などが出席し、渡辺春子も名古屋から岩手町に来ていた。

春子はその席上で次のような挨拶をしている。

あまり、その、歳が九〇ですもんで、あまりお役に立つようなことは言えないと思いますけど、こちらに参ります前に、園井さんのことを知ってみえます尼さんとお話ししたことがあります。そうしましたら、長く生きているっていうことは、お務めがあるから生かされているって言われたんですね。お務めが残っているんですよって言われましてね。ああ、なんでそんなこと言われるのかなって考えた後に、こういう話をいただいたわけです。それですから私が長生きさせていただいていることが、まだお務めが残っているということなら、それじゃ園井さんのことを、お役に立たないまでも話しに行くのが務めのうちかなと思いまして、それでこちらに参りました次第でございます。

春子は以前にも遠く岩手を訪れていた。恵子の四五年忌（平成元年）に墓参りをしませんかと内海明子が呼びかけて、中井美智子、芝本キクノ、桜緋紗子、渡辺春子らが県外から集まった。前述の問答はそこで桜緋紗子にしたものだった。

自分に何の務めが残されているのか、春子にはわからなかった。ただ、もし務めが残されているとしたらそれは果たさなくてはいけない。

恵子は広島から中井家にたどり着いた後、母への手紙に「日本の立ち上がる気力を養うための、なんらかのお役に立たなければなりません」と書いていた。春子はその使命感とひたむきさに心を打たれた。生死の際《きわ》を逃げてきて、疲れが身体中に重くのしかかっていても恵子は前を向いて生きていた。自分もできるならそのように生きたいと思った。

自分が生きているうちは何か務めが残されているのだろう。しかし、それは何なのだろう、そしていつ終わるのだろうか、何もわからなかった。

平成二三年（二〇一一）一〇月三日、それから八年が経過して春子の身体はすっかり動かなくなり、考えをめぐらすことも難しくなっていた。

その春子の家にまた訪問者が来た。一週間に一度来るリハビリの担当者である。この日は見学者を連れてきていた。重たい身体を起こし、手を引かれてほんの少し歩き、椅子に座るとお茶を渡されて、そっと口を付けた。

「今はすっかり衰えてしまいましたが、九〇歳を過ぎたくらいまでは一人で新幹線に乗るくらい元気だったんです。それに園井恵子という女優さんの名前を残すために一生懸命で――」

「園井恵子さんですか……」

「若い人はわからないですよね」

「『無法松の一生』でヒロインだった……原爆で亡くなられた方ですよね」

「母は小学校の同級生……親友だったんです」

娘の晃子と何やら話している。園井恵子……とても大事な名前の気がしたが、春子には思い出せなかった。

やがて、リハビリの担当者と見学者は帰っていった。春子はまた横になった。

渡辺春子が亡くなったのはそれから半年も経たない後、九八歳だった。恵子が亡くなってから六六年後のことであった。

写真でたどるもう一人の園井恵子

園井恵子さんが現代で取り上げられる時、多くは「原爆」という言葉が付きまといます。『無法松の一生』で、その女優としての美しさと可能性を知らしめた彼女には、輝かしい未来が待っているはずでした。原爆はその人生を灰色に塗りつぶし、彼女のイメージを悲劇とむごたらしさ一色に書き換えようとしました。

本書ではそのイメージを補正し、彼女の生涯を俯瞰して捉え、広く知ってもらうことを目的のひとつとしました。今まで一般には日の当たることのなかった幼少期や少女期、宝塚時代、移動劇団へ進む過程などを記したことは、彼女に興味を持ちながら深く知る手段がなかったファンたちに、新たな知識の門戸を開けたのではないかと思います。

今回、執筆作業を進める中、本文に収録できなかった写真がまだ残されています。ここではそれらの写真を通じて、園井恵子の今まで描き切れなかった一面を紹介、解説したいと思います。写真の表情には、言葉では表し難い感性に直接訴えるものがあります。歴史という分野においては、意味の小さい試みかもしれませんが、過去の書籍や本書の本文と合わせて、彼女の人間味に思いを馳せて、より興味を持っていただければ幸いです。

園井恵子さんは岩手県出身で、宝塚や関西地方に知人はなく、岩手関係を除けば、その交友関係は宝塚音楽歌劇学校入学以降に培《つちか》われたものです。

学校に行くのは好きでしたが勉強をするのは嫌いでした。教科書を読まないで雑誌ばかり読んでいました。少女ものから少年ものまで五、六冊読破すると、足りないでお父さんの分まで、手当たり次第に読んでいました。

（平井房人『青い袴30人』）

眼と鼻の大きな、口の小さくしまった丸顔の、明朗な人だった。物事にこりやさんで、真面目で、私にはよいお友達で、姉のように私をかばってくれた。

（小笠原英法（桜緋紗子）『愚女一心』）

当時の書籍や雑誌、関係者の回想記などを読むと、園井さんの少女時代は読書を楽しみとしていて、一方で世話好きで、自らの感情や正義感に正直な一面が見受けられます。

そんな園井さんが音楽歌劇学校時代に親しかったのが、社敬子さん、瀧はやみさん、桜緋紗子さんという読書家であり、地方出身者たちであったのはごく自然な成り行きだったのでしょう。瀧はやみさんはスターダムに乗る前の昭和八年（一九三三）に早世してしまいますが、社さんと桜さんとは組が分かれ、宝塚から離れた後も生涯結び付きを保っています。プライベートで社さんと一緒に写った写真が残っていますが、実にリラックスしていて、舞台や雑誌撮影時では見られない楽しそうな表情をしています。

舞台にデビューした後は多くのタカラジェンヌと共演します。園井さんが宝塚音楽歌劇学校に入学した昭和四年（一九二九）前後は戦前の宝塚少女歌劇団の当たり年で、多くのスターを輩出しています。

一年先輩には戦前の男役の大スターで、小夜福子さんと宝塚の人気を二分した葦原邦子さん、戦前戦後にわたって歌劇団の第一人者であり「宝塚の至宝」とまでいわれた春日野八千代さん、男役、日本舞踊で活躍しただけでなく多くの著書を残し、マルチに才能を発揮した富士野高嶺さんがいます。この三人は平成二六年（二〇一四）に発表された「宝塚歌劇の殿堂」に選出されています。

同期でも社さんや桜さんの他、戦前はダンスの名手、戦後は重厚な演技派として平成に死去するまで歌劇団に在籍した神代錦さん（同様に殿堂入り）や大空ひろみさん、藤花ひさみさん、千村克子さん、月影笙子さん、泉川美香子さん、秋風多江子さん、草路潤子さん、安宅関子さんなど当時の舞台を沸かせた人気者がいました。

本文でも触れましたが、園井さんは宝塚に入学した翌日、運動会で居場所がなく寄宿舎で一人たたずんでいました。そこに偶然立ち寄り声をかけたのが葦原邦子さんでした。『アルルの女』では葦原さんが主人公のフレドリ役、園井さんが母親のロオズ役で、舞台を下りても葦原さんのことを「フレドリ」と呼び、子供のように扱っていたのは当時でも目立っていたようです。

春日野さんは、『ジャックと豆の木』では高千穂峯子さんの代役に、退団時の『ピノチオ』の時には園井さんを主役にするように働きかけています。宝塚での分岐点で後押しをしただけでなく、戦後の『歌劇』では園井さんの名前を多く出して、その死を悼んでいます。また、葦原さんと同じく舞台の外でも役柄を引きずられた経験を持ち、『ロミオとジュリエット』の時には「ロミオ、ロミオ」、『ピノチオ』の時には「コオロギ、コオロギ」と扱われてまいったと書いています。

葦原さんも春日野さんも園井さんの演技力や芸熱心さを認めていて、著書や寄稿を通じて後世にエピソードを残しています。舞台の外で園井さんの癖に悩まされた経験も共通していて、二人にとって園井さんは変わったところを持っていたけど憎めない、思い出深い友人だったのではないかと

上右：予科時代からの友人・社敬子（左）と（撮影年月日不詳・岩手町所蔵）
上左：昭和12年5月星組『マンハッタンリズム』エディ役。ゴールマン役の葦原邦子（左）と（小針侑起氏提供）
下：昭和14年12月北野劇場公演の舞台裏。右・二條宮子、中央・園井恵子、左・楠かほる（『宝塚グラフ』昭和15年2月号より）

残された文章からは伝わってきます。

二條宮子さんは園井さんの二年後輩で歌劇団二一期生です。この年もスターが多く巣立った年で、同級生に轟夕起子さん、糸井しだれさん、月野花子さん、秩父晴世さん、打吹《うちぶき》美砂さん、水乃也《みずのや》清美さん、草場咲耶《さくや》さん、銀鈴音《しろがねすずね》さんなど、戦前の宝塚を支えた生徒たちが並んでいます。二條さんは歌唱に長所を発揮し、舞台では特に園井さんと相性が良かったようです。『バービィ』のセシル・園井、バービィ・二條のコンビは公演組が変わっても、園井さんが他組に出張する形で維持されました（二條さんは声楽専科だったためそのまま出演）。プライベートでも映画や新劇を一緒に見る間柄で、園井さんの父が不慮の死を遂げた時は、二條さんにそばにいてくれるように頼んだといわれています。二人がいつも話していたのは「芝居の話、音楽の話、心の話」だったと二條さんの証言が残っています（『園井恵子・資料集』）。園井さんの友人は読書や哲学、映画や芝居鑑賞を好む人が多く、知性や芸術性を備えた人が自然と集まっていたのではないかと感じさせます。

小夜福子さんは園井さんの憧れの先輩であり、時に手を差し伸べてくれた存在でもあります。小夜さんと夫の演出家・東郷静男氏が新劇団を立ち上げた時、誘われて宝塚を出て行く決心をしたのも、小夜さんの存在があればこそでしょう。園井さんは宝塚退団後も小夜さんの舞台を観劇していて、終生、その思いは変わらなかったのだと思います。

一方で、小夜さんが戦後、園井さんのことを語った記録は残っていません。小夜さんを義理の母に持つ流けい子さん（小夜さんの息子・東郷輝久氏と結婚。宝塚時代の芸名は「八千代環」）は、生前に小夜

昭和11年8月星組『永遠のワルツ』レオポール役。前列左から四人目・楠かほる。中列左から秋風多江子、三人目・昇道子、四人目・月影笙子、六人目・園井恵子、七人目・難波章子。後列左から四人目・海原千里など

昭和12年2月「歌劇」愛読者大会から『シャンソン・ド・パリ』ポール役。前列左から雲野かよ子、小夜福子、天津乙女。後列左から水乃也清美、園井恵子、草笛美子、轟夕起子、葦原邦子、汐見洋子など（上下とも小針侑起氏提供）

さんが園井さんについて語ったのを一度も聞いたことがなく、そのために関わりも全く知らなかったといいます。

新劇団の設立が園井さんを宝塚から離し、苦楽座（桜隊の前身）に推薦したのも夫の東郷氏でした。小夜さんがどのように考えていたか知ることはできません。ただ、小夜さんがもし園井さんについて証言を残していたら、知られざるエピソードがたくさん含まれていたに違いありません。そのことがとても残念に思います。

園井さんとは他にも多くのタカラジェンヌが共演しています。

戦前の宝塚少女歌劇では戦時下の体制が厳しくなる昭和一五年（一九四〇）まで、雑誌『歌劇』の読者を対象に、愛読者大会というイベント公演を行っていました（この「歌劇愛読者大会」の他、宝塚グラフの読者を対象にした「宝塚グラフアーベント」という公演も行われていました）。愛読者大会は組を越えたスターたちが共演する数少ない機会のひとつでした。当時の写真は、宝塚歌劇団の「第一期黄金時代」「レビュー黄金期」などと呼ばれる戦前の華やかな雰囲気を現代に伝えています。

園井さんは宝塚関係者以外にも多くの交友があり、友人たちと一緒に過ごした時の写真は岩手に多く保管されています。それらの写真は雑誌やブロマイドに残されたものとはまた違った表情や笑顔をしていて、園井さんの知られざる一面を感じてもらえるのではないかと思います。

写真の園井さんからは着物からドレスまで実に多彩な服装が見られます。ワンピースを多く着て

上右：白一色の華やかな姿
上左：写真のケープコートはお気に入りだったのか、他の複数の写真でも見ることができる
下：写真の服は現在も岩手町に保管されている
（いずれも撮影年月日不詳・八幡平市所蔵）

いることもありますが、洋服が白であればスカートや帽子も白というように、上下同系色でまとめることが多いように思います。また多くの服装を写真で見ることができますが、黒のケープコートはお気に入りだったのか、複数の写真で見ることができます。

残されたプライベートの写真で一際鮮やかさが映えているのが、昭和一七年（一九四二）に中井晋一郎氏によって撮影された写真群です。晋一郎氏は園井さんが「六甲のお母さん」と慕った中井志づさんの次男で、早稲田大学の写真部に所属していました。

園井さんの在りし姿を後世に残した晋一郎氏ですが、学徒動員により出征し、昭和一九年（一九四四）三月にフィリピンで戦死しています。これらの写真は出陣前に撮られたと伝えられています。

園井さんの写真の数々、いかがだったでしょうか。

園井さんが死後七五年以上経過してなお語り継がれているのは、その劇的な人生が、時代を越えて人の心を揺さぶるからに違いありません。そして同じ時代を生きた友人やファンたちが大切にしてきた思い出が、糸を紡いでいくように現在に語り継がれているのだと感じます。今回新たに紹介した写真にもそのような思いがたくさん詰まっています。

園井さんのもとにはそんな人の優しさがいつも集まっているように思います。彼女の取材を続ける中でその思いを強くしました。現在でも園井恵子さんのために涙を流すファンは存在します。

女優として残された写真や映像には、常に凛とした表情があります。まるで自分の人生の美しさだけを結晶にして後世に残そうとしたようにも感じられます。

昭和17年中井晋一郎氏撮影
（上：岩手町所蔵、下：八幡平市所蔵）

友人と一緒の時やプライベートの写真には穏やかな笑顔が見られます。友人たちが優しさを注いだように、彼女もまた優しさを与えようとしていたのでしょう。

友人である黒田弘子さんは「彼女の損得を考えない一本気な性格は、よくファンと喧嘩したけれど」と書いています（『その日の園井恵子』）。

「悲劇の女優」だけで片付けられるような型通りの人柄ではなかったのでしょう。園井さんの様々な魅力が想像されたなら幸いです。

年譜

年次	年齢	園井恵子（袴田トミ）とその周辺	公演記録
一九一三（大正二）	0歳	◎八月六日　松尾村字野田第一二地割五番地に父・袴田清吉、母・カメの長女（第一子）として誕生。祖父・政緒、祖母・ウメ、カメの弟、その一族と暮らす。	
一九一四（大正三）	0〜1歳	◎一一月九日　祖父・政緒死去（享年七〇）。これを機に政緒の子供たちは松尾村を離れて独立・転居する。清吉・カメ夫妻は川口村（現岩手町大字川口）第九地割一八番地に移住し、菓子の製造販売業を始める。祖母・ウメは長男・多助に同行。	
一九一五（大正四）	1〜2歳		
一九一六（大正五）	2〜3歳	◎一月二三日　妹・キミが誕生（次女）。 ◎この頃から祖母に連れられて、母の弟・多助（盛岡市紺屋町で菓子製造販売店「千秋堂」を営む）の家に連れられ、よく遊びに行くようになる。多助宅の隣にあった平	

年次	年齢	園井恵子（袴田トミ）とその周辺	公演記録
		安商店へもこの頃から出入りする。	
一九一七（大正六）	3～4歳		
一九一八（大正七）	4～5歳		
一九一九（大正八）	5～6歳		
一九二〇（大正九）	6～7歳	◎四月一日　川口村立尋常高等小学校入学。	
一九二一（大正一〇）	7～8歳	◎トラホームを発症（症状の推移は不明）。	
一九二二（大正一一）	8～9歳	◎五月七日　妹・ミヨが誕生（三女）。	
一九二三（大正一二）	9～10歳		
一九二四（大正一三）	10～11歳		
一九二五（大正一四）	11～12歳		

一九二六（大正一五・昭和元）	12〜13歳	◎三月三一日　川口小学校尋常科卒業。 ◎欠席は一年一三、三年二、五年八。成績は四年生の裁縫が乙だった以外は各学年全て甲であった。身長一年三・六九尺、六年四・五五尺。 ◎進路として県立盛岡高等女学校を志望していたが入試に失敗。 ◎四月一日　岩手県女子師範附属小学校高等科に入学。盛岡の叔父・多助宅から通学する。	
一九二七（昭和二）	13〜14歳	◎叔父・多助の小樽移転にともない、祖母とともに同行。 ◎四月一日　北海道庁立小樽高等女学校に入学。 ※園井恵子の小樽移住、小樽高女入学の時期ともに決定的な資料はなく、大正一五年〜昭和二年四月の期間のどこかと考えられる。また叔父の転居先も「入船町八丁目六九番地」と「同八丁目六番地」で文献による違いがあり、確定には至っていない。	

年次	年齢	園井恵子（袴田トミ）とその周辺	公演記録
一九二八（昭和三）	14～15歳	◎六月一二日　弟・哲雄が誕生（長男）。 ◎七月三一日　小樽高等女学校を一学期末まで在籍後に退学。岩手県川口村の親元に戻る。	
一九二九（昭和四）	15～16歳	◎六月一〇日　宝塚音楽歌劇学校入学。 ※盛岡の平安商店（紺屋町から油町に移転）の平野スエから一〇円を借りて、単身、宝塚音楽歌劇学校を訪ねて入学を志願する。すでに入学試験は終わり、新入生（予科）の授業も始まっていたが、試験の末に特別に入学を許可される。寄宿舎に入り、宝塚での生活が始まる。 ◎六月一一日　運動会。寄宿舎の食堂で一学年先輩の葦原邦子と対面する。	
一九三〇（昭和五）	16～17歳	◎四月一日　予科から本科に進級、月組に編入となる。 ◎四月一日～三〇日の大劇場花組公演『春のをどり』にて「笠縫清乃」の芸名で初舞台を踏む。	◆四月一日～三〇日　花組公演（大劇場）レヴュウ『春のをどり』第二場：土民役、三場：村人役、五場：獅子舞役 ◆五月一日～三一日　月組公演（大劇場）喜歌劇『バグダットの医者』町の男役／構成派バレー『マスコット』コーラス（A）役

		◎この年、両親が多額の借金を抱えて川口村での営業を閉じ、二人の妹と弟を連れて宝塚に移ってくる。借家に一家を住まわし（宝塚寿老町二三）、自身は少なくとも昭和八年ほどまでは寄宿舎と二重の生活を送る。父は病弱で特定の職を持たず、妹キミが宝塚の劇場で働き、以降は主に妹と二人で家計を支える。	◆八月一日～三一日　月組公演（大劇場） 歌劇『若き日の時平』仕丁役／巴里土産大レヴュウ『パリゼット』第一一、一二場：花籠役、一九、二〇場：花の女役 ◆一一月一日～三〇日　月組公演（大劇場） 喜歌劇『近代三銃士』町の人役／バレー『王朝華かなりし頃』メヌエットの踊り子役／歌劇『唐人お吉』職人女房役／喜歌劇『とんだ間違ひ』憲兵役 ◆一二月一日～二八日　雪組公演（大劇場） バレー『クリスマス、ヴアライティー』コーラス役
一九三一（昭和六）	17～18歳	◎一月の公演より芸名を「笠縫清乃」から「園井恵子」に変更する。 ※また私生活ではこの頃から本名の「トミ」ではなく「英子」を用いるようになる。「英子」は昭和一三年～一六年まで、以降は「真代」という名前を多く使用している。宝塚関係者やファンは「ハカマ」という愛称で呼んでおり、この名前についてはごく親しい者たちの間や手紙などで用いたと考えられる。 ◎三月三〇日　宝塚音楽歌劇学校本科卒業。	◆一月一日～三一日　月組公演（大劇場） 舞踊劇『奴道成寺』花四天役／大レヴュウ『セニョリータ』第二場：美女役、九場：町の人役、一四、一五場：扇の女役、一九～二一場：ボーイ役、二二～二四場：マンテリヤの歌手役 ◆一月二二日　「歌劇」愛読者大会（大劇場） 歌劇『大根塚』通行人役 ◆四月一日～三〇日　月組公演（大劇場） 舞踊『変化雛』百姓役／歌劇『小袖物狂』里人役／春のレヴュウ『ミス・上海』第三、四場：旗の歌姫役、六、七場：支那語の歌姫役、一一、一二場：マージャン役、一四、一五場：支那劇俳優役、一七場：無頼漢役、二一場：人形役、二二場：中華少女役

年次	年齢	園井恵子（袴田トミ）とその周辺	公演記録
		◎六月五日〜二五日　新橋演舞場の月組公演にて東京での初舞台を踏む。『シャクンタラ姫』『奴道成寺』『ミス・上海』に出演。 ◎八月　小劇場月組公演での『ジャックと豆の木』にて、母親役の高千穂峯子の代役を急遽務める。 ◎一〇月大劇場月組公演の『ライラック・タイム』の「門番の女房」役が小林一三校長の目に止まり「今年最大の収穫」と絶賛される。 ◎一二月二四日　盛岡や小樽で一時同居した叔父（袴田多助）一家が神戸港からブラジル移民船で発つ。	◆五月二三日〜二四日「宝塚の夕」朝日新聞社会事業団主催、月、花、舞踊、声楽専科公演（大阪・朝日会館） 歌劇『シヤクンタラ姫』奴隷役／舞踊『奴道成寺』花四天役／喜歌劇『ジャニンヌ』友達（男）役 ◆六月五日〜二五日　月組公演（東京・新橋演舞場） 歌劇『シヤクンタラ姫』奴隷役／舞踊『奴道成寺』花四天役／レヴュウ『ミス・上海』第二場：交通巡査役、四場：支那語の女役、六場：仮装の人々役、九、一〇場：貴族役、一一場：車力役、一五場：団員役、一九、二〇場：貴婦人役、宝石の行列役 ◆七月一日〜三一日　月組公演（大劇場） 歌劇『良辨杉』踊り子役／ラヂオナンセンス『短波長発信機』社員役、通行人役／レヴュウ『世界の花嫁』第三場：若い男役、一〇場：兵士役、一一場：子供役 ◆八月（詳細な日時不明）　月組公演（小劇場）　お伽歌劇『ジャックと豆の木』母親役 ◆一〇月一日〜三一日　月組公演（大劇場） 喜歌劇『ユング・ハイデルベルヒ』大学生役／舞踊劇『紅葉狩』樵夫役／歌劇『ライラック・タイム』門番の女房役／歌舞伎レヴュウ『かたきうち』第一場：人形役、二場：門弟役、五場：物売役

一九三二（昭和七）	18～19歳	◎一一月一二日　弟・康夫が誕生（次男）。 ◆一月二三日　「歌劇」愛読者大会（大劇場） 舞踊『棒しばり』身替りの次郎冠者役 ◆二月一日～二九日　月組公演（大劇場） 歌劇『筑紫菅公』旅の男役／喜歌劇『ロボットの戯れ』店員役／歌劇『お弓始』騎士役／レヴュウ『サルタンバンク』第一、二場：男役、七、八場：客（男）役、一一、一二場：人形（紳士）役 ◆三月二四日～四月七日　月組公演（東京・新橋演舞場） 歌劇『夢殿』軍兵（二）役／舞踊『紅葉狩』樵夫役／歌劇『お弓始』神官役／舞踊『棒しばり』次郎冠者役／大レヴュウ『サルタンバンク』第一、二場：ボーイ役、三場：村人役、七、八場：貴族役、一一、一二場：人形役 ◆五月一日～三一日　月組公演（大劇場） 舞踊『棒しばり』次郎冠者役／グランギャラ『春のをどり（七曜譜）』第二場：火役、四場：木の支那兵役、七場：おかめ踊り役／大レヴュウ『フーピー・ガール』第六、七場：紳士役、一一、一二場：召使い役 ◆八月一日～三一日　月組公演（大劇場） 歌劇『狂乱橋供養』役僧（四）役／舞踊劇『太刀盗人』群衆役／大レヴュウ『ブーケ・ダムール』第一～三場：ボーイ役、六、七場：紳士役、一一、一二場：海の花

年次	年齢	園井恵子（袴田トミ）とその周辺	公演記録
			役、一三、一四場：肥えた客役、一八〜二〇場：バラ色の乙女役 ◆八月二三日「歌劇」愛読者大会（大劇場） 舞踊『道行旅路花聟』春四天役／ナンセンスショウ『マニヤ・オンパレード』鍛冶屋役 ◆一〇月一一日〜一五日、一九日〜二二日、二五日 阪急創立二〇周年記念宝塚少女歌劇特別公演　月組、雪組、声楽、舞踊専科出演（大劇場） 舞踊『奴道成寺』花四天役 ◆一一月一日〜三〇日　月組公演（大劇場） 歌劇『十津川少女』踊り男役／ジャズオペレッタ『女王万歳』エルネスト役／グランギャラ『娘八景』第二場：車持御子役、九場：侍臣役、一四場：歌の少女役
一九三三（昭和八）	19〜20歳	◎六月　従来の花、月、雪組に加えて、星組が新設される。それに伴い、月組から星組に所属が移る。 ◎七月一日〜三一日　星組初公演（大劇場）。『なぐられ医者』で主演・ザンベロ役に抜擢される。他、『指輪の行方』『お国歌舞伎』に出演。	◆一月二一日「歌劇」愛読者大会（大劇場） 舞踊『忠臣蔵（六段目）』原郷右衛門役 ◆二月一日〜二八日　月組公演（大劇場） 歌劇『追儺物語』厄払ひ役／バレー『サーカス』イヴニング・ドレスのコーラス役／舞踊『鏡獅子』牡丹の精役／レヴュウ『巴里・ニューヨーク』第一場：美女役、五場：若者役、七、九場：書家役、一二場：海賊役、一七、一八場：アメリカ男役

◎八月頃より断髪にする。
◎一二月一二日　祖母・ウメ死去（享年七八）。

◆三月二四日〜四月七日　月組公演（東京・新橋演舞場）
舞踊『太刀盗人』群衆役／新舞踊『惜春譜』原郷右衛門役／歌劇『十津川少女』山法師役／舞踊『鏡獅子』胡蝶役／大レヴュウ『巴里・ニューヨーク』第一場：美女役、五場：若者役、七場：花籠役、一二場：海賊役、一七、一八場：唄手役
◆四月二〇日　宝塚少女歌劇二〇年記念祭　春期特別愛読者大会（大劇場）
オペレッタ『ライラック・タイム』門番の女房役
◆五月一日〜三一日　月組公演（大劇場）
歌劇『八犬伝』馬加鞍弥吾役／歌劇『ヴオルガの船唄』ヤーレッツ役／舞踊『お夏幻想曲』踊り男役／レヴュウ『ラブリイラーク』第四場：ギャング役、九、一〇場：歌姫役
◆七月一日〜三一日　星組公演（大劇場）
喜歌劇『指輪の行方』ロビンソン役／喜歌劇『なぐられ医者』ザンベロ役／歌舞伎レビュウ『お国歌舞伎』第三場：武士役、七場：口上の男役、一〇場：家臣役
◆八月二三日「歌劇」愛読者大会（大劇場）
レヴュウショウ『平和祭』ミケルブルグの廷臣役、戴冠式の人々役
◆一〇月一日〜三一日　星組公演（大劇場）

年次	年齢	園井恵子（袴田トミ）とその周辺	公演記録
			楽劇『リシュヤシュリンガ』風の神マルツ兄役／大レヴュウ『花詩集』第四場：美女役、一〇場：紳士役、一三場：父親役、一五、一八場：伍長役
一九三四（昭和九）	20～21歳	◎一月一日　東京宝塚劇場開場。 ◎三月一日～二五日　大劇場星組公演にて『アルルの女』が初演。母・ロオズ役が好評を受ける。他、『献上大根』『ウイーナー・メーデル』に出演。 ◎五月二日～三一日　星組公演にて東京宝塚劇場での初舞台を踏む。『太平洋行進曲』『アルルの女』『奴道成寺』『ウイーナー・メーデル』に出演。 ◎七月一日～三一日　大劇場星組公演にて『冠と花嫁』に出演。鈴媛役は娘役としては園井唯一の主演級。他、『傑作』『沈鐘』『憂愁夫人』に出演。	◆一月一日～三一日　星組公演（大劇場） 舞踊劇『浅妻船』おかめ役／歌劇『御旗の松』武士役／レヴュウ『ラッキー・エール』エドマンド役 ◆一月二三日　「歌劇」愛読者大会（大劇場） オペレット『パルドン・ムッシュ』友達男役 ◆三月一日～二五日　星組公演（大劇場） オペレット『アルルの女』母・ロオズ役／舞踊劇『献上大根』甚兵衛役／オペレットレヴュウ『ウイーナー・メーデル』第五場：客引（一）役、一四、一五場：支配人役、一九、二〇場：ワンダー・フォーゲル役 ◆五月二日～三一日　星組公演（東京宝塚劇場） レヴュウ『太平洋行進曲』第二場：新兵役、三場：赤道神役、五場：服部水兵役、六場：水兵役／オペレット『アルルの女』母・ロオズ役／舞踊『奴道成寺』坊主役／オペレットレヴュウ『ウイーナー・メーデル』第四場：客引役、八、九場：美女役、一三、一四、一八場：支配人役 ◆六月二日～三日　星組名古屋公演（名古屋公会堂） 喜歌劇『献上大根』甚兵衛役／オペレット『封印され

た市長様』市長役／舞踊『奴道成寺』坊主役／オペレット『アルルの女』母・ロオズ役
◆七月一日〜三一日　星組公演（大劇場）
歌劇『冠と花嫁』娘・鈴媛役／喜歌劇『傑作』家主サロモーネ役／舞踊劇『沈鐘』山伏役／オペレットレヴュウ『憂愁夫人』第三〜五場：マイリック夫人（サラーの母）役、九場：紳士役
◆七月二一日　グラフ化粧品愛用者ご招待 宝塚少女歌劇特別公演（大劇場）
オペレット大レヴュウ『憂愁夫人』第三〜五場：マイリック夫人（サラーの母）役、九場：紳士役
◆八月四日〜一九日　星組公演（中劇場）
歌劇『牡丹燈籠』寺男・陳役／喜歌劇『御神楽歌』第二、三景：士卒役、五景：神職役／オペレットレヴュウ『シエーネ・ベルリン』フランツ役
◆八月二三日　「歌劇」愛読者大会（大劇場）
グランギャラ『レヴュウ・ホテル』青年役
◆九月二一日〜一〇月二九日　星組公演（東京宝塚劇場）
オペレット『封印された市長様』隣人ウイルメル夫人役／歌劇『牡丹燈籠』寺男・陳役／レヴュウ『憂愁夫人』第三〜五場：マイリック夫人（サラーの母）役、九場：紳士役

年次	年齢	園井恵子（袴田トミ）とその周辺	公演記録
			◆一一月一七日〜一八日　星組京都公演（京都日出会館） オペレット『封印された市長様』ウイルメル役／オペレットレヴュウ『シエーネ・ベルリン』フランツ役 ◆一二月一日〜二八日　星組公演（中劇場） 歌劇『駒王丸』和尚浄海役／歌劇『昔噺雛娘』侍女荒磯役／歌劇『千日酒』道化師優旃役／ミュージカルコメディ『メキシコの薔薇』ドン・サンチョの部下役
一九三五（昭和一〇）	21〜22歳	◎一月二五日　宝塚大劇場が火災により内部を全焼。二月・三月の公演は中劇場で代替えする。 ◎四月一日〜三〇日　新しい大劇場が竣工。星組による柿落公演が行われる。『宝三番叟』『おゝハリエット』『うわなり鏡』『心の灯』『春のをどり（流線美）』に出演。 ◎五月一七日〜二六日　横浜宝塚劇場落成、星組による柿落公演。『宝三番叟』『アルルの女』『奴道成寺』『シエーネス・ベルリン』に出演。	◆一月二二日〜二三日「歌劇」愛読者大会（大劇場） レヴュウショウ『レヴュウランド』紳士役 ◆二月一日〜二六日　星組公演（東京宝塚劇場） ミュージカルコメディ『メキシコの薔薇』ドン・サンチョの部下役／舞踊『鏡獅子』胡蝶役／レヴュウ『プリンセス・ナネット』侍医ピガストル博士役 ◆四月一日〜三〇日　星組公演（大劇場） 舞踊『宝三番叟』小三番役／オペレット『おゝハリエット』マニユエリタの母・ソノラ役／舞踊劇『うわなり鏡』宮奉仕の衛士役／オペレット『心の灯』ネモリノ役／レヴュウ『春のをどり（流線美）』第二場：超特急ツバメ号の客（男）役、三場：杓文字踊の男役、五場：老夫人役、八場：巡査役、一一場：犯罪者役、一二場：スター男役

◎八月　小林一三校長から孝養と努力の褒美として、激励の手紙と百円入りの封書を贈られる。
◎一一月三日～一二日　名古屋宝塚劇場落成、星組による柿落公演。『宝三番叟』『奴道成寺』『花詩集』に出演。
◎一二月一日～二八日　中劇場星組公演にて『バービィ』が初公演。園井のセシル役、二條宮子のバービィ役のコンビが人気となり、その後続編の『バービィの結婚』も制作される。他、『錦城復興』『マダム・ペイトン』『新婚第一課』に出演。
◎この年、小樽高等女学校同窓会「桜陽会」関西支部が発足。同校出身の園井を支部を挙げて応援することになる。初代支部長に中井志づが選ばれ、園井とは終生、親交が続くことになる。

◆五月三日～一二日　星組公演（中劇場）ミュージカルコメディ『フロラ行状記』アダ夫人役／歌劇『箱根唄』旅の若夫婦（妻）役／オペレット『マリアンカ』マリアンカの父・クロシーナ役
◆五月一七日～二六日　星組公演（横浜宝塚劇場）舞踊『宝三番叟』小三番役／オペレット『アルルの女』母・ロオズ役／舞踊『奴道成寺』坊主役／レヴュウ『シエーネス・ベルリン』フランツ役
◆六月一日～三〇日　星組公演（東京宝塚劇場）オペレット『心の灯』ネモリノ役／オペレット『ロミオとジュリエット』乳母役／レヴュウ『流線美』第二場：超特急ツバメ号の客（男）役、三場：杓文字踊の男役、五場：泊り客（老夫人）役、八場：巡査役、九場：犯罪者役、一〇場：スター男役
◆八月一日～三一日　星組公演（大劇場）喜歌劇『婚礼はお預け』典薬役／大レヴュウ『マリオネット』第二、四場：アメリー役、七場：キャバレエの支配人役、一二場：シモン役、二〇場：青年役
◆八月二〇日～二一日　小林校長外遊記念「歌劇」愛読者大会（大劇場）
レヴュウショウ『海辺の女王』招待客（男）役／レヴュウショウ『御機嫌よう校長先生』少女役

年次	年齢	園井恵子（袴田トミ）とその周辺	公演記録
			◆九月一三日～一四日　星組大阪公演（大阪・朝日会館） 喜歌劇『献上大根』甚兵衛役／オペレット『アルルの女』母・ロオズ役／オペレット『マリアンカ』村長ケツアル役 ◆一〇月三日～三一日　星組公演（東京宝塚劇場） 喜歌劇『大名は嫌ひだ』家臣役／舞踊劇『身替り座禅』公卿役／大レヴュウ『マリオネット』第二、四場：アメリー役、七場：キャバレエの支配人役、一二場：シモン役、二〇場：青年役 ◆一一月三日～一二日　星組公演（名古屋宝塚劇場） 舞踊『宝三番叟』小三番役／舞踊『奴道成寺』坊主役／レヴュウ『花詩集』第八、一〇場：紳士役、一三場：アルマンの父役、一六場：若き僧役、一八場：ヴァイオリンを弾く男役 ◆一二月一日～二八日　星組公演（中劇場） 歌劇『錦城復興』瓦師道入役／オペレット『マダム・ペイトン』公爵役／喜歌劇『新婚第一課』悉皆屋新吉役／レヴュウ『バービィ』若いロンドンの貴族・セシル卿役

一九三六（昭和一一）　22〜23歳

◎五月『宝塚グラフ』創刊。
◎五月六日〜三一日　東京宝塚劇場にて星組公演。この時の『悲しき道化師』がファンに撮影されていて後年に一六ミリフィルムが発見される。研究、解析の後、平成二五年（二〇一三）に「被爆死タカラジェンヌ舞台映像発見」として報道される。他、『パパは居眠りがお好き』『お雛番付』に出演。
◎一一月一日〜三〇日　大劇場星組公演にて『バービィ』の続編である『バービィの結婚』が初公演、セシル役で出演する。他、『紅日傘』『悟空と観音』に出演。
◎『宝塚グラフ』一一月一五日号で二條宮子とともに表紙を飾る。
◎『歌劇』一二月号の表紙を飾る。
◎この頃、宝塚寿老町二二から宝塚川面鍋野裏四－四に転居する。

◆一月一日〜一二日　星組公演（中劇場）
オペレット『リセエンヌ』女校長ムトネ先生役／レヴュウ『バービィ』若いロンドンの貴族・セシル卿役
◆二月一日〜三月三日　星組公演（東京宝塚劇場）
歌劇『御旗の松』武士役／オペレット『マダム・ペイトン』公爵役／舞踊『五人道成寺』次郎冠者役／レヴュウ『バービィ』若い英国の貴族・セシル卿役
◆三月五日〜一一日　星組公演（横浜宝塚劇場）
歌劇『御旗の松』武士役／歌劇『竈姫』従者（三）役／レヴュウ『バービィ』若い英国貴族・セシル卿役
◆四月一日〜三〇日　星組公演（大劇場）
ジャズオペレット『花嫁特急』ラリイの友人・パブ・ホーレイ役／歌劇『柳娘』野太鼓の宗匠役／オペレット『パパは居眠りがお好き』フィンダイゼン役／レヴュウ『春のをどり（お雛番付）』第一、三、一六場：内裏雛（男）役、五、六場：淡島業者役、一五場：藤男役
◆五月六日〜三一日　星組公演（東京宝塚劇場）
オペレット『パパは居眠りがお好き』リーガアの友人・フィンダイゼン役／オペレット『悲しき道化師』トニオ役／レヴュウ『お雛番付』第一、三、一六場：内裏雛（男）役、六場：淡島業者役、一四場：藤男役
◆七月一日〜三一日　星組公演（大劇場）

年次	年齢	園井恵子（袴田トミ）とその周辺	公演記録
			歌劇『明治巷談』村越の伯母・辰役／レヴュウ『軽騎兵と薔薇娘』ジバール役 ◆八月八日～二五日　星組公演（中劇場） 歌劇『蓮月尼』十九文屋の女房・お峯役／レヴュウ『永遠のワルツ』レオポール役 ◆九月三日～二八日　星組公演（東京宝塚劇場） 歌劇『蓮月尼』十九文屋の女房・お峯役／オペレット『永遠のワルツ』レオポール役／レヴュウ『軽騎兵と薔薇娘』ジバール役 ◆一〇月一日～七日　星組公演（名古屋宝塚劇場） 歌劇『蓮月尼』十九文屋の女房・お峯役／オペレット『永遠のワルツ』レオポール役／レヴュウ『軽騎兵と薔薇娘』ジバール役 ◆一一月一日～三〇日　星組公演（大劇場） レヴュウ『紅日傘』浩の叔父役／歌劇『悟空と観音』観音の高弟・恵岸法師役／レヴュウ『バービィの結婚』セシル卿役
一九三七（昭和一二）	23～24歳	◎一一月一六日、父・袴田清吉が鉄道への投身自殺にて死去（享年五一）。この年は一〇月の中劇場公演を最後に舞台に出演した記録はなし。翌年一月の大劇場星組公演にて復帰。	◆一月一日～三一日　星組公演（大劇場） 歌劇『雲雀山』尼御前役／舞踊劇『桜吹雪』供人独活平の女房・葱花役／グランドレヴュウ『世界の唄』第一〇場：紳士役、一三場：ヒットラア少年団団員役、一八、二二場：伍長役

◆二月七日〜二一日　星組公演（中劇場）
舞踊『佐保姫』雪の精役／オペレット『アルルの女』母・ロオズ役
◆二月一六日〜一七日　「歌劇」愛読者大会（大劇場）レヴュウショウ『シャンソン・ド・パリ』ポール役
◆二月二七日〜三月二九日　星組公演（東京宝塚劇場）オペレット『アルルの女』母・ロオズ役／舞踊劇『になひ文』次郎冠者役／グランドレヴュウ『世界の唄』第一〇場：紳士役、一二場：巴里の男役、一三場：ヒットラア少年団団員役、一八、二二場：伍長役
◆四月一日〜一三日　星組公演（名古屋宝塚劇場）歌劇『ねね姫様』従者酉人役／オペレット『アルルの女』母・ロオズ役／舞踊『になひ文』次郎冠者役／レヴュウ『世界の唄』第九、一四場：伍長役、一二場：紳士役
◆五月一日〜三一日　星組公演（大劇場）
歌劇『鬼子母』釈迦役／歌劇『南都拾遺』父親・閼伽井屋の翁役／グランドレヴュウ『マンハッタンリズム』第三、八、一七、二三〜二五場：エディ役、二六場：歌ふ女役
◆五月一二日　『宝塚グラフ』アーベント（大劇場）
レビュウオブレビュウ『おおマンハッタンリズム』第三、四、一〇、一一場：エディ役、一二場：歌ふ女役

年次	年齢	園井恵子（袴田トミ）とその周辺	公演記録
			◆六月二日～二八日　雪組公演（東京宝塚劇場） グランドレヴュウ『バービィの結婚』セシル役 ◆七月一日～八月一日　星組公演（東京宝塚劇場） 歌劇『南都拾遺』父親・閼伽井屋の翁役／グランドレヴュウ『マンハッタン・リズム』第三、八、一四、二〇、二一場：エディ役、二二場：歌ふ女役 ◆九月一日～三〇日　星組公演（大劇場） 喜歌劇『将門の首』在上の妻役／歌劇『桶の村』女中・お兼役／グランドレヴュウ『歌へモンパルナス』ビグルトン役 ◆九月一六日～一七日「歌劇」愛読者大会（大劇場） レヴュウショウ『宝塚フオーリース』ビグルトン役 ◆一〇月八日～二四日　星組公演（中劇場） 喜歌劇『雨』ウエーランド役／軍歌レヴュウ『皇国のために』第二、五、六、七場：武夫の母・つね子役、一〇場：陸軍将校役
一九三八（昭和一三）	24～25歳	◎『宝塚グラフ』二月一五日号で表紙を飾る。 ◎八月　宝塚球場の跡地に宝塚映画製作所が新設される。 ◎一〇月二日　日独伊親善芸術使節団（天	◆一月一日～三一日　星組公演（大劇場） オペレットレヴュウ『忘れじの歌』メルドラム公爵夫人役／グランドレヴュウ『満州より北支へ』別府役 ◆二月三日～二八日　花、星組公演（東京宝塚劇場） グランドレヴュウ『新粧「たからじぇんぬ」』青年役／グランドレヴュウ『宝石パレード』第一、二場：紳

津乙女ら生徒三〇名、総計四五名）が神戸港を出立。シンガポール、ドイツ、イタリア、ポーランドなどを訪れ、翌年三月四日に同港に帰港。
◎一〇月九日　宝塚映画第一作『山と少女』撮影開始（翌年三月公開）。加代の母・しづ役で出演。
◎一一月　従来の星組を解散し、海外公演組を新しい星組と変更。国内公演は花、月、雪組の三組と舞踊専科の編成とし、旧星組の生徒は各々振り分けられ、園井は雪組に変更となる。
◎この頃、宝塚川面鍋野裏四－四から宝塚川面西開地八に転居する。

士（四）役、六場：シュウビン将軍役
◆三月三日～二九日　星組公演（東京宝塚劇場）オペレットレヴュウ『忘れじの歌』メルドラム公爵夫人役／舞踊『さくら娘』第一景：御輿の男役、三、四景：坊主役／グランドレヴュウ『満州より北支へ』別府役
◆四月一日～一〇日　星組公演（名古屋宝塚劇場）オペレット『忘れじの歌』メルドラム公爵夫人役／舞踊『五人道成寺』イタリー娘役／グランドレヴュウ『満州より北支へ』別府役
◆五月一日～三一日　星組公演（大劇場）歌劇『衣川合戦』北の方役／キノドラマ『軍国女学生』声楽の女教員役／グランドショウ『スイート・メロディ』第三場：ベルモン役、八、九、一五場：アドルフ役
◆六月四日～一九日　星組公演（中劇場）舞踊劇『石神明神』神主猿彦役／ミュージカルプレイ『五十番街の少女達』キングスレイ役
◆七月一日～三一日　星組公演（東京宝塚劇場）キノドラマ『軍国女学生』女教員役／ミュージカルプレイ『五十番街の少女達』テリイの父・ランダル役／グランドショウ『スイート・メロディ』第一、一八場：紳士役、一〇場：アドルフ役

年次	年齢	園井恵子（袴田トミ）とその周辺	公演記録
			◆九月一日～三〇日　星組公演（大劇場） 歌劇『若き日』光子と愛子の母役／歌劇『淑香伝』老婆役／グランドショウ『ショウ・イズ・オン（宝塚健康美）』第四、五場：或る男役、一一、一二場：合唱の男役、一八、一九場：アンリー役、二一場：歌ふ男役、二三場：紳士役 ◆九月一六日～一七日　第一回海外進出訪独伊試演「歌劇」愛読者大会（大劇場） レヴュウショウ『宝塚軍国譜』自転車の男役、若い男役 ◆一〇月八日　「宝塚グラフ」アーベント（大劇場） レヴュウショウ『ハイル宝塚』第六、七景：パーサー役、第八景：宝塚スター役 ◆宝塚映画第一作『山と少女』加代の母・しづ役（一〇月九日撮影開始、翌年三月公開） ◆一一月一日～二八日　雪組公演（東京宝塚劇場） 歌劇レヴュウ『淑香伝』老婆役／グランドショウ『ショウ・イズ・オン（宝塚健康美）』第一八、一九場：アンリー役、二一場：歌ふ男役、二三場：紳士役 ◆一二月三日～二五日　花、月、雪組公演（大阪・北野劇場）

			グランドショウ『宝塚フェスチバル』第一、二場：歌の男役、一三場：アンリー役、一六場：紳士役／グランドロマンス『三つのワルツ』五、七場：オクターヴの叔母・公爵未亡人役、一〇場：客男役、一九、二〇場：青年役
一九三九（昭和一四）	25～26歳	◎四月五日　訪米芸術使節団（小夜福子ら生徒四〇名、総計五四名）が神戸港を出立。サンフランシスコ、ニューヨークなど九都市で巡演。七月七日に同港に帰港。 ◎五月　一学年上の葦原邦子、同期の大空ひろみが退団。 ◎八月二一日　北支皇軍慰問団（天津乙女ら生徒一三名、総計二五名）が神戸港を出立。九月二四日に同港に帰港。 ◎九月一八日　宝塚映画第二作『雪割草』撮影開始（同年一一月公開）。湯浅夫人役で出演。 ※園井個人の動向の確認はできなかったが、三月一二日、一三日、一〇月二七日に雪組が陸軍病院を慰問したとの記録あり。	◆一月一日～二五日　雪組公演（大劇場） オペレット『聯隊の娘』伯爵夫人役／グランドレヴュウ『日本風俗絵巻』第三場：才蔵役、九場：作兵衛役、一四、一五場：奴役、二〇場：武士役、二二場：燕尾服の男役 ◆二月一日～二八日　雪組公演（東京宝塚劇場） オペレット『聯隊の娘』伯爵夫人役／グランドレヴュウ『日本風俗絵巻』第三場：才蔵役、九場：作兵衛役、一五場：奴役、二〇場：武士役、二二場：燕尾服の男役 ◆三月二六日～四月二五日　雪組公演（大劇場） レヴュウ『春のをどり（宝塚ガールズカブキ）』第二景：三番叟役、九、一四景：智恵内役／グランドレヴュウ『桃花春』第五場：商人（一）役、八、一二、一四場：友人（二）役、一七場：声役、一八場：母の声役、二二場：友人役 ◆五月三日～三一日　雪組公演（東京宝塚劇場）

年次	年齢	公演記録
		グランドレヴュウ『思ひ出のアルバム』第三場：香具の宮の女房・瑞葉役、八場：男役、一一場：「実際嫌ひ」の歌手役、一二場：青年役／グランドロマンス『桃花春』第五場：商人（一）役、八、一二、一四場：友人（一）役、一七場：声役、一八場：母の声役、二二〜二四場：友人役 ◆六月二日〜四日　雪組公演（岐阜劇場） オペレット『聯隊の娘』伯爵夫人役／グランドレヴュウ『思ひ出のアルバム』第四景：お夏役、一〇景：「実際嫌ひ」の歌手役、一二景：青年役 ◆六月二六日〜七月二五日　雪組公演（大劇場） オペレット『愛国大学生』シモン役／グランドレヴュウ『日本美女伝』第三場：常盤御前役、九、一〇場：細川忠興の妻・お玉の方役、二一、二二場：お福役 ◆七月一四日〜一五日　宝塚少女歌劇渡米組歓迎の夕（大劇場） グランドレヴュウ『日本美女伝』お福役 ◆八月二日〜二九日　雪組公演（東京宝塚劇場） グランドレヴュウ『日本美女伝』第九、一〇場：細川忠興の妻・お玉の方役、一三場：尾上役、二一、二二場：ひょっとこ役

◆九月一五日～一六日　「歌劇」愛読者大会（大劇場）
レヴュウショウ『宝塚行進曲』宝塚娘役
◆宝塚映画第二作『雪割草』湯浅夫人役（九月一八日撮影開始、一一月公開）
◆九月二六日～一〇月二四日　雪組公演（大劇場）
歌劇『みち草』祖母役／グランドレヴュウ『日本名曲集』第八場：お弓役、一三場：権兵衛役、一七場：局役、二二場：踊子役、二四場：阿波踊の男役
◆一一月二日～二九日　雪組公演（東京宝塚劇場）
歌劇『みち草』祖母役／グランドレヴュウ『日本名曲集』第八場：お弓役、一三場：権兵衛役、一七場：局役、二一場：踊子役、二四場：阿波踊の男役
◆一二月五日～二五日　花、月、雪組公演（大阪・北野劇場）
グランドショウ『宝塚行進曲』駅員役／舞踊劇『船弁慶』船子役／グランドレヴュウ『歌舞伎絵巻』第八場：お弓役、一六、二二場：局役

一九四〇（昭和一五）　26～27歳

◎二月一〇日　大阪コロンビア会社にて雪組『草刈王子』の吹き込みを行う。戦前の宝塚関係のSPレコードは歌を吹き込んだものがほとんどだが、このレコードは珍しくストーリーをセリフ入りで吹き込んだもので、園井の名前もクレジットされている。

◆一月四日～八日　雪組公演（京都宝塚劇場）
歌劇『みち草』祖母役／グランドレヴュウ『日本名曲集』お弓役
◆一月二六日～二月二四日　雪組公演（大劇場）
舞踊劇『富士太鼓』舞人（乙）役／オペレッタ『草刈り王子』號角手役／グランドレヴュウ『日本名所圖繪』柳瀬役

年次	年齢	園井恵子（袴田トミ）とその周辺	公演記録
		◎四月　予科時代から関わりが深かった同期の桜緋紗子が退団、新生新派に移る。 ◎四月一日　内務省に映画法第五条による登録。登録証明書によると「登録演技第一九二〇号　常務上ノ氏名　園井恵子」とある。 ◎四月二六日〜五月二四日　大劇場雪組公演にて『赤十字旗は進む』が初演。乗本婦長役が好評を受ける。他、『太平洋』『サイエンス・ショウ（踊る科学）』に出演。 ◎七月三日　「大日本国防婦人会宝塚少女歌劇団分会」（会長・天津乙女）が発足し、全生徒が入会する。 ◎軍部の命令により『歌劇』『宝塚グラフ』が一〇月号で廃刊となる。 ◎一〇月一日　「宝塚少女歌劇」の名称が「宝塚歌劇」と改称される。	◆三月一日〜二七日　雪組公演（東京・帝国劇場） 歌劇『太平洋』第六場：春田弘吉役、七場：士官役／オペレッタ『草刈王子』シュピールマン役／グランドショウ『宝塚パレード』第四、五、八場：青年（二）役、一〇場：青年役、一一、一二場：紳士役 ◆三月三〇日〜四月七日　雪組公演（名古屋宝塚劇場） 歌劇『太平洋』第六場：春田弘吉役、七場：士官役／オペレッタ『草刈り王子』シュピールマン役／舞踊劇『棒しばり』棒の踊子役／グランドショウ『宝塚パレード』第四、五、八、一〇場：青年（二）役、一一、一二場：紳士役 ◆四月二六日〜五月二四日　雪組公演（大劇場） 歌劇『太平洋』第六場：春田弘吉役、七場：士官役／歌劇『赤十字旗は進む』乗本婦長役／グランドショウ『サイエンス・ショウ（踊る科学）』第七、一八景：男役、一〇景：父の声役、一六景：アナウンサー役 ◆五月二五日〜二六日　宝塚少女歌劇選抜スター組大阪公演（大阪・中央公会堂） 歌劇『すめらみくに』女役／オペレッタ『ジャンヌの扇』セリメーヌ夫人役／舞踊『奴道成寺』坊主役／グランドレヴュウ『宝塚行進曲』第八景：母役、一二景：お弓役、一五、一八景：三味線の女役

◎一〇月　家族（母カメ、妹キミ、ミヨ、弟哲雄、康夫）が盛岡市上田小路一九四へ移転。園井は芝本（旧姓村上）キクノと栄町で同居生活を始める。
◎日付は不明だがこの年、陸軍大臣であった東條英機が部下とともに宝塚を来訪。園井を隣に記念撮影をする。
◎年末から風邪を引き、翌年一月公演は一〇日ほどまで休む。

◆六月一日～二日　雪組公演（岐阜劇場）
歌劇『太平洋』春田弘吉役、士官役／歌劇『赤十字旗は進む』乗本婦長役／グランドショウ『宝塚行進曲』母役、お弓役、三味線の女役（資料現存せず配役推定）
◆六月五日～七月一日　雪組公演（東京宝塚劇場）
歌劇『赤十字旗は進む』乗本婦長役／グランドショウ『サイエンス・ショウ（踊る科学）』第七、一八景：男役、一〇景：父の声役、一六景：アナウンサー役
◆七月二六日～八月二五日　雪組公演（大劇場）
オペレッタ『アルプスの山の娘』おばあさま役／南洋レビュウ『サイパン・パラオ（我が南洋）』第一、三、四、七景：佐々木役、一〇、一一景：カストロ役、一八景：太鼓のリズム役
◆九月一日～二九日　雪組公演（東京宝塚劇場）
世界名作童話『アルプスの山の娘』おばあさま役／南洋日本『サイパン・パラオ』第四、六景：佐々木役、一五、一六景：太鼓のリズム役
◆一〇月二六日～一一月二四日　雪組公演（大劇場）
宝塚国防婦人会結成記念『銃後の合唱』三国役／馬事思想普及『愛馬進軍歌』第三景：母役、八、九景：馭者役、一四景：合唱隊役
◆一一月一四日　紀元二千六百年奉祝舞踊大会 宝塚日本舞踊総動員（大劇場）

年次	年齢	園井恵子（袴田トミ）とその周辺	公演記録
			舞踊『三番叟』三番叟役 ◆一二月六日～二五日　花、月、雪組公演（大阪・北野劇場） 歌劇『赤十字旗は進む』乗本婦長役／舞踊劇『夢見曽我』侍女役／新版『宝塚忠臣蔵』桃井役
一九四一（昭和一六）	27～28歳	◎二月五日　宝塚映画第五作『南十字星』撮影開始（同年一〇月公開）。秋本里枝役で出演。 ◎一一月三〇日　映画戦時体制のため、宝塚映画製作所が閉鎖。 ◎一二月中旬　翌年一月の古川緑波一座の客演が決まり、出演中の北野劇場の公演は二五日までで切り上げ上京する。二六日以降は尾上さくらが代役。	◆一月一日～三〇日　雪組公演（東京宝塚劇場） 馬事思想普及『愛馬進軍歌』第三場：母役、一二場：宝塚娘役／美しき日本『日本名所圖繪』第一三、一六景：漁夫役 ※前年末から風邪をひき、一〇日頃まで休む。 ◆二月二日～二月一一日　雪組公演（名古屋宝塚劇場） 馬事思想普及『愛馬進軍歌』第三場：母役、一二場：宝塚娘役／美しき日本『日本名所圖繪』第一三景：漁夫役、一六景：才蔵役 ◆宝塚映画第五作『南十字星』秋本里枝役（二月五日撮影開始、一〇月公開） ◆二月二六日～三月二四日　雪組公演（大劇場） 防諜読本『耳と目と口と』第七景：老婆役、一四景：国民服の男役／国花を讃ふ頌春譜『桜』第五場：大名役、九、一四場：内匠頭役 ◆四月一日～二九日　雪組公演（東京宝塚劇場） 必勝の信念『戦陣訓』井芹秀重役／防諜読本『耳と目と口と』第九景：老婆役、一五景：国民服の男役／国

花を讃ふ頌春譜『桜』第五場：大名役、九場：内匠頭役
◆四月一六日　グリコ蒲田工場　巡回慰問（公演詳細不明）
◆五月二七日〜六月二四日　雪組公演（大劇場）
朝鮮舞踊『豊穣歌（プンヤンカ）』乙金役／為朝伝記『弓張月』第六、七、九、一二場：忠国役、一八場：家老役
◆六月一二日〜一四日　宝塚歌劇第一回演劇研究会
花、雪組演劇科（中劇場）
『リリオム』ユリイ役
◆七月一〇日〜一二日　宝塚歌劇団特別公演　花、月、雪組総出演（大劇場）
楽劇『大慈悲光—吉祥天女—』盲人（女）役
◆八月六日〜八日　宝塚第二回演劇研究会　舞踊専科、月、雪組（中劇場）
喜歌劇『黄金の初夢』福徳萬右衛門役
◆八月二六日〜九月二四日　雪組公演（大劇場）
歌劇『大空の母』とく子役／舞踊『男女道成寺』坊主役／国立公園瀬戸内海民踊集『海を渡る歌』第三場：三階笠役、六場：龍王役、一一場：鞆囃の女役、一四場：安田踊役
◆九月一一日〜一三日　第三回宝塚演劇研究会　舞踊専科、月、花、雪組合同公演（中劇場）
歌舞伎『絵双紙天神記』妻・戸浪役
◆一〇月一日〜二八日　雪組公演（東京宝塚劇場）

年次	年齢	園井恵子（袴田トミ）とその周辺	公演記録
			歌劇『大空の母』とく子役／朝鮮舞踊『豊穣歌（プンヤンカ）』乙金役／国立公園瀬戸内海民踊集『海を渡る歌』第三場：三階笠役、六場：龍王役、一一場：鞆囃の女役、一四場：安田踊役 ◆一〇月一六、一七、二〇日　靖国神社臨時大祭奉納演芸遺族慰安番組　雪組公演（東京宝塚劇場） 歌劇『大空の母』とく子役／朝鮮舞踊『豊穣歌』乙金役／国立公園瀬戸内海民踊集　歌劇『海を渡る歌』第三場：三階笠役、六場：龍王役、一一場：鞆囃の女役、一四場：安田踊役 ◆一一月一日〜一一日　雪組公演（名古屋宝塚劇場） 歌劇『大空の母』とく子役／国立公園瀬戸内海民踊集　歌劇『海を渡る歌』第三場：三階笠役、六場：龍王役、一一場：鞆囃の女役、一四場：安田踊役 ◆一二月五日〜二八日　花、月、雪組公演（大阪・北野劇場） 舞踊『乗合船』才蔵役／歌劇『宝塚かぐや姫』嫗役
一九四二（昭和一七）	28〜29歳	◎一月一日〜二八日　有楽座での古川緑波一座の公演に客演。『わが家の幸福』で古川ロッパ、高峰秀子らと共に舞台に立つ。	◆一月一日〜二八日　古川緑波一座（東京・有楽座） 『わが家の幸福』澄枝役 ◆二月二六日〜二七日　宝塚春の舞踊会（大阪・北野劇場） 舞踊劇詩『ペア・ギュント』村の娘・ソルヴェイ役

◎三月頃　盛岡の家族のもとに帰省する。この時、盛岡市内の上の橋で撮影した写真が保管され、後に新聞で報道される（『岩手日報』平成八年四月一二日）。

◎三月の公演を最後に先輩の小夜福子が退団する。

◎四月二六日〜五月二四日　大劇場雪組公演『ピノチオ』で主人公・ピノチオ役を演じて好評を得る。当初、この公演を最後に退団予定であったが、好評により九月に東京で公演される『ピノチオ』にも出演を依頼されて退団が延びる。

◎六月　芝本キクノとの同居生活を解消。住所は宝塚蓬莱町五反田八一番地となる。以降は東京では河崎なつ宅、木下謙次郎宅、関西では神戸の中井志づ宅で過ごすことも多かったと考えられる。

◎九月二日〜二八日　東京宝塚劇場雪組公演『ピノチオ』を最後に宝塚歌劇団退団。

◆四月一日〜六日　雪組公演（広島宝塚劇場）
舞踊『宝三番叟』小三番役／歌劇『大空の母』第三、六、七場：とく子役、八場：九段の母役／瀬戸内海民踊集　歌劇『海を渡る歌』第四景：三階笠役、一二景：安田踊役

◆四月二六日〜五月二四日　雪組公演（大劇場）
行進譜『軍艦旗征くところ』第四景：女学生（一）役、五景：士官（一）役／歌劇『ピノチオ』ピノチオ役

◆六月二日〜二八日　雪組公演（東京宝塚劇場）
行進譜『軍艦旗征くところ』第四景：女学生（一）役／舞踊『太刀盗人』目代役／歌劇『北京』第二景：若き男（一）役、九景：正生役、一三景：若き巡警役

◆七月九日〜一一日　第一〇回宝塚演劇発表会　花、月、雪組（中劇場）
『ローリング邸事件』ローリング夫人役

◆九月二日〜二八日　雪組公演（東京宝塚劇場）
お伽歌劇『ピノチオ』ピノチオ役
※本公演をもって宝塚歌劇団を退団。

◆一〇月三日〜二五日　劇団新生家族（京都・南座）
『おおぞらの娘達』恵子の姉・静枝役／『柳の四季』妻・たみ役／『印度の黎明』橘の妹・弓子役

◆大映『無法松の一生』吉岡未亡人役（一〇月下旬〜一一月撮影開始、翌年一〇月公開）

年次	年齢	園井恵子（袴田トミ）とその周辺	公演記録
		◎九月　東京公演中、小学校高等科時代の友人・渡辺春子が夫とともに満州に渡るため、別れの一時をもつ。 ◎一〇月三日～二五日　劇団新生家族・京都南座公演。『おおぞらの娘達』『柳の四季』『印度の黎明』に出演。 ◎一〇月下旬～一一月　大映で企画されていた映画『無法松の一生』の吉岡未亡人役を探す稲垣浩監督と小夜福子の会合に同席。稲垣は小夜福子をキャスティングに考えていたが、小夜は妊娠していたため園井を推薦する。園井に配役が決まり、まもなく映画の撮影が開始される。 ◎一一月二七日～二九日　東宝演劇研究会第四回公演（帝国劇場）に出演。『ファースト』にてマガレーテ、グレーチヘンの二役を演じる。 ◎一二月三日～二〇日　苦楽座（後の桜隊）第一回公演（新宿大劇場）に客演。『玄関風呂』芳子役を演じる。	◆一一月二七日～二九日　東宝演劇研究会第四回公演（東京・帝国劇場） 『ファースト』マガレーテ役、グレーチヘン役 ◆一二月三日～二〇日　苦楽座第一回公演（東京・新宿大劇場） 『玄関風呂』芳子役

一九四三（昭和一八）	29～30歳	◎六月　苦楽座第二回公演（丸の内邦楽座）に客演。『狸村会議』『夢の巣』に出演する。 ◎八月二四日　『無法松の一生』撮影終了。 ◎一〇月二八日　『無法松の一生』公開。この日、映画館で初日の上映を鑑賞する。検閲によるカットに対して「試写会でみるときと、とても違ふ。きられきられになって松さんがすくわれない」と日記に残す。 ◎一〇月二九日　苦楽座の正式な座員となる。	◆六月　苦楽座第二回公演（東京・丸の内邦楽座） 『狸村会議』お作役 『夢の巣』お米役
一九四四（昭和一九）	30～31歳	◎一月二日～二三日　苦楽座第三回公演（国民新劇場）。『永遠の夫』滔天の愛人役で出演。 ◎一月二五日～二月二七日　苦楽座第四回公演（丸の内邦楽座）『無法松の一生』吉岡未亡人役で出演。 ◎三月四日　決戦非常措置要綱により、宝塚大劇場の公演がこの日より休演となる。他の主要な劇場も閉鎖となり、当局が全ての劇団に対して「日本移動演劇連盟」への	◆一月二日～二三日　苦楽座第三回公演（東京・国民新劇場） 『永遠の夫』滔天の愛人役 ◆一月二五日～二月二七日　苦楽座第四回公演（東京・丸の内邦楽座） 『無法松の一生』吉岡未亡人役 ◆一一月中旬～一二月二〇日　苦楽座移動隊・軍需工場慰問 『無法松の一生』吉岡未亡人役 浜松歌舞伎座、静岡公会堂、岡崎劇場、名古屋中山工場、豊橋公会堂、金沢尾山倶楽部、小松日本館、福井

年次	年齢	園井恵子（袴田トミ）とその周辺	公演記録
		参加を強制したことから、苦楽座においても「苦楽座移動隊」として、各地を巡演する形での活動へ変更を余儀なくされる。 ◎六月～七月七日頃　日記の七月七日（ただし日記本文には年の記載がない）によると『東北地方の移動から帰りました』とある。他の文献とも照らし合わせて、この時期、苦楽座の東北地方の巡演に参加していた可能性が高い。 ◎一一月中旬～一二月二〇日　苦楽座移動隊『無法松の一生』に吉岡未亡人役で出演。浜松、静岡、岡崎、名古屋、豊橋、金沢、小松、福井、高岡、新湊、富山、岐阜、関、土岐津、岡山、倉敷、福山、小倉を巡演。 ◎一二月末　盛岡の母のもとに帰り、年明けからの苦楽座移動隊の合宿稽古の段取りなどに当たる。	加賀屋座、高岡歌舞伎座、新湊劇場、富山大劇、岐阜小劇場、関劇場、土岐津長久座、岡山千歳座、倉敷千秋座、福山大黒座をいずれも短期間で巡演し、最後の九州小倉のみ一二日間の公演を行う。
一九四五（昭和二〇）	31～32歳	◎一月一日～六日　盛岡に到着した苦楽座移動隊の一行を迎えて、繋温泉・愛真館に案内。合宿稽古を行う。	◆一月二四日～二月三日　苦楽座移動隊、神奈川県下航空機関係工場巡演。 『太平洋の防波堤』高子役 『獅子』お紋役

◎一月六日　苦楽座移動隊は岩手県公会堂に移動。長谷川瀏検事正の提案のもと、地元の演劇関係者の前で秘密裏に公開稽古を行う。
◎一月二四日〜二月三日　苦楽座移動隊、神奈川県下の航空機関係工場に巡演。園井は『太平洋の防波堤』の高子役、『獅子』のお紋役で出演。
◎二月一八日　苦楽座移動隊の一員として広島に出発。広島到着は二〇日午前二時。
◎二月二〇日〜三月二日　苦楽座移動隊、広島地方巡演。
◎三月三日　鉄道で広島を離れる。神戸駅で一行と別れ、中井志づ宅へ赴き休養する。
◎三月七日　苦楽座移動隊、三月一一日からの東京近県農村の巡演に備えて、四谷倶楽部にて『シュプレヒコール』（園井の配役なし）『山中暦日』（久板役）の読み合わせを行う。この農村の巡演は三月一〇日の東京大空襲の交通被害により中止となる。続けて予定されていた九州巡演に備えて、

※二月一日『太平洋―』は体調不良のため、島木つや子が代役。二月二日〜三日も体調が戻らず、『太平洋―』は島木が代役、『獅子』は『虎の皮』に演目変更となる。
以下慰問先詳細。（　）は公演場所を記す。
・一月二四日　国府津興亜工業（国府津国民学校）
・一月二五日　古川電気工業平塚工場（寄宿舎）
・一月二六日　湯浅蓄電池小田原工場（大食堂）
・一月二七日　富士フイルム小田原工場（同工場）
・一月二八日　富士フイルム足柄工場（大講堂）
・一月二九日〜三〇日　日本光学戸塚工場（大講堂）
・一月三一日　東中航空兵器、日清工業関係者の招待慰安（大戸神社境内）
・二月一日〜二日　翼賛会川崎支部主催　関係工場工員、家族の招待慰安（川崎市民館）
・二月三日　東京芝浦電気通信機鹿島田工場（女子寮）
◆二月二〇日〜三月二日　苦楽座移動隊、広島地方巡演。
『太平洋の防波堤』高子役
『獅子』お紋役
※二月二六日より『太平洋―』を『虎の皮』に変更。『虎の皮』での園井の配役は不明。
以下慰問先詳細。（　）は公演場所を記す。

年次	年齢	園井恵子（袴田トミ）とその周辺	公演記録
		同様の演目の稽古を一一、一二、一四、一六、一八日に行うが、この巡演も一九日の名古屋での空襲後に中止が決まる。 ◎三月下旬　日本移動演劇連盟より劇団の集団疎開の指示が下る。苦楽座移動隊は広島行きが有力となる。 ◎四月五日　薄田研二宅にて、薄田より苦楽座を解散し、今後は移動隊一本で活動していく提案があり、一同賛成する。詳細な日時は不明だが、四月から広島に移動する六月の間に、劇団名を「苦楽座移動隊」から「桜隊」に変更したと考えられる。 ◎四月～六月　宝塚の同期生・桜緋紗子を訪ねる。広島行きと宝塚時代の話などを交わす。 ◎四月中旬～五月一〇日　小樽高女の先輩・根本ヨシ宅、世田谷区成城の河崎なつ宅などで過ごす。	・二月二〇日　広島陸軍病院第一分院（同病院内）　山本繊維工業所（同倉庫） ・二月二一日　陸軍三滝臨時病院（講堂）　宇品暁部隊（宇品凱旋館） ・二月二二日　広島日赤病院（講堂）　広島陸軍被服支廠（同被服支廠内） ・二月二三日　東洋製罐兵器製作所（東宝演芸場） ・二月二四日～二八日　広島鉄道局（広島駅構内第一機関区集会所二階） ・三月一日　海田市陸軍兵器補給廠（同糧秣倉庫） 夜：玉藻組（海田市旭之浦座） ・三月二日　広島市暁部隊（部隊近くの国民学校講堂） ◆七月五日　ラジオドラマ『みんな手をかせ芋が行く』（広島放送局）配役不明。 ◆七月六日～一五日　桜隊山陰地方（島根・鳥取）巡演。 『獅子』お紋役 『山中暦日』久板役 以下慰問先詳細。（　）は公演場所を記す。 ・七月六日　高津（高津劇場） ・七月七日　浜田（同市内の国民学校） ・七月八日　木次（同町内の劇場）

◎五月一〇日〜一七日　桜隊一行、一〇日に広島に出発。交通事情が悪く、複数の長時間の停車で到着は一五日に至る。堀川町九九にある移動演劇連盟中国出張所（後の桜隊宿舎）に一七日まで滞在する。

◎五月一七日〜二一日　東京に戻る一行と途中で別れ、神戸の中井志づ宅で過ごす。

◎五月下旬〜六月二二日　成城の河崎なつ宅で多くの時間を過ごす。

◎六月二〇日　桜隊一行、広島へ出発の予定であったが列車が出発せず、園井は河崎宅に戻る。翌二一日も同様で河崎宅に戻る。二二日、一行を乗せた列車が広島に発つ（出発日、到着日については文献により若干の違いあり。翌日〜二日後に広島に到着したものと考えられる。宿舎は堀川町九九。地元の名士・高野一成が疎開したため、その留守中の邸宅が寮として提供された）。

◎七月五日　夜八時余分、広島放送局のラジオドラマ『みんな手をかせ芋が行く』に桜隊隊員達とともに出演。

・七月九日　松江（松江市公会堂）
・七月一〇日　安来（同町内の国民学校）
・七月一二日　大山（同地区内の寺）
・七月一三日　倉吉（昼・国民学校講堂、夜・神戸製鋼倉吉工場寮）
・七月一四日　岩美（大岩国民学校）
・七月一五日　郡家（不明）

年次	年齢	園井恵子（袴田トミ）とその周辺	公演記録
		◎七月六日～一五日　桜隊、山陰地方（島根・鳥取）巡演。『獅子』お紋役で出演。他、『山中暦日』（久板役）『虎の皮』（配役不明）が公演された可能性があるが詳細は不明。高津、浜田、木次、松江、安来、大山、倉吉、岩美、郡家の農村、漁村などを巡演。この巡演が終了後、園井は神戸の中井志づ宅で休養する。 ◎八月二日　中井宅から広島の宿舎に戻る。 ◎八月六日　八時一五分原子爆弾投下。桜隊が滞在していた堀川町九九番地は爆心地から七百メートルほどの距離で、宿舎も直後に倒壊した。園井は家屋の下敷きになったが柱と階段の隙間に入ってほぼ無傷で助かる。同じく脱出に成功した高山象三と避難、比治山にたどりつき、そこで一夜を明かす。その他の桜隊隊員は丸山定夫と仲みどりは避難できたが、森下彰子、島木つや子、羽原京子、笠絅子、小室喜代は、倒壊した家屋による圧死かその後の火災により亡くなったと考えられる。	

◎八月七日　高山とともに、二月の巡演で世話になった海田市町（現在の海田町）の知人を頼って比治山を出発する。知人宅に到着したのは日が暮れかけた頃で、そこで一夜を明かす。
◎八月八日～九日　復旧第一号列車が出ると聞き、知人宅を出て神戸の中井志づ宅を目指す。海田市駅で列車に乗る。中井宅には翌日午前中に到着、世話を受ける。宝塚時代の後輩・内海明子も訪れて無事を喜ぶ。
◎八月一〇日～一一日　高山の体調が悪化し始める。発熱、歯痛、喉が詰まり呼吸が苦しいなど。一一日、歯の痛みが治まらない高山を大八車に乗せて歯医者に連れて行く。
◎八月一五日　終戦の知らせを聞き、また芝居ができると喜ぶ。高山の症状は回復せず看病を続ける。
◎八月一七日　盛岡の実母に手紙を出す。この頃から体調が悪化。食欲不振、歯茎からの出血、髪が抜けるなど症状が出現する。

年次	年齢	園井恵子（袴田トミ）とその周辺	公演記録
		◎八月一九日　東京から桜隊の捜索に出ていた八田元夫が中井宅に到着。園井の体調はさらに悪化し、血尿、血便、高熱、関節痛などの症状が続く。 ◎八月二〇日　体温が三九度八分まで上がり、午後には自力で起き上がれなくなる。高山象三が亡くなり、隣部屋で気付かれないように通夜が行われる。 ◎八月二一日　体調はさらに悪化し、意識がはっきりしない時間も多くなる。日暮れの頃、中井家の人々、薄田研二夫妻、内海明子、八田元夫らに看取られながら、園井恵子永眠（享年三二）。 ◎八月二二日　納棺。中井家、薄田夫妻、内海夫妻、八田元夫の他、宝塚時代の同僚・春日野八千代、神代錦も見守る。春日野墓地で火葬。	

主要参考文献

岩手県松尾村編『園井恵子・資料集　原爆が奪った未完の大女優』一九九一年
『生誕90周年　原爆が奪った未完の大女優　園井恵子展』岩手町ふるさと再発見シリーズ③（ＶＨＳ）
平井房人『青い袴30人』宝琴社、一九三七年
園井恵子「手のひらがかゆくて」『歌劇』昭和八年一二月号
園井恵子「心境を言ふ」『東宝』昭和九年一一月号
園井恵子「幼き日の日記より」『歌劇』昭和一三年三月号
園井恵子「ふるさと」『宝塚グラフ』昭和一五年三月号
園井恵子『日記』岩手町園井恵子資料室所蔵、一九三六年
「座談会・初舞台を前にして」『歌劇』昭和五年四月号
社敬子「相手役を談る」『歌劇』昭和一〇年二月号
夏野陽子、園井恵子、神代錦ほか「同期生座談会」『歌劇』昭和一〇年一二月号
『岩手日報』昭和一一年五月二九日
岩坂桂二「女優・園井恵子と小樽」『小樽市史軟解』第五一回
小笠原英法『愚女一心』白川書院、一九七一年
内海明子「園井恵子さんを偲んで」『年輪』一九八八年春、築地三期会

八田元夫『ガンマ線の臨終』未来社、一九六五年
池田生二「苦楽座移動隊（桜隊）日誌」『新劇』一九六六年七月号〜九月号
内海重典「園井恵子と糸井しだれの死」『悲劇喜劇』昭和五八年八月号、早川書房
江津萩枝『櫻隊全滅　ある劇団の原爆殉難記』未来社、一九八〇年
新藤兼人『さくら隊散る』未来社、一九八八年
堀川惠子『戦禍に生きた演劇人たち　演出家・八田元夫と「桜隊」の悲劇』講談社、二〇一七年
加藤博務、丸山由利亜編「草の花」七号〜一一号
中條千重子「讃える園井恵子」『東宝』昭和一一年六月号
眞珠子「園井恵子さんに寄す」『宝塚少女歌劇脚本集』昭和一一年一〇月号
平井房人「宝塚ナンバー1物語　園井恵子に訊く」『新女苑』昭和一二年一一月号、実業之日本社
丸尾長顕「宝塚歌劇の花形　園井恵子物語」『講談倶楽部』二八巻八号、講談社、一九三八年
丸尾長顕「宝塚三枚目物語」『エスエス』昭和一三年七月号、東宝発行所
柳生拉二「速成生徒学講座　園井恵子の巻」『エスエス』昭和一三年八月号、東宝発行所
来部花彦「園井恵子」『エスエス』昭和一三年一一月号、東宝発行所
北野果夫「バイプレーヤー　園井恵子」『エスエス』昭和一四年六月号、東宝発行所
久松一声「今様昔ふり　続・宝塚生徒月旦十一」『歌劇』昭和一五年二月号
古賀寧「『脇役』に榮光あれ　宝塚雪組の巻」『東宝』昭和一六年四月号
くろつばき「その日の園井恵子」『歌劇』昭和二八年四月号
『松尾村誌』松尾村、一九八九年

『村誌・松尾の歩み85年』松尾村役場、一九七六年
『岩手町史』岩手町史刊行会、一九七六年
『岩手郡誌　復刻版』岩手県郷土誌叢刊、臨川書店、一九八七年
『追想　岩崎コヨ先生』グローバルプレス出版事業部、一九八七年
『大正ロマン時空の旅（沼宮内町・川口村・一方井村・御堂村）』岩手育心会、二〇〇九年
小樽市編『小樽市史』第一巻～第六巻、一九五八年～一九六九年
水口忠『おたる歴史ものがたり　改訂版』北海道教育社、一九八九年
嶺野侑『小樽と菓子』北海タイムス小樽支社、一九六七年
『最新小樽市街図』木村熊雄、一九二六年
『最新小樽市及郊外土地実測連絡全図』産業奨励会、一九二七年
『小樽市街図』小樽市役所、一九三〇年
『ふるさとの想い出　写真集明治大正昭和小樽』小樽史談会、国書刊行会、一九七九年
奥田二郎『北海道人国記』北海タイムス社、一九六八年
『桜陽開校八十周年記念誌』北海道小樽桜陽高校、一九八六年
『北海道庁立小樽高等女学校一覧表・校舎配置図』一九三五年
『華園　創立三十周年記念号』北海道庁立小樽高等女学校桜陽会、一九三六年
『小樽育成院三十年誌』小樽育成院、一九二八年
『明治大正時刻表』新人物往来社、一九九八年
河原蓬『歌劇女優の内幕』松要書店、一九二五年

倉橋滋樹、辻則彦『少女歌劇の光芒』青弓社、二〇〇五年
『宝塚少女歌劇二十年史』宝塚少女歌劇団、一九三三年
萩原広吉編『宝塚歌劇四十年史』宝塚歌劇団出版部、一九五四年
小林一三「宝塚漫筆」『小林一三全集』第二巻、ダイヤモンド社、一九六一年
小林一三『逸翁自叙伝』阪急電鉄、一九七九年
小島直記『鬼才縦横　小林一三の生涯（上・下）』日経ビジネス人文庫、二〇一二年
三宅晴輝『小林一三傳』東洋書館、一九五四年
小夜福子『おひたち記』宝塚少女歌劇団、一九四〇年
葦原邦子『わが青春の宝塚』善本社、一九七九年
春日野八千代『白き薔薇の抄』宝塚歌劇団、一九八七年
春日野八千代「私の宝塚生活」『歌劇』昭和二三年三月号、五月号、七八月合併号、九月号、一〇月号、昭和二四年一〇月号
富士野高嶺『宝塚日記』不二乃屋、一九四七年
富士野高嶺『続たから塚日記』歌劇グラフ社、一九四八年
富士野高嶺『今昔たからづか　花舞台いつまでも』宝塚歌劇団、一九九〇年
富士野高嶺、玉津真砂、春日野八千代「同級生座談会」『歌劇』昭和二二年一二月号
初音麗子、園井恵子ほか「組長さんに訊く」『歌劇』昭和一四年二月号
須藤五郎『君泣くやおなじ心に　宝塚・労音・わが道』民衆社、一九八八年
『宝塚音楽学校』宝塚歌劇団、一九九四年

上田善次「宝塚音楽学校」『読売ライフ』読宣、一九七六年
「宝塚の生徒はどんな生活をしているか?」『歌劇』昭和四年一二月号
『宝塚少女歌劇脚本集 昭和五年二月(ジャックと豆の木 収録)』宝塚少女歌劇団
『宝塚少女歌劇脚本集 昭和五年四月(春のをどり 収録)』宝塚少女歌劇団
『宝塚少女歌劇脚本集 昭和六年一〇月(ライラック・タイム 収録)』宝塚少女歌劇団
『宝塚少女歌劇脚本集 昭和八年七月(なぐられ医者 収録)』宝塚少女歌劇団
『宝塚少女歌劇脚本集 昭和八年一一月(プリンセスナネット 収録)』宝塚少女歌劇団
『宝塚少女歌劇脚本集 昭和九年三月(アルルの女、ウイーナー・メーデル 収録)』宝塚少女歌劇団
『宝塚少女歌劇脚本集 昭和九年七月(憂愁夫人 収録)』宝塚少女歌劇団
『宝塚少女歌劇脚本解説 昭和一〇年一二月(バービィ 収録)』宝塚少女歌劇団
『宝塚少女歌劇脚本集 昭和一五年五月(赤十字旗は進む 収録)』宝塚少女歌劇団
『宝塚歌劇脚本集 昭和一七年五月(ピノチオ 収録)』宝塚歌劇団
草路潤子「瀧はやみさんを憶ふ」『歌劇』昭和八年九月号
「アルルの女 座談会」『歌劇』昭和二三年六月号
葦原邦子「『アルルの女』のことども」『歌劇』昭和二三年六月号
『渡欧記念アルバム』宝塚少女歌劇団、一九三九年
『渡米記念アルバム』宝塚少女歌劇団、一九三九年
『千村克子 渡欧日記』池田文庫所蔵
小林一三「映画事業経営の話」『小林一三全集』第六巻、ダイヤモンド社、一九六二年

小林一三「学校宝塚の映画進出に就て」『歌劇』昭和一二年七月号
「『映画のまち』のルーツ　宝塚映画製作所の歩み」『市史研究紀要たからづか』第一七号、二〇〇〇年
「『軍国女学生』と出会った夏　歌劇団映画が語る戦時下のタカラヅカ」『市史研究紀要たからづか』第二一号、二〇〇九年
宝塚映画祭実行委員会編『宝塚映画製作所　よみがえる〝映画のまち〟宝塚』のじぎく文庫、二〇〇一年
『宝塚　春季号』一九四一年
『日本映画俳優全集　男優篇』キネマ旬報社、一九七九年
『日本映画俳優全集　女優篇』キネマ旬報社、一九八〇年
盛内政志『盛岡映画今昔』地方公論社、一九七六年
菊田一夫『芝居つくり四十年』オリオン出版社、一九六八年
古川ロッパ『古川ロッパ昭和日記　戦中篇』晶文社、一九八七年
高峰秀子『わたしの渡世日記（上・下）』新潮文庫、二〇一二年
高峰秀子『いっぴきの虫』潮出版社、一九七八年
『近代歌舞伎年表京都篇』第一〇巻、八木書店、二〇〇四年
菊田一夫「わが家の幸福」『菊田一夫戯曲選集』第二巻、演劇出版社、一九六六年
稲垣浩『ひげとちょんまげ』毎日新聞社、一九六六年
稲垣浩『日本映画の若き日々』毎日新聞社、一九七八年
高瀬昌弘『我が心の稲垣浩』ワイズ出版、二〇〇〇年
太田米男「映画『無法松の一生』再生（Ⅲ）（Ⅳ）」『大阪芸術大学紀要「藝術」』一九・二〇号、一九九六年・一九九七年

佐藤重臣『阪妻の世界』池田書店、一九七六年
秋篠健太郎『阪東妻三郎』毎日新聞社、一九七七年
宮川一夫『キャメラマン一代　私の映画人生60年』ＰＨＰ研究所、一九八五年
渡辺浩『映像を彫る　撮影監督宮川一夫の世界　改訂版』パンドラ、一九九七年
林光『母親がかわれば社会がかわる　河崎なつ伝』草土文化、一九七九年
徳川夢声「原爆新比翼塚」『オール讀物』昭和二八年三月号
長谷川瀏『私と検事』評論社、一九七八年
「岩手演劇通信　感劇地図」№.66、平成一二年一〇月二〇日号
広島市役所編『広島原爆戦災誌　第二巻』広島市、一九七一年
「移動演劇さくら隊原爆殉難記」『広島市公文書館紀要』第八号、広島市公文書館、二〇一九年
『資料集　仲みどりの生涯と、そのカルテの行方』桜隊原爆忌の会、二〇一四年
『資料集　桜隊原爆忌の会の誕生までとその歴史』桜隊原爆忌の会、二〇一五年

あとがき

本文中にもある通り、園井恵子さんの人生をたどる旅路は思いもよらない出来事から始まりました。仕事の訪問先がたまたま園井さんの小学校高等科時代の同級生・渡辺春子さんの家で、それは全くの偶然でした。仕事もリハビリ関係で文筆業とは関係ありません。大学で映画『無法松の一生』をレポートに書いた経験があり、園井さんの名前を知っていたわけですが、考えれば『無法松』をレポートの課題に選んだのも深い理由はありませんでした。まさしく奇縁に思えました。

園井恵子さんは決して無名の人物ではありません。活動期が戦前であることを考えれば、むしろ現在もメディアに多く取り上げられていると思います。移動演劇中に原子爆弾で亡くなったという悲劇性もあり、現在も故郷の岩手には、報道や教育機関の関係者が時々取材に訪れています。

その人生を調べていくうちに、これはいい加減な姿勢で向かうべきではない、自分の全身全霊を持って書き切るべきテーマだと考えるようになりました。それは園井さんの生きた情熱が私に伝わってきて、それに負けないためには、正面からその人生に向き合うしかない、そうでなければ彼女の人生に失礼だと心の底から感じたためでした。

園井さんの書籍は故郷の松尾村（現八幡平市）が編纂した『園井恵子・資料集』はありましたが、一般の読者が興味を持った時に入口となるべき評伝、伝記的なものがありませんでした。そのような書籍を自分が書いてみたいと思い始めました。本を一冊も書き上げたことのない自分にとってそれは途方もない思い付きでした。いわば園井恵子さんと渡辺春子さんは、私の文学者としての眼を開かせてくれたのです。

園井恵子さんの人生は、少女時代の苦境にも負けず自ら運命を切り拓き、宝塚少女歌劇、映画、新劇で活躍したものの、志半ばで原爆で亡くなったというのが一般的な捉え方だと思います。それは三二年の短いものでした。確かにその人生は劇的なものでしたが、死後七五年以上経過した現在も人生が語り継がれるのはなぜでしょうか。

園井さんの評伝や伝記が今まで書かれなかった一因として、その人生に空白部分が多いということが挙げられます。すでに同時代を生きた人たちは亡くなっているか、年齢的に証言が難しい状態で、その空白部分を完全に解明することは困難になっています。

今回、私はその部分を補うために文献を求め、読み込み、空白を埋める作業に取り組みました。情報通信の発達によって、先人が調べた時代と比べて資料の検索が容易になり、多くの未発掘の文献が見つかりました。「もし、この資料がなかったら、園井さんのこの時期は永遠に詳細が分からなかっただろう」という文献がいくつもあります。それはまるで細い糸が繋がれているようでした。

園井さんと一緒に生きた人たちは、その思い出を大切にしていて、私にはその人たちが紡いでいった記憶が今も彼女の人間像を形作っているように思えました。それは時代を越えた優しさの繋がりであり、その優しさの象徴が渡辺春子さんです。

本書の主人公はもちろん園井恵子さんですが、もう一人の主人公は渡辺春子さんと言えます。園井恵子さんの人間像というのは、そのような人と人との繋がりを無視しては論じられないと私は感じています。


本書を刊行する過程で、多くの園井さんへの思いを聞く機会に恵まれました。それは故郷・岩手の関係者だけでなく、元宝塚歌劇団の生徒、現在の宝塚ファン、映画ファンなど多岐に渡りました。中には母親が園井さんのファンであったという方もいました。女学生の頃、一円を握りしめて、園井さんを見るために大劇場に足を運んだというエピソードを聞くと、遠い戦前の花のみちを歩いている少女の姿が想像できて、ノスタルジーが静かに胸を浸すのを感じました。

園井恵子ファンというのは今も昔もとても情熱的で、強い思い入れを持っており、それは評伝を書いた私と同じ、あるいはそれ以上と時に思わせるものでした。

このような人物の伝記を執筆できたことに心から感謝しています。一生を通じて、このような経験は再びできないだろうと感じています。それほど得がたい経験でした。

渡辺春子さんにお会いしたのが平成二三年（二〇一一）でした。それから出版まで短くない年月を要してしまいましたが、多くの人が紡いだ園井恵子さんの人生の伝承において、私も担い手の一人として貢献できたなら、これほど嬉しいことはありません。

本書の完成は多くの方々の親身な協力のもと実現しました。取材、執筆のきっかけを作り、関係者との橋渡し役も行ってくださった吉田勝正・晃子夫妻、岩手取材の度に同行していただき、多大なご尽力をいただいた佐々木光司様、陰日向から取材の支援をしてくださった「園井恵子を語り継ぐ会」会長・柴田和子様、顧問であり作家の斎藤純様、小樽取材時に現地を案内してくださった小樽史談会の大橋孝之様、多くの資料を閲覧させていただいた阪急文化財団池田文庫様、園井恵子の出身地で多くの資料を提供、取材に応じてくださった岩手県岩手町、八幡平市の関係機関の方々、素晴らしい写真を提供してくださった小木曽美雪様、小針侑起様、移動演劇桜隊平和祈念会（旧・原爆忌の会）様、考証に協力してくださった佐藤智胤様、刊行の機会を与えてくださった国書刊行会の神内冬人様、その他、協力していただいた全ての方々にこの場を借りて厚く御礼申し上げます。

令和四年（二〇二二）一〇月三〇日、宝塚大劇場はかつて園井さんが所属した雪組の公演をしていました。晴れた午後に花のみちを歩いていると、午前からの公演を見終わった多くのファンたちとすれ違いました。きっと戦前も同じようにファンたちが大劇場への道を歩いていたのでしょう。

これからも宝塚歌劇は続いていくでしょう。そして、園井恵子さんの生涯もまた語り継がれていくと信じています。

二〇二二年一〇月三〇日、晴れた日の花のみちにて

千和裕之

本書は二〇二〇年七月に出版された『流れる雲を友に　園井恵子の生涯』（パブフル刊）を加筆、修正したものです。

「写真でたどるもう一人の園井恵子」「年譜」は本書の刊行に際して加えたものです。

千和裕之（せんわ・ひろゆき）
1978年東京都生まれ。理学療法士。大阪芸術大学通信学部文芸学科卒業。
20代前半から脚本家・大前玲子に師事、創作の技法を学ぶ。第35回NHK仙台放送局FMオーディオドラマ脚本募集審査員奨励賞受賞。

園井恵子《そのいけいこ》
原爆《げんばく》に散《ち》ったタカラジェンヌの夢《ゆめ》

二〇二三年四月二五日　初版第一刷発行

著　者　千和裕之
発行者　佐藤今朝夫
発行所　株式会社国書刊行会
東京都板橋区志村一―一三―一五　〒一七四―〇〇五六
電話〇三―五九七〇―七四二一
URL：https://www.kokusho.co.jp
装丁者　木庭貴信・角倉織音（オクターヴ）
印刷・製本所　中央精版印刷株式会社

ISBN978-4-336-07466-9

新装版　宝塚物語

葦原邦子／中原淳一画

四六判／三〇四頁／二三一〇円

乙女心を魅了する秘密の花園《宝塚》。伝説のスターをモデルに実話を織り交ぜて描いた少女たちの夢と希望と友愛の日々――中原淳一の挿絵と共に『花物語』を彷彿とさせる花弁のように麗しい一八篇を収録。

宝塚百年を越えて　植田紳爾に聞く

植田紳爾　語り手／川崎賢子　聞き手

四六判／三九二頁／二七五〇円

『ベルサイユのばら』『風と共に去りぬ』など、宝塚歌劇団百年の歴史に燦然と輝く数々の名作を生み出した演出家・植田紳爾。心を揺さぶる魅惑の舞台はいかにして作られたのか？　その秘密をはじめて語る。

井上ひさしの劇世界

扇田昭彦

四六判／五〇六頁／三三〇〇円

現代演劇評論の第一人者が、「井上ひさし」を語りつくす。劇作家・作家として多大な影響を与えた井上ひさし、そしてその数々の舞台が鮮やかに蘇る評論集。詳細な年譜も収録。

新装版　あなたがもっと美しくなるために

中原淳一

A４変型判／一三八頁／三〇八〇円

中原淳一が一三二項目にわたって美しくなる工夫を説いたおしゃれ読本。本当の女らしさ、ゆかたの着こなし、雨の日のアンサンブル……生活していく上でのエチケット一般を深く洞察した、女性のための座右の書。

10％税込価格。価格は改定することがあります。